L'homme à l'étage et autres histoires

PG Wodehouse

Writat

Cette édition parue en 2024

ISBN : 9789359941219

Publié par
Writat
email : info@writat.com

Contenu

L'HOMME À L'ÉTAGE

IL y a eu trois étapes distinctes dans l'évolution de l'attitude d'Annette Brougham face aux coups dans la pièce du dessus. Au début, ce n'était qu'un vague inconfort. Absorbée par la composition de sa valse, elle l'avait entendue presque inconsciemment. La deuxième étape s'est produite lorsque cela s'est transformé en une douleur physique comme des pinces brûlantes lui arrachant l'esprit de sa musique. Finalement, avec un frisson d'indignation, elle comprit que c'était une insulte. La brute invisible n'aimait pas qu'elle joue et lui faisait entendre son point de vue avec un talon de botte.

D'un air de défi, avec son pied sur la pédale bruyante, elle frappa — presque gifla — les touches une fois de plus.

'Claquer!' de la pièce du dessus. 'Claquer! Claquer!'

Annette se leva. Son visage était rose, son menton incliné. Ses yeux brillaient de la lumière du combat. Elle quitta la pièce et commença à monter les escaliers. Aucun spectateur, si juste soit-il, n'aurait pu s'empêcher d'éprouver un pincement de pitié pour le misérable qui se tenait inconscient d'un destin imminent, peut-être même triomphant, derrière la porte à laquelle elle était sur le point de frapper.

'Entrez!' s'écria la voix, une voix plutôt agréable ; mais qu'est-ce qu'une voix agréable si l'âme est vile ?

Annette entra. La pièce était un studio typique de Chelsea, peu meublé et dépourvu de tapis. Au centre se trouvait un chevalet derrière lequel étaient visibles une paire de jambes de pantalon. Un nuage de fumée grise s'enroulait au-dessus du chevalet.

«Je vous demande pardon», commença Annette.

"Je ne veux pas de modèles pour le moment", dit la Brute. « Laissez votre carte sur la table. »

— Je ne suis pas mannequin, dit froidement Annette. «Je suis simplement venu…»

A ce moment-là, la Brute sortit de ses fortifications et, retirant sa pipe de sa bouche, lança sa chaise à l'air libre.

«Je vous demande pardon», dit-il. « Tu ne veux pas t'asseoir ? »

Comme la nature est imprudente dans la distribution de ses dons ! Ce heurtoir au cœur noir avait non seulement une voix agréable, mais aussi un extérieur agréable. Il était légèrement échevelé en ce moment, et ses cheveux étaient dressés en une tignasse en désordre ; mais malgré ces inconvénients, il était passablement beau. Annette l'a admis. Même si elle était courroucée, elle était juste.

"Je pensais que c'était un autre modèle", a-t-il expliqué. « Ils arrivent au rythme de dix par heure depuis que je suis installé ici. Au début, je n'ai pas protesté, mais après l'arrivée du quatre-vingtième enfant de l'Italie ensoleillée, cela a commencé à m'énerver.

Annette attendit froidement qu'il ait fini.

«Je suis désolée», dit-elle d'une voix de c'est là que vous obtenez votre voix, «si mon jeu vous a dérangé.»

On aurait pu penser que personne d'autre qu'un Esquimau portant ses fourrures et ses sous-vêtements d'hiver n'aurait pu résister à la froideur de ses manières ; mais la Brute n'a pas gelé.

« Je suis désolée, répéta Annette, bien au-dessous de zéro, si mon jeu vous a dérangé. J'habite dans la pièce du dessous et je t'ai entendu frapper.

— Non, non, protesta affablement le jeune homme ; 'J'aime ça. Vraiment, oui.

« Alors pourquoi frapper par terre ? dit Annette en se tournant pour partir. «C'est tellement mauvais pour mon plafond», dit-elle par-dessus son épaule. « Je pensais que cela ne vous dérangerait pas que j'en parle. Bon après-midi.'

'Non; mais un instant. N'y allez pas.

Elle s'est arrêté. Il la regardait avec un sourire amical. Elle remarqua à contrecœur qu'il avait un joli sourire. Son calme commença à la mettre de plus en plus en colère. Bien avant cela, il aurait dû se tordre à ses pieds dans la poussière, écrasé et abject.

« Vous voyez, dit-il, je suis terriblement désolé, mais c'est comme ça. J'aime la musique, mais ce que je veux dire, c'est que tu ne jouais pas un *morceau* . C'était toujours la même chose, encore et encore.

— J'essayais de trouver une phrase, dit Annette avec dignité, mais moins froidement. Malgré elle, elle commençait à dégeler. Il y avait quelque chose de singulièrement attirant chez ce jeune homme choqué.

'Une phrase?'

'De musique. Pour ma valse. Je compose une valse.

Un regard d'admiration si totale envahit le visage du jeune homme que les derniers restes de la banquise fondirent. Pour la première fois depuis qu'ils s'étaient rencontrés, Annette se retrouva à apprécier positivement ce crasseux frappeur de sol .

« Pouvez-vous composer de la musique ? dit-il, impressionné.

«J'ai écrit une ou deux chansons.»

"Ça doit être génial de pouvoir faire des choses – des choses artistiques, je veux dire, comme composer."

« Eh bien, c'est vrai, n'est-ce pas ? Vous peignez.'

Le jeune homme secoua la tête avec un sourire joyeux.

« Je pense, dit-il, que je ferais un assez bon peintre en bâtiment. Je veux de la portée. La toile semble me gêner.

Cela ne semblait lui causer aucune gêne. Il semblait plutôt amusé qu'autrement.

'Laissez-moi regarder.'

Elle se dirigea vers le chevalet.

«Je ne devrais pas», la prévint-il. « Tu le veux vraiment ? N'est-ce pas là une simple imprudence ? Très bien alors.'

Aux yeux d'un critique expérimenté, le tableau aurait certainement paru grossier. C'était une étude représentant un enfant aux yeux sombres tenant un gros chat noir. Les statisticiens estiment qu'il n'y a pas de moment dans la journée où un ou plusieurs jeunes artistes quelque part sur la planète ne peignent des images d'enfants tenant des chats.

« Je l'appelle « Enfant et chat », dit le jeune homme. « C'est plutôt un joli titre, tu ne trouves pas ? Vous donne tout de suite l'idée principale de la chose. Ça, expliqua-t-il en pointant obligeamment le tuyau de sa pipe, c'est le chat.

Annette appartenait à cette grande partie du public qui aime ou n'aime pas un tableau selon que le sujet lui plaît ou lui déplaît. Il n'y avait probablement pas une seule des quelque millions d'horreurs causées par les enfants et les chats qui existaient actuellement qui ne lui aurait pas plu. En plus, il avait été très gentil avec sa musique.

«Je pense que c'est splendide», annonça-t-elle.

Le visage du jeune homme exprimait presque plus de surprise que de joie.

'Est-ce que tu vraiment?' il a dit. « Alors je pourrai mourir heureux, du moins si vous me laissez descendre et écouter d'abord vos chansons. »

« Vous ne feriez que frapper par terre », objecta Annette.

« Tant que je vivrai, je ne frapperai jamais à un autre étage », dit l'ex-brute d'un ton rassurant. «Je déteste frapper sur le sol. De toute façon, je ne vois pas *pourquoi* les gens veulent frapper au sol .

Les amitiés mûrissent rapidement à Chelsea. En l'espace d'une heure et quart, Annette avait appris que le jeune homme s'appelait Alan Beverley (pour lequel elle le plaignait plutôt que le méprisait pour cette affliction héraldique de la famille), qu'il ne dépendait pas entièrement de son travail pour gagner sa vie, ayant un peu de son propre argent, et qu'il considérait cela comme une bonne chose. Dès le début de leur conversation , il lui plut. Elle lui a trouvé une variété absolument nouvelle et originale du peintre raté. Contrairement à Reginald Sellers, qui possédait un studio dans le même immeuble et venait parfois boire son café et raconter ses ennuis, il n'attribuait pas son échec à la malveillance ou à la stupidité du public. Elle était tellement habituée à entendre Sellers fouetter le Philistin et parler de mérites méconnus qu'elle avait du mal à croire au miracle lorsque, en réponse à un bromure sympathique sur le manque de goût populaire en matière d'art, Beverley répondit que, en ce qui le concernait, , le public a fait preuve d'un grand bon sens. S'il avait lutté de toutes ses forces pour gagner son estime, il n'aurait pas pu y parvenir plus sûrement qu'avec cette seule remarque. Même si elle écoutait invariablement avec une douce patience qui les encourageait à continuer longtemps après le moment où elle avait commencé en esprit à leur lancer des choses, Annette n'avait aucune sympathie pour les hommes qui pleurnichaient. Elle-même était une battante. Elle détestait autant que quiconque les coups écoeurants que le destin porte aux ambitieux et aux luttes ; mais elle n'en a jamais fait la base d'un acte monologue. Souvent, après une triste promenade dans les bureaux des éditeurs de musique, elle hurlait amèrement en secret et rongeait même son oreiller pendant les veilles de la nuit ; mais en public, sa fierté la maintenait toujours brillante et joyeuse.

Aujourd'hui, pour la première fois, elle a révélé quelque chose de ses malheurs. Il y avait cela chez le jeune homme à tête de vadrouille qui invitait aux confidences. Elle lui raconta le cœur de pierre des éditeurs de musique, la difficulté de faire imprimer des chansons à moins de les payer, leurs ventes misérables.

« Mais ces chansons que vous avez jouées, dit Beverley, ont-elles été publiées ?

« Oui, ces trois-là. Mais ce sont les seuls.

« Et ils n'ont pas vendu ?

« Presque pas du tout. Vous voyez, une chanson ne se vend pas à moins que quelqu'un de connu ne la chante. Et les gens promettent de les chanter, puis ne tiennent pas parole. Vous ne pouvez pas compter sur ce qu'ils disent.

« Donnez-moi leurs noms », dit Beverley, « et j'irai demain et je filmerai tout le monde. Mais tu ne peux rien faire ?

« Continuez seulement à continuer. »

«J'aimerais», dit-il, «qu'à chaque fois que tu te sens déprimé à cause de certaines choses, tu viennes et déverses le poison sur moi. Ce n'est pas bon de le mettre en bouteille. Venez m'en parler et vous vous sentirez beaucoup mieux. Ou laissez-moi descendre. Chaque fois que les choses ne vont pas bien, frappez au plafond.

Elle a ri.

«Ne vous en faites pas», a plaidé Beverley. « Ce n'est pas juste. Il n'y a personne d'aussi sensible qu'un heurtoir réformé. Vous monterez ou me laisserez descendre, n'est-ce pas ? Chaque fois que j'éprouve ce sentiment de tristesse et de dépression, je sors et je tue un policier. Mais cela ne vous intéresserait pas. La seule chose à faire est donc de frapper au plafond. Ensuite, je viendrai en courant et verrai si je peux faire quelque chose pour aider.

« Vous serez désolé d'avoir dit cela. »

«Je ne le ferai pas», dit-il fermement.

"Si vous le pensez vraiment, ce *serait* un soulagement", a-t-elle admis. « Parfois, je donnerais tout l'argent que je suis susceptible de gagner pour que quelqu'un puisse crier mes griefs. J'ai toujours pensé que cela devait être si gentil pour les personnages des vieux romans de dire : « Asseyez-vous et je vais vous raconter l'histoire de ma vie ». Cela n'a-t-il pas dû être paradisiaque ?

« Eh bien, » dit Beverley en se levant, « vous savez où je suis si je suis recherchée. Juste là d'où venaient les coups.

'Cognement?' dit Annette. «Je me souviens qu'on n'a pas frappé.»

« Pourriez-vous me serrer la main ? » dit Beverley.

Une heure particulièrement exaspérante avec une de ses élèves la fit monter dès le lendemain. Ses élèves étaient à la fois son salut et son désespoir. Ils lui ont donné les moyens de subvenir à ses besoins, mais ils ont rendu la vie à peine digne d'être soutenue. Certains d'entre eux apprenaient le piano. D'autres pensaient qu'ils chantaient. Tous avaient des crânes en ivoire massif.

Il y avait environ une cuillère à café de matière grise répartie dans toute l'équipe, et l'élève à laquelle Annette enseignait cet après-midi était arrivée à la fin de la division.

Dans l'atelier avec Beverley, elle trouva Reginald Sellers, debout dans une attitude critique devant le chevalet. Elle ne l'aimait pas beaucoup. C'était une personne longue, offensante et condescendante, avec une moustache qui ressemblait à une tache de charbon de bois et qui avait l'habitude de l'adresser en disant : « Ah, petite !

Beverley leva les yeux.

« Avez-vous apporté votre hachette, Miss Brougham ? Si c'est le cas, vous arrivez juste à temps pour participer au massacre des innocents. Les vendeurs ont frappé la hanche et la cuisse de mon enfant et de mon chat. Regardez son œil. Là! L'as-tu vu clignoter alors ? Il est de nouveau sur le sentier de la guerre.

« Ma chère Beverley, dit Sellers avec raideur, j'essaie simplement de vous donner mon idée des défauts du tableau. Je suis désolé si mes critiques doivent être un peu sévères.

« Continuez », dit Beverley cordialement. « Ne faites pas attention à moi ; c'est tout pour mon bien.

— Eh bien, en un mot, c'est sans vie. Ni l'enfant ni le chat ne vivent.

Il recula d'un pas et fit un geste de ses mains.

«Le chat maintenant», dit-il. « C'est... comment dire ? Il n'a pas... non... euh... »

"Ce genre de chat ne le ferait pas", a déclaré Beverley. "Ce n'est pas cette race-là."

«Je pense que c'est un cher chat», dit Annette. Elle sentait son caractère, toujours vif, prendre le dessus sur elle. Elle savait à quel point Sellers était incompétent, et cela l'irritait au-delà de toute endurance de voir la bonne humeur de Beverley accepter sa protection.

« En tout cas, » dit Beverley avec un sourire, « vous semblez tous les deux reconnaître que c'est un chat. Vous êtes solide sur ce point, et c'est déjà quelque chose, vu que je ne suis qu'un débutant.

« Je sais, mon cher ; Je sais, dit gracieusement Sellers. « Vous ne devez pas vous laisser décourager par mes critiques. Ne pensez pas que votre travail manque de promesses. Loin de là. Je suis sûr qu'avec le temps, vous vous en sortirez très bien. Plutôt bien.'

Une lueur froide aurait pu être observée dans les yeux d'Annette.

« M. Sellers, dit-elle doucement, a dû travailler très dur lui-même avant d'atteindre son poste actuel. Vous connaissez son travail, bien sûr ?

Pour la première fois, Beverley parut quelque peu confuse.

« Je… euh… pourquoi… » commença-t-il.

"Oh, mais bien sûr que si," continua-t-elle gentiment. "C'est dans tous les magazines."

Beverley regarda le grand homme avec admiration et vit qu'il avait rougi inconfortablement. Il attribuait cela à la modestie du génie.

— Dans les pages de publicité, dit Annette. " M. Sellers a dessiné cette image de la chaussure Waukeesy , du canapé Restawhile et de la boîte de sardines dans la publicité Little Gem Sardine. Il est très doué pour les natures mortes.

Il y eut un silence tendu. Beverley pouvait presque entendre la voix de l'arbitre prononcer le décompte.

« Miss Brougham, dit enfin Sellers en crachant ces mots, s'est limitée au côté purement commercial de mon travail. Il y en a un autre.

"Eh bien, bien sûr que oui. Vous avez vendu un paysage pour cinq livres il y a seulement huit mois, n'est-ce pas ? Et encore trois mois avant ça.

C'était assez. Les vendeurs s'inclinèrent avec raideur et quittèrent la pièce.

Beverley prit un plumeau et commença lentement à balayer le sol avec.

'Que fais-tu?' demanda Annette d'une voix étouffée.

« Les fragments du misérable », murmura Beverley. «Ils doivent être balayés et enterrés décemment. Vous avez certainement du punch, Miss Brougham.

Il laissa tomber le plumeau avec une exclamation surprise, car Annette avait soudain fondu en larmes. Le visage enfoui dans ses mains, elle s'assit sur sa chaise et sanglota désespérément.

'Bon dieu!' » dit Beverley d'un ton vide.

'Je suis un chat! Je suis une bête! Je me hais!'

'Bon dieu!' » dit Beverley d'un ton vide.

'Je suis un cochon ! Je suis un démon ! »

'Bon dieu!' » dit Beverley d'un ton vide.

"Nous avons tous du mal à nous en sortir et nous n'avons pas de chance, et au lieu de faire ce que je peux pour l'aider, je vais le narguer en lui reprochant de ne pas pouvoir vendre ses photos !" Je ne suis pas apte à vivre ! *Oh!* '

'Bon dieu!' » dit Beverley d'un ton vide.

Une série de sanglots déglutis s'ensuivit, diminuant peu à peu jusqu'au silence. Bientôt, elle leva les yeux et sourit, un sourire humide et pathétique.

« Je suis désolée, dit-elle, d'avoir été si stupide. Mais il était si horrible et si condescendant envers toi que je n'ai pas pu m'empêcher de me gratter. Je crois que je suis le pire chat de Londres.

"Non, c'est vrai", dit Beverley en désignant la toile. — Du moins, selon le regretté Sellers. Mais, dis-je, dites-moi, le défunt n'est-il donc pas un grand artiste ? Il est venu ici en se courbant, la poitrine bombée, et a commencé à graver mon chef-d'œuvre, alors j'ai naturellement dit : « Quoi-ho ! C'est un génie ! N'est-ce pas ?

« Il ne peut vendre ses photos nulle part. Il vit du peu qu'il peut tirer de l'illustration de publicités. Et je me moque de…'

' *S'il te plaît!* " dit Beverley avec appréhension.

Elle se reprit d'une gorgée.

«Je n'y peux rien», dit-elle misérablement. « Je l'ai frotté. Oh, c'était odieux de ma part ! Mais j'étais tout nerveux à l'idée d'enseigner à un de mes horribles élèves, et quand il a commencé à vous prendre avec condescendance…

Elle cligna des yeux.

'Pauvre diable!' » dit Beverley. «Je n'ai jamais deviné. Bon dieu!'

Annette se leva.

«Je dois y aller et lui dire que je suis désolée», dit-elle. "Il va me snober horriblement, mais je dois le faire."

Elle est sortie. Beverley alluma une pipe et se tenait à la fenêtre, regardant pensivement la rue.

C'est une bonne règle dans la vie de ne jamais s'excuser. Les bonnes personnes ne veulent pas d'excuses, et les mauvaises en profitent. Les vendeurs appartenaient à cette dernière classe. Quand Annette, douce, pénitente, toutes griffes au fourreau, s'approchait de lui et rampait , il lui pardonna avec une magnanimité repoussante qui, dans une humeur moins contenue, l'aurait poussée à une pugnacité renouvelée. En fait, elle se laissa pardonner et se retira avec la triste conviction qu'il serait désormais plus insupportable que jamais.

Son hypothèse s'est avérée tout à fait exacte. Ses visites à l'atelier du nouveau venu recommencèrent, et le tableau de Beverley, maintenant presque terminé, fut suffisamment critiqué pour avoir rempli un volume. La bonne humeur avec laquelle il l'a reçu a étonné Annette. Elle n'avait aucun intérêt particulier dans le tableau au-delà de ce qu'elle tirait d'une estime croissante pour son parent (ce qui la dérangeait beaucoup lorsqu'elle avait le temps d'y penser) ; mais il y avait des moments où seul le souvenir de ses remords pour sa précédente crise l'empêchait de déchirer le critique. Beverley, cependant, ne semblait avoir aucune sensibilité artistique. Lorsque Sellers a sauvagement attaqué le chat d'une manière qui aurait dû attirer la SPCA sur lui, Beverley a simplement rayonné. Sa longue souffrance dépassait l'entendement d'Annette.

Elle a commencé à l'admirer pour cela.

Pour rendre sa position de critique encore plus imprenable, Sellers pouvait désormais parler en tant que personne ayant autorité. Après des années de pataugeoire, sa chance semblait enfin avoir tourné. Ses tableaux, restés depuis des mois chez un agent, carénés comme des cuirassés paralysés, avaient enfin commencé à trouver un marché. Au cours des deux dernières semaines, trois paysages et un tableau allégorique s'étaient vendus à bon prix ; et sous l'influence du succès , il s'épanouit comme une fleur qui s'ouvre. Quand Epstein, l'agent, écrivit que l'allégorie avait été achetée par un ploutocrate de Glasgow du nom de Bates pour cent soixante guinées, l'opinion de Sellers sur les Philistins, leur matérialisme grossier et leur manque de goût subit une modification marquée. Il parla avec une certaine amitié de l'homme Bates.

« Pour moi, » dit Beverley, informée de l'événement par Annette, « l'affaire a une signification plus profonde. Cela prouve que Glasgow a enfin produit un homme sobre. Aucun buveur n'aurait osé affronter cette allégorie. Toute cette affaire est très gratifiante.

Beverley lui-même progressait lentement dans le domaine de l'art. Il avait terminé « L'enfant et le chat » et l'avait apporté à Epstein avec une lettre d'introduction de Sellers. L'attitude habituelle des vendeurs était désormais celle de la gentille célébrité arrivée et souhaitant donner une chance aux jeunes.

Depuis son départ, Beverley n'avait pas fait grand-chose en termes d'exécution effective. Chaque fois qu'Annette venait dans son atelier , soit il était assis sur une chaise, les pieds sur le rebord de la fenêtre, en train de fumer, soit dans la même attitude, il écoutait les opinions de Sellers sur l'art. Les vendeurs étant surclassés, un homme avec beaucoup d'euros à son crédit en banque, avait désormais plus de loisirs. Il avait abandonné son travail publicitaire et envisageait une grande toile, une autre œuvre allégorique. Cela lui laissait la liberté de consacrer beaucoup de temps à Beverley, et il le fit. Beverley s'asseyait et fumait pendant ses harangues. Il a peut-être écouté, ou pas. Annette l'écouta une ou deux fois, et cette expérience eut pour effet de l'envoyer à Beverley, frémissante d'indignation.

« Pourquoi le *laissez- vous* vous traiter ainsi ? » » a-t-elle demandé. « Si quelqu'un venait me parler ainsi de ma musique, je… je… je ne sais pas ce que je ferais. Oui, même s'il était vraiment un grand musicien.

« Alors, ne considérez-vous pas Sellers comme un grand artiste, même maintenant ?

« Il semble être capable de vendre ses tableaux, donc je suppose qu'ils doivent être bons ; mais rien ne pourrait lui donner le droit de vous fréquenter comme il le fait.

« Les manières de mon éminent ami seraient intolérables chez un empereur envers un scarabée noir », a cité Beverley. « Eh bien, qu'allons-nous faire à ce sujet ? »

« Si seulement vous pouviez vendre une photo aussi !

'Ah! Eh bien, j'ai fait ma part du contrat. J'ai livré la marchandise. Là, la chose est chez Epstein. Le public ne peut pas me blâmer si ça ne se vend pas. Tout ce qu'ils ont à faire, c'est d'entrer par milliers et de se battre pour cela. Et à propos, en parlant de valses...

« Oh, c'est fini », dit Annette découragée. « Publié aussi, d'ailleurs. »

'Publié ! Qu'est-ce qu'il y a alors ? Pourquoi cette tristesse lancinante ? Pourquoi ne cours-tu pas sur la place en chantant comme un oiseau ?

— Parce que, dit Annette, j'ai malheureusement dû payer les frais de publication. Il ne pesait que cinq livres, mais les ventes n'ont pas encore rattrapé ce chiffre. Si jamais ils le font, il y aura peut-être une nouvelle édition.

« Et tu devras payer pour ça ? »

'Non. Les éditeurs le feraient.

'Qui sont-ils?'

« Grusczinsky et Buchterkirch .»

« Mon Dieu, alors de quoi t'inquiètes-tu ? C'est un certificat. Un homme portant un nom comme Gruszczinsky pourrait vendre à lui seul une douzaine d'éditions. Aidé et inspiré par Buchterkirch , il fera de la valse le sujet de conversation du pays. Les nourrissons le chanteront dans leur berceau.

"Il ne semblait pas le penser la dernière fois que je l'ai vu."

'Bien sûr que non. Il ne connaît pas son propre pouvoir. La défiance décroissante de Grusczinsky est un mot d'ordre dans les cercles musicaux. Il est le véritable Violet Humain. Il faut lui laisser du temps.

«Je lui donnerai n'importe quoi s'il vend seulement une édition ou deux», dit Annette.

Ce qui était remarquable, c'est qu'il l'ait fait. Il ne semblait y avoir aucune raison particulière pour laquelle la vente de cette valse n'aurait pas été aussi modeste et aussi lente que celle de toute autre valse d'un compositeur inconnu. Mais presque sans avertissement, le ruissellement s'est transformé en inondation. Grusczinsky , rayonnant paternellement chaque fois qu'Annette entrait dans la boutique - ce qui était souvent le cas - annonçait deux nouvelles éditions par semaine. Beverley, dont l'évolution artistique était toujours sous l'œil attentif de Sellers, affirmait qu'il n'avait jamais douté du succès de la chose à partir du moment où une seule phrase l'avait tellement emporté qu'il avait été obligé d'applaudir. avec enthousiasme sur le terrain. Même Sellers a oublié ses propres triomphes assez longtemps pour lui permettre de présenter des félicitations affables. Et l'argent est arrivé, facilitant le chemin de la vie.

C'étaient des jours formidables. Il y avait un chapeau...

En bref, la vie était bien remplie et splendide. En effet, il n'y avait qu'une chose qui l'empêchait d'être parfait. L'inconvénient habituel du succès est qu'il ennuie tellement les amis ; mais dans le cas d'Annette, cet inconvénient manquait. L'attitude des vendeurs à son égard était celle d'un détenu de longue date accueillant un novice au Temple de la renommée. Ses élèves – des âmes dignes, bien que stupides – la flattaient. Beverley semblait plus heureuse que quiconque. Pourtant, c'est Beverley qui a empêché son paradis de se réaliser. Ayant elle-même réussi, elle voulait que tous ses amis réussissent ; mais Beverley, à son grand inconfort, est restée un joyeux échec et, pire encore, a absolument refusé de snober Sellers. Ce n'était pas comme si les conseils et commentaires de Sellers étaient désintéressés. Beverley était simplement l'instrument sur lequel il jouait ses chants de triomphe. Cela affligeait tellement Annette que maintenant, si elle montait à l'étage et entendait la voix de Sellers dans le studio, elle redescendait sans frapper.

Un après-midi, assise dans sa chambre, elle entendit la sonnerie du téléphone.

Le téléphone était dans les escaliers, juste devant sa porte. Elle sortit et décrocha le combiné.

« Salut ! » » dit une voix grincheuse. « Est-ce que M. Beverley est là ?

Annette se souvenait de l'avoir entendu sortir. Elle pouvait toujours distinguer ses pas.

«Il est sorti», dit-elle. « Y a-t-il un message ? »

«Oui», dit la voix avec insistance. ' Dites -lui que Rupert Morrison a appelé pour lui demander ce qu'il allait faire de toute cette superbe pile de musique qui est arrivée. Il veut qu'on le lui transmette, ou quoi ? La voix devenait haute et excitée. De toute évidence , M. Morrison était dans un état de tension nerveuse lorsqu'un homme ne se soucie pas particulièrement de savoir qui entend ses problèmes tant qu'il s'en confie à quelqu'un.

'Musique?' dit Annette.

'Musique!' » cria M. Morrison. « Des piles et des piles et des piles. Est-ce qu'il me fait une farce, ou quoi ? » demanda-t-il hystériquement. De toute évidence, il en était désormais venu à considérer Annette comme une confidente légitime. Elle écoutait. C'était le point principal. Il voulait quelqu'un – peu importe qui – qui l'écouterait. « Il me prête ses chambres », se lamentait M. Morrison, « pour que je puisse être parfaitement calme et tranquille pendant que j'écris mon roman, et, aussitôt que je le sais, cette musique commence à arriver. Comment puis-je être tranquille et tranquille alors que le sol est jonché de deux mètres de haut de grandes quantités de musique, et que d'autres arrivent chaque jour ?

Annette s'accrochait faiblement à la cabine téléphonique. Son esprit était en ébullition, mais elle commençait à voir beaucoup de choses.

'Es-tu là?' a appelé M. Morrison.

'Oui. De quelle maison vient la musique ?

'Qu'est ce que c'est?'

« Qui sont les éditeurs qui envoient la musique ? »

«Je ne m'en souviens pas. Un long nom. Oui, je l'ai. Gruszczinsky et quelqu'un.

«Je vais le dire à M. Beverley», dit doucement Annette. Un grand poids semblait s'être posé sur sa tête.

' Salut ! Salut ! Es-tu là?' » fit la voix de M. Morrison.

'Oui?'

« Et dis-lui qu'il y a aussi des photos.

'Des photos?'

« Quatre superbes images bestiales. La taille des éléphants. Je vous le dis, il n'y a pas de place pour bouger. Et-'

Annette a raccroché.

M. Beverley, revenu de sa promenade, montait les escaliers trois à la fois avec son énergie, quand, alors qu'il arrivait à la porte d'Annette, celle-ci s'ouvrit.

« Avez-vous une minute à perdre ? dit Annette.

'Bien sûr. Quel est le problème? Ont-ils vendu une autre édition de la valse ?

« Je n'ai pas entendu parler, monsieur ... Bates.

Pour une fois, elle vit le calme joyeux de l'homme à l'étage s'énerver ; mais il reçut le coup sans agitation.

'Vous savez mon nom?' il a dit.

« J'en sais bien plus que votre nom. Vous êtes un millionnaire de Glasgow.

« C'est vrai, reconnut-il, mais c'est héréditaire. Mon père en était un avant moi.

« Et vous utilisez votre argent, » dit Annette avec amertume, « en créant des paradis de fous pour vos amis, qui durent, je suppose, jusqu'à ce que vous vous lassiez de l'amusement et que vous les détruisiez. Cela ne vous semble-t-il jamais, M. Bates, que c'est un peu cruel ? Pensez-vous que M. Sellers se remettra joyeusement à bricoler lorsque vous arrêterez d'acheter ses tableaux et qu'il découvrira que... que...

«Je ne m'arrêterai pas», dit le jeune homme. « Si un millionnaire de Glasgow ne peut pas acheter les images allégoriques de Sellers, à qui peut-il acheter les images allégoriques ? Les vendeurs ne le sauront jamais. Il continuera à peindre et moi à acheter, et tout sera joie et paix.

'En effet! Et quel avenir m'as-tu préparé ?

'Toi?' » dit-il pensivement. 'Je veux t'épouser.'

Annette se raidit de la tête aux pieds. Il rencontra ses yeux flamboyants avec un regard de dévotion tranquille.

'Épouse-moi?'

«Je sais à quoi vous pensez», dit-il. «Votre esprit s'attarde sur la perspective de vivre dans une maison entièrement décorée avec les images allégoriques de Sellers. Mais ce ne sera pas le cas. Nous les stockerons dans le grenier.

Elle commença à parler, mais il l'interrompit.

'Écouter!' il a dit. « Asseyez-vous et je vais vous raconter l'histoire de ma vie. Nous sauterons les vingt-huit premières années et trois mois, en mentionnant simplement que pendant la plus grande partie de cette période, je cherchais quelqu'un comme vous. Il y a un mois et neuf jours, je t'ai trouvé. Vous traversiez le remblai. J'étais aussi sur le quai. Dans un taxi. J'ai arrêté le taxi, je suis descendu et je vous ai vu entrer dans le métro de Charing Cross. J'ai bondi...

«Cela ne m'intéresse pas», dit Annette.

"L'intrigue s'épaissit", lui assura-t-il. « Nous avons laissé notre héros jaillir, je pense. Juste ainsi. Eh bien, vous avez pris le train du West End et êtes descendu à Sloane Square. Moi aussi . Vous avez traversé Sloane Square, remonté King's Road et êtes finalement arrivé ici. J'ai suivi. J'ai vu une annonce intitulée "Studio to Let". Je pensais qu'ayant fait un peu de peinture en amateur, je pouvais très bien me poser en artiste ; alors j'ai pris le studio. Aussi le nom d'Alan Beverley. Le mien est Bill Bates. Je m'étais souvent demandé ce que ça ferait d'être appelé par un nom comme Alan Beverley ou Cyril Trevelyan. C'est simplement le jeu de la médaille qui m'a décidé en faveur de la première. Une fois entré, le problème était de savoir comment vous connaître. Quand je t'ai entendu jouer, j'ai su que tout allait bien. Il suffisait que je frappe par terre assez longtemps...

« Est-ce que… tu… veux… me dire… » La voix d'Annette tremblait « tu veux me dire que tu as frappé à cette heure-là simplement pour me faire monter ?

'C'était ça. Plutôt un stratagème, vous ne trouvez pas ? Et maintenant, pourrais-tu me raconter comment tu as découvert que j'achetais ta valse ? Vos remarques sur les paradis des fous n'étaient pas inspirées uniquement par les affaires de Sellers. Mais la façon dont tu as fait me bat. J'ai juré à Rozinsky , ou quel que soit son nom, de garder le secret.

« Un M. Morrison, dit Annette avec indifférence, a téléphoné et m'a demandé de vous dire qu'il était très inquiet des piles de musique qui jonchaient les chambres que vous lui prêtiez.

Le jeune homme éclata de rire.

« Pauvre vieux Morrison ! J'ai tout oublié de lui. Je lui ai prêté mes chambres à l'Albany. Il écrit un roman et il ne peut pas travailler si le moindre problème se produit. Cela montre juste... »

« M. Bates ! »

'Oui?'

« Peut-être que tu n'avais pas l'intention de me faire du mal. J'ose dire que tu voulais seulement être gentil. Mais... mais... oh, tu ne vois pas à quel point tu m'as humilié ? Vous m'avez traité comme un enfant, en m'offrant un succès imaginaire juste pour... juste pour me faire taire, je suppose. Toi-'

Il fouillait dans sa poche.

« Puis-je vous lire une lettre ? il a dit.

'Une lettre?'

« Assez court. Cela vient d'Epstein, le marchand d'images. C'est ce qu'il dit. "Monsieur", c'est-à-dire moi, pas "Cher Bill", remarquez, juste "Monsieur". "Je suis heureux de pouvoir vous informer que j'ai reçu ce matin une offre de dix guinées pour votre tableau "Enfant et chat". Veuillez me faire savoir si je dois m'en débarrasser à ce prix."

'Bien?' dit Annette d'une petite voix.

«Je viens d'aller chez Epstein. Il semble que l'acheteur soit une Miss Brown. Elle a donné une adresse à Bayswater . J'ai appelé à l'adresse. Aucune Miss Brown n'y habite, mais une de vos élèves y habite. Je lui ai demandé si elle attendait un colis pour Miss Brown, et elle m'a répondu qu'elle avait reçu votre lettre, qu'elle avait tout à fait compris et qu'elle la prendrait dès qu'elle arriverait.

Annette cachait son visage dans ses mains.

'S'en aller!' dit-elle faiblement.

M. Bates s'approcha d'un pas.

« Vous souvenez-vous de cette histoire des habitants de l'île qui gagnaient une vie précaire en faisant la lessive les uns des autres ? » demanda-t-il avec désinvolture.

'S'en aller!' s'écria Annette.

« J'ai toujours pensé, dit-il, que cela devait les rapprocher les uns des autres, les rendre plutôt attachés les uns aux autres. N'est-ce pas ?

'S'en aller!'

« Je ne veux pas partir. Je veux rester et t'entendre dire que tu vas m'épouser.

' Partez s'il *vous* plait! Je veux réfléchir.

Elle l'entendit se diriger vers la porte. Il s'arrêta, puis repartit. La porte se ferma doucement. Bientôt, de la pièce au-dessus, vint un bruit de pas – des pas qui allaient et venaient de façon monotone comme ceux d'un animal en cage.

Annette était assise et écoutait. Il n'y a eu aucune pause dans les pas.

Soudain, elle s'est levée. Dans un coin de la pièce se trouvait une longue perche utilisée pour lever et abaisser le châssis de la fenêtre. Elle l'accepta et resta un instant indécise. Puis, d'un mouvement rapide, elle le souleva et frappa trois fois le plafond.

QUELQUE CHOSE DE S'INQUIÉTER

Une FILLE se tenait sur les galets qui bordent la baie de Millbourne , regardant les toits rouges du petit village de l'autre côté de l'eau. C'était une jolie fille, petite et soignée. Tout à l'heure, une douleur secrète semblait la troubler, car sur son front étaient des rides et dans ses yeux un air de mélancolie. Elle avait en effet tous les traits distinctifs de celle qui pense à son amant marin.

Mais elle ne l'était pas. Elle n'avait pas d'amant marin. Ce à quoi elle pensait, c'était qu'à peu près à cette époque, ils allaient éclairer les vitrines de Londres, et que de tous les endroits mortels et déprimants qu'elle avait jamais visités, ce village de Millbourne était le plus meurtrier.

Les ombres du soir s'approfondissaient. La marée montante brillait d'huile en roulant sur les vasières. Elle se leva et frissonna.

'Gelée! Quel trou ! » dit-elle en regardant le village inconscient d'un air maussade. « *Quel* trou !

C'était la première soirée de Sally Preston à Millbourne . Elle était arrivée de Londres par le train de l'après-midi — pas de son plein gré. Livrée à elle-même, elle ne se serait pas rapprochée à moins de soixante milles de cet endroit. Londres a fourni tout ce qu'elle exigeait de la vie. Elle était née à Londres ; depuis, elle y vivait ; elle espérait y mourir. Elle aimait les brouillards, les autocars, le bruit, les policiers, les livreurs de journaux, les magasins, les taxis, la lumière artificielle, les trottoirs de pierre, les maisons aux longues rangées grises, la boue, les peaux de bananes et les expositions de films. Surtout les expositions de films. C'était en effet son goût pour ces produits qui lui avait valu son bannissement à Millbourne .

Le grand public n'est pas encore unanime au sujet des expositions de films. Sally, comme je l'ai dit, les approuvait. Son père, en revanche, ne l'a pas fait. Ancien majordome austère, qui louait un logement dans Ebury Street et prêchait le dimanche à Hyde Park, il regardait les « films » d'un mauvais œil. Il se vantait de n'avoir jamais été dans un théâtre de sa vie et il assimilait les palais de cinéma et les théâtres à des ruses du diable. Sally, soudainement démasquée en tant que fréquentatrice habituelle de ces lieux abandonnés, s'est imposée d'un seul coup en tant que méchante fille de la famille. L'éloignement instantané de la tentation étant le seul plan possible, il sembla à M. Preston qu'un voyage à la campagne était indiqué.

Il a choisi Millbourne parce qu'il y avait été majordome au Hall et parce que sa sœur Jane, qui avait été femme de chambre au presbytère, était maintenant mariée et vivait dans le village.

Il n'aurait certainement pas pu choisir une maison de correction plus prometteuse pour Sally. Ici, si tant est qu'elle se trouve ailleurs, elle pourrait oublier les joies enivrantes du cinéma. Nichée au coin de sa petite baie, qu'une île accueillante transforme en lagon immobile, Millbourne sommeille. Dans tout le Hampshire endormi, il n'y a pas d'endroit plus endormi. C'est un lieu d'hommes aux yeux calmes et de chiens somnolents. Les choses s'effondrent et ne sont pas remplacées. Les commerçants passent des commandes, puis perdent tout intérêt et oublient de livrer les marchandises. Seuls les centenaires meurent, et personne ne s'inquiète de quoi que ce soit – du moins jusqu'à ce que Sally vienne leur donner de quoi s'inquiéter.

À côté de la tante Jane de Sally, dans une petite maison confortable avec un magnifique petit jardin, vivait Thomas Kitchener, un jeune homme grand, grave et autonome, qui, par simple application au travail, était déjà devenu, bien que seulement vingt-cinq ans , deuxième jardinier à la Halle. Le jardinage l'a absorbé. Lorsqu'il ne travaillait pas au Hall, il travaillait à la maison. Le matin suivant l'arrivée de Sally, c'était un jeudi et son jour de congé, il était accroupi dans une attitude contrainte dans son jardin, toutes les fibres de son corps étant concentrées sur l'enterrement d'un jeune bulbe dodu. Par conséquent, lorsqu'un morceau de boue est passé par-dessus la clôture, il ne l'a pas remarqué.

Un deuxième, cependant, a attiré l'attention en éclatant comme un obus sur sa nuque. Il leva les yeux, surpris. Personne n'était en vue. Il était perplexe. Il ne pouvait guère pleuvoir de la boue. Pourtant, la théorie alternative, selon laquelle quelqu'un dans le jardin voisin l'aurait lancé, n'était pas moins bizarre. La nature de son amitié avec la tante Jane de Sally et le vieux M. Williams, son mari, était plus confortable que joyeuse. Il était inconcevable qu'ils lui jettent des mottes.

Alors qu'il se demandait s'il devait aller jusqu'à la clôture et regarder par-dessus, ou simplement accepter le phénomène comme une de ces choses qu'aucun homme ne peut comprendre, surgit devant lui la tête et les épaules d'une jeune fille. Dans sa main droite se tenait une troisième motte que, voyant qu'elle n'avait plus besoin de ses services, elle laissa tomber à terre.

« Salut ! » dit-elle. 'Bonjour.'

C'était une jolie fille, petite et soignée. Tom était en quelque sorte un homme fort et silencieux avec une carrière à laquelle penser et qui n'avait pas le temps de s'inquiéter des filles, mais il le voyait. Il y avait, en outre, une certaine vivacité dans son expression que l'on retrouve rarement dans la population féminine de Millbourne , qui avait tendance à être légèrement bovine.

« À quoi pensez-vous que *vous* déconnez ? » dit-elle affablement.

Tom était un jeune homme lent d'esprit, qui aimait garder ses pensées sous contrôle avant de parler. Ce n'était pas un de vos homosexuels. En outre, il y avait quelque chose chez cette fille qui le troublait au plus haut point. Il était conscient d'émotions nouvelles et étranges. Il resta là à regarder silencieusement.

« Quel est ton nom, d'ailleurs ? »

Il pourrait répondre à cela. Il l'a fait.

'Oh! La mienne est Sally Preston. Mme Williams est ma tante. Je viens de Londres.

Tom n'avait aucune remarque à faire sur Londres.

«Avez-vous vécu ici toute votre vie?»

«Oui», dit Tom.

'Mon Dieu! Vous n'en avez jamais marre ? Tu ne veux pas de changement ?

Tom réfléchit à ce point.

«Non», dit-il.

'Eh bien, *je* fais. J'en veux un maintenant.

"C'est un endroit sympa", hasarda Tom.

« Il n'en est rien. C'est le trou le plus bestial qui existe. C'est absolument chronique. Peut-être vous demandez-vous pourquoi je suis ici. Je ne pense pas que je *voulais* venir ici. Pas moi! J'ai été envoyé. C'était comme ça. Elle lui fit un bref résumé de ses ennuis. 'Là! Tu ne trouves pas ça un peu épais ? conclut-elle.

Tom réfléchit également à ce point.

« Il faut en tirer le meilleur parti », dit-il enfin.

« Je ne le ferai pas ! Je vais obliger mon père à me reprendre.

Tom réfléchit également à ce point. Rarement, voire jamais, on lui avait donné autant de choses à penser en une matinée.

'Comment?' » demanda-t-il longuement.

'Je ne sais pas. Je trouverai un moyen. Vous voyez si je ne le fais pas. Je m'en irai très vite, je te le donne *ma* parole.'

Tom se pencha sur un rosier. Son visage était caché, mais le brun de son cou semblait prendre une teinte plus riche et ses oreilles étaient indéniablement cramoisies. Ses pieds bougeaient avec agitation, et de sa bouche invisible sortit le premier discours galant que ses lèvres aient jamais prononcé. Considéré simplement comme un discours, ce n'était peut-être rien de merveilleux ; mais de la part de Tom, c'était un miracle de chevalerie et d'élégance.

Ce qu'il a dit, c'est : « J'espère que non.

Et son instinct lui disant qu'il avait fait son effort suprême et que tout ce qui allait suivre devait être un bathos, il se tourna brusquement et se dirigea vers sa chaumière, où il but du thé et mangea du bacon et eut des pensées chaotiques. Et quand son appétit refusa de le porter au-delà de la moitié du troisième raser, il comprit. Il était amoureux.

Ces hommes forts et silencieux, qui entendent devenir jardiniers en chef avant l'âge de trente ans et éliminent de leur vie la femme comme un obstacle dangereux à une carrière réussie, paient un lourd tribut lorsqu'ils tombent amoureux. Le jeune homme irresponsable moyen qui a traîné dans North Street le samedi soir, a marché à travers les prés, a fait le tour du moulin et est rentré chez lui devant le ruisseau le dimanche après-midi, a pris place dans le frein pour la sortie annuelle, s'est frayé un chemin à travers le la polka au bal des commerçants, et généralement saisi toutes les occasions légitimes de jouer avec Amaryllis à l'ombre, a cent avantages qui manquent à votre carrière réussie . Il n'y eut guère un moment dans les jours qui suivirent où Tom ne regretta pas son éducation négligée.

Car il n'était pas la seule victime de Sally à Millbourne . C'était là le problème. Sa beauté n'était pas de ce type insaisissable qui se glisse imperceptiblement dans la vision du rare connaisseur. C'était soudain et convaincant. Cela vous a frappé. Des yeux marron clair sous une masse de cheveux blonds, un petit menton déterminé, une silhouette élancée, voilà des choses inquiétantes ; et les jeunes du paisible Millbourne se sont assis et ont remarqué comme un seul jeune. Revenez à la dernière comédie musicale que vous avez vue. Rappelez-vous la chanson de la principale dame avec un chœur de jeunes hommes, tous offrant leur dévotion simultanément dans une rangée soignée. Eh bien, c'était ainsi que les gars du village se comportaient envers Sally.

M. et Mme Williams, jusqu'alors un couple très estimé mais peu fréquenté, furent étonnés de l'afflux soudain de visiteurs. Le chalet est devenu pratiquement un *salon* . Il n'y avait pas une soirée où le petit salon qui donnait sur le jardin n'était pas bondé. Il est vrai que la conversation manquait de l'éclat qu'on trouve généralement dans les *salons de la meilleure classe*. Pour être tout à fait exact, il n'y a pratiquement pas eu de conversation. Les jeunes de Melbourne étaient robustes et honnêtes. Ils constituaient l'épine dorsale de l'Angleterre. L'Angleterre, au moment où elle en avait besoin, aurait pu faire appel à eux avec la confortable certitude que, à moins qu'ils ne soient engagés autrement, ils sauteraient à son secours.

Mais ils ne brillaient pas dans les bavardages. Dans la conversation, ils étaient épuisés après avoir demandé à M. Williams comment étaient ses rhumatismes. Ensuite, ils se contentèrent de s'asseoir en masse dans les coins, se regardant mutuellement. Pourtant, tout cela était très joyeux et sociable, et aidait à passer les longues soirées. Et, comme Mme Williams l'a souligné, en réponse à certaines remarques assez fortes de M. Williams au sujet des meutes de jeunes imbéciles qui empêchaient un homme de fumer tranquillement chez lui, cela les tenait à l'écart du public. -Maisons.

Tom Kitchener, quant à lui, observait l'invasion avec une consternation croissante. La timidité lui interdisait les soirées, et ce qui se passait dans cette maison, avec des jeunes comme Ted Pringle, Albert Parsons, Arthur Brown et Joe Blossom (pour n'en citer que quatre des plus assidus) exerçant leur fascination à bout portant, il je n'aimais pas réfléchir. Encore et encore, il s'efforçait de se préparer à participer aux fêtes de la raison et aux flux de l'âme qui, il le savait, avaient lieu chaque nuit autour de l'objet de ses dévotions, mais à chaque fois il échouait. L'habitude est une chose terrible ; c'est ce qui entrave le plus fort, et Tom avait pris l'habitude de s'enquérir des rhumatismes de M. Williams au-dessus de la clôture du jardin dès le matin.

C'était une attitude civile et de bon voisinage , mais cela annihilait la seule excuse à laquelle il pouvait penser pour venir voir la nuit. Il ne pouvait pas s'en empêcher. C'était comme un fléau épouvantable : l'habitude de la morphine, ou quelque chose de ce genre. Chaque matin, il se jurait que rien ne l'inciterait à évoquer le sujet des rhumatismes, mais à peine la tête du vieux monsieur frappé était-elle apparue au-dessus de la clôture qu'elle en ressortait.

« Bonjour, M. Williams. »

« Bonjour, Tom. »

Pause, révélatrice d'un homme fort aux prises avec lui-même ; alors:

« Comment vont les rhumatismes, M. Williams ?

« Mieux, merci , Tom. »

Et il était là, avec ses armes pointées.

Cependant, il n'a pas abandonné. Il faisait preuve de la même détermination qui avait fait de lui le deuxième jardinier du Hall à vingt-cinq ans. Il était novice dans ce jeu, mais son instinct lui disait qu'une bonne ligne d'action consistait à offrir des cadeaux. Il l'a fait. Tout ce qu'il avait à se doucher, c'était des légumes, et il les arrosait d'une manière qui aurait fait parler de la déesse Cérès. Son jardin est devenu un parfait cratère, faisant exploser des légumes. Pourquoi des légumes ? Je crois que j'entends un cri de chahuteur. Pourquoi pas des fleurs, des fleurs fraîches, belles et parfumées ? Vous pouvez faire beaucoup de choses avec les fleurs. Les filles les adorent. Il y a de la poésie en eux. Et qui plus est, il existe un langage reconnu des fleurs. Tirez sur une rose, ou une calceolaria, ou une bordure herbacée, ou quelque chose du genre, je suppose, et vous avez fait une demande formelle de mariage sans avoir à répéter un long discours et à pratiquer les gestes appropriés devant votre chambre en regardant... verre. Pourquoi, alors, Thomas Kitchener n'a-t-il pas offert de fleurs à Sally Preston ? Eh bien, voyez-vous, malheureusement, c'était maintenant la fin de l'automne et il n'y avait pas de fleurs. La nature avait momentanément épuisé ses bienfaits floraux et courait avec des pommes de terre, des artichauts et tout. L'amour est comme ça. Cela arrive invariablement au mauvais moment. Quelques mois auparavant, il y avait suffisamment de roses dans le jardin de Tom Kitchener pour conquérir le cœur d'une douzaine de filles. Il n'y avait plus que des légumes. Il en a toujours été ainsi.

Il ne fallait pas s'attendre à ce qu'une dévotion si concrètement affichée échappe aux commentaires. Ceci a été fourni par cet observateur avisé, le vieux M. Williams. Il a parlé sérieusement à Tom de l'autre côté de la clôture au sujet de sa passion.

« Jeune Tom, dit-il, laissez tomber. »

Tom marmonna de manière inintelligible. M. Williams ajusta le haut-de-forme sans lequel il ne sortait jamais, même dans son jardin. Il cligna des yeux avec bienveillance vers Tom.

"Vous vous réconciliez avec cette jeune fille de Jane", a-t-il poursuivi. 'Vous ne pouvez pas *me tromper*. Toutes ces p'taties , et que sais-je encore. *je* vu votre jeu assez vite. Laisse tomber, jeune Tom.

'Pourquoi?' marmonna Tom d'un ton rebelle. Un soudain dégoût pour le vieux M. Williams s'enflamma en lui.

'Pourquoi? Parce que tu ne te brûleras les doigts que si tu ne le fais pas, voilà pourquoi. J'ai observé la jeune fille de Jane et j'ai vu quel genre de jeune fille elle était. C'est une pièce flippante , c'est ce qu'elle est. Tu épouses cette jeune fille, Tom, et tu n'auras plus jamais plus de calme et de bonheur. Elle prendrait tout simplement la maison et la mettrait à l'envers contre vous.

L'homme qui épouse cette jeune fille doit être maître dans sa propre maison. Il doit lui montrer ce que c'est. Maintenant, tu n'as pas le diable en toi pour faire ça, Tom. Vous êtes ce que je pourrais appeler une sorte de mouton. Je l' admire chez toi, Tom. J'aime voir un jeune homme stable et calme, comme vous. Alors c'est comme ça, voyez-vous. Laissez tomber cette bêtise, jeune Tom, et laissez cette jeune fille tranquille, sinon vous vous brûlerez les doigts, comme je le dis.

Et, inclinant son chapeau haut-de-forme d'un air désinvolte, le vieux gentleman entra à l'intérieur, satisfait d'avoir laissé tomber une allusion prudente d'une manière agréable et pleine de tact.

Il faut supposer que cette interview a poussé Tom à agir rapidement. Sinon, on ne peut pas expliquer pourquoi il n'aurait pas été aussi réticent sur le sujet qui lui tenait à cœur en accordant à Sally le vingt-septième chou qu'il l'avait été en administrant la cent soixantième pomme de terre. Quoi qu'il en soit, il n'en demeure pas moins que, lorsque ce légume fatidique a changé de mains de l'autre côté de la clôture, quelque chose qui ressemble à une demande en mariage est effectivement issu de lui. En tant que morceau soutenu de prose émotionnelle , il n'a pas répondu aux normes les plus élevées. La majeure partie était perdue au fond de sa gorge, et ce qui en ressortait était pour la plupart inaudible. Cependant, alors qu'elle entendait distinctement le mot «amour» à deux reprises, et que Tom traînait les pieds et ruisselait de transpiration, et regardait partout à la fois sauf elle, Sally comprit la situation. Alors, sans aucune émotion visible, elle l'accepta.

Tom a dû lui demander de répéter sa remarque. Il ne pouvait pas croire à sa chance. Il est singulier de voir à quel point un homme normalement sûr de lui peut devenir timide une fois qu'il est amoureux. Lorsque le colonel Milvery , du Hall, l'avait informé de sa promotion au poste de deuxième jardinier, Tom n'avait demandé aucun *rappel* . Il connaissait sa valeur. Il savait parfaitement qu'il était un bon jardinier, et la reconnaissance officielle de ce fait le laissait satisfait, mais imperturbable. Mais cette affaire de Sally était une tout autre affaire. Cela avait révolutionné ses normes de valeur et l'avait forcé à se considérer comme un homme, totalement indépendant de ses compétences de jardinier. Et jusqu'à présent, il avait eu de sérieux doutes quant à savoir si, en dehors de ses talents de jardinier, il valait grand-chose.

Il était dépassé. Il embrassa humblement Sally à travers la clôture. Sally, pour sa part, semblait très indifférente à tout cela. Un homme plus critique que Thomas Kitchener aurait pu dire que, selon toute apparence, la chose ennuyait plutôt Sally.

«Ne le dites à personne pour l'instant», stipulait-elle.

Tom aurait donné beaucoup pour pouvoir annoncer son triomphe avec défi au vieux M. Williams, sans parler d'en faire un bruit considérable dans le village ; mais son souhait était une loi, et il accepta à contrecœur.

Il y a des moments dans la vie d'un homme où, si enthousiaste qu'il soit jardinier, son âme plane au-dessus des légumes. Tom est projeté d'un seul coup dans le règne animal. Le premier cadeau qu'il a offert à Sally en sa qualité de fiancé était un chien.

C'était un chiot à moitié adulte avec de longues pattes et une longue queue, n'appartenant à aucune espèce, mais se répartissant généreusement entre environ six. Sally l'a adoré et l'a emporté avec elle partout où elle allait. Et lors d'une de ces promenades, l'agent Cobb, le policier du village, a fait remarquer que, contrairement à la réglementation, le chiot n'avait pas de collier.

Il est possible qu'une douceur judicieuse de la part de Sally ait pu éviter le désastre. M. Cobb était humain et Sally avait l'air particulièrement attirante ce matin-là. La douceur, cependant, n'est pas venue facilement à Sally. Dans un discours qui a commencé comme une dispute et s'est terminé (M. Cobb se montrant solide et inflexible) comme un pur culot, elle a complètement mis le gendarme en déroute. Mais sa victoire n'était que morale, car alors qu'elle se tournait pour partir, M. Cobb, rouge terne et légèrement haletant, était déjà en train d'écrire les détails de l'affaire dans son carnet, et Sally savait que le dernier mot lui appartenait.

Sur le chemin du retour, elle rencontra Tom Kitchener. Il avait l'air très dur et fort, et à sa vue, une idée à moitié née, qu'elle avait à regret rejetée comme étant irréalisable, d'agresser l'agent Cobb, lui revint sous une forme modifiée. Tom ne le savait pas, mais la raison pour laquelle elle lui souriait si radieusement à ce moment-là était qu'elle venait de l'élire au poste de tueur à gages. Même si elle ne voulait pas que l'agent Cobb soit réellement assassiné, elle souhaitait sincèrement qu'on lui brise son casque sur les yeux ; et il lui semblait que Tom était l'homme qu'il fallait pour le faire.

Elle lui a fait part de ses griefs et lui a suggéré son plan. Elle l'a même élaboré.

« Pourquoi ne devrais-tu pas l'attendre une nuit et le jeter à la rivière ? Ce n'est pas profond et c'est plutôt boueux.

« Euh ! » » dit Tom, dubitatif.

"Cela lui apprendrait simplement", a-t-elle souligné.

Mais la perspective d'entreprendre des études supérieures de policier ne semblait pas plaire à Tom. Au fond, il sympathisait plutôt avec le gendarme Cobb. Il a vu le point de vue du policier. C'est très bien de parler, mais quand vous êtes stationné dans un village endormi où personne ne tue, ne vole, ne commet d'incendie criminel, ni même ne s'enivre et ne fait de désordre dans la rue, un chiot sans collier est tout simplement une aubaine. Un homme doit prendre soin de lui-même.

Il essaya de clarifier cet aspect de la question à Sally, mais échoua de façon flagrante. Elle jugeait déplorable son attitude.

— J'aurais pu me douter que tu aurais eu peur, dit-elle avec un signe de menton méprisant. 'Bonjour.'

Tom rougit. Il savait qu'il n'avait jamais eu peur de rien dans sa vie, sauf d'elle ; mais néanmoins l'accusation piquait. Et comme il avait toujours peur d' elle , il balbutia en commençant à nier l'accusation.

"Oh, laisse tomber!" dit Sally avec irritation. "Suce une pastille."

"Je n'ai pas peur", dit Tom, condensant ses propos au minimum comme sa seule chance d'être intelligible.

'Tu es.'

'Je ne suis pas. C'est juste que je...

Une méchante lueur passa dans les yeux de Sally. Son attitude était hautaine.

'Cela n'a pas d'importance.' Elle fit une pause. "Je suis convaincu que Ted Pringle fera ce que je veux."

Malgré tout son mépris, elle ne pouvait cacher une pointe d'inquiétude dans ses yeux alors qu'elle se préparait à faire sa prochaine remarque. Il y avait un regard sur la mâchoire serrée de Tom qui la fit hésiter. Mais son caractère s'était envolé et elle continua.

«Je suis sûre qu'il le fera», dit-elle. "Lorsque nous nous sommes fiancés , il a dit qu'il ferait n'importe quoi pour moi."

Il y a des discours qui sont tellement coup de grâce dans la conversation qu'on a du mal à croire que la vie puisse un jour se reprendre et continuer après eux. Et pourtant c'est le cas. Le dramaturge baisse le rideau sur de tels discours. Le romancier bloque le chemin de son lecteur avec une zareba d'étoiles. Mais dans la vie, il n'y a pas de rideaux, pas d'étoiles, rien de définitif et de défini – seulement des pauses irrégulières et de l'inconfort. Il y avait une telle pause maintenant.

'Que veux-tu dire?' » dit enfin Tom. « Vous avez promis de m'épouser. »

"Je le sais, et j'ai promis d'épouser Ted Pringle !"

Cette touche de panique qu'elle ne pouvait pas complètement réprimer, la panique qui envahit tout le monde lorsqu'une situation les emporte comme une machine étrange et ingérable, a insufflé une nuance trop provocante dans les manières de Sally. Elle avait souhaité être cool, voire décontractée, mais elle commençait à avoir peur. Pourquoi, elle n'aurait pas pu le dire. Elle ne s'attendait certainement pas à de la violence de la part de Tom. C'était peut-être ça. Peut-être était-ce simplement parce qu'il était si silencieux qu'elle avait peur. Elle l'avait toujours considéré avec mépris comme un voyou aimable et transparent, et maintenant il la laissait perplexe. Elle avait l'impression qu'il y avait quelque chose de formidable derrière sa stupidité, quelque chose qui la faisait se sentir mesquine et insignifiante.

Elle luttait contre ce sentiment, mais celui-ci la saisissait ; et, malgré elle, sa voix devenait aiguë et incontrôlable.

«J'ai promis d'épouser Ted Pringle, j'ai promis d'épouser Joe Blossom et j'ai promis d'épouser Albert Parsons. Et j'allais promettre d'épouser Arthur Brown et tous ceux qui me le demanderaient. Alors maintenant vous savez ! Je t'ai dit que j'obligerais mon père à me ramener à Londres. Eh bien, quand il apprendra que j'ai promis d'épouser quatre hommes différents, je parie qu'il me ramènera à la maison par le premier train.

Elle s'est arrêté. Elle avait encore quelque chose à dire, mais elle ne pouvait pas le dire. Elle le regardait. Et il la regarda. Son visage était gris et sa bouche étrangement tordue. Le silence semblait tomber sur l'univers tout entier.

Sally avait vraiment peur maintenant, et elle le savait. Elle se sentait toute petite et sans défense dans un monde extrêmement alarmant. Elle n'aurait pas pu dire ce qui lui était arrivé. Elle savait seulement que la vie était devenue tout à coup très vivante et que ses idées sur ce qui était amusant avaient subi un changement frappant. Le développement d'un homme est un processus lent et régulier au fil des années ; celui d'une femme ne dure qu'un instant. Dans le silence qui suivit ses paroles, Sally avait grandi.

Tom rompit le silence.

'Est-ce vrai?' il a dit.

Sa voix la fit sursauter. Il avait parlé à voix basse, mais il y avait là une nouvelle note, étrange pour elle. Tout comme elle n'aurait pas pu dire ce qui lui était arrivé, elle ne pouvait pas non plus dire ce qui était arrivé à Tom. Lui aussi avait changé, mais elle ne savait pas comment. Pourtant l'explication était simple. Il avait aussi, dans un sens, grandi. Il n'avait plus peur d'elle.

Il réfléchissait. Les heures semblaient passer.

« Viens ! » dit-il enfin, et il commença à s'éloigner sur la route.

Sally le suivit. La possibilité de refuser ne lui venait pas à l'esprit.

'Où vas-tu?' elle a demandé. C'était insupportable, ce silence.

Il n'a pas répondu.

De cette façon, lui menant, elle suivant, ils descendirent la route dans un chemin et passèrent une porte dans un champ. Ils passèrent dans un deuxième champ et, ce faisant, le cœur de Sally fit un bond. Ted Pringle était là.

Ted Pringle était un grand jeune homme, plus grand encore que Tom Kitchener, et, comme Tom, il avait l'habitude de se taire. Il regarda le petit cortège d'un air interrogateur, mais ne prononça aucun mot. Il y eut une pause.

"Ted," dit Tom, "il y a eu une erreur."

Il s'approcha rapidement de Sally, et l'instant d'après, il l'avait fait tomber et l'avait embrassée.

Pour le type d'esprit que Millbourne engendre, les actions sont plus éloquentes que les mots, et Ted Pringle, qui était resté bouche bée, n'est plus resté bouche bée. Il bondit en avant et Tom, repoussant Sally, se tourna vers lui.

Je ne peux m'empêcher de me sentir un peu désolé pour Ted Pringle. À la lumière de ce qui s'est passé, j'aurais souhaité qu'il soit possible de le décrire comme une brute imposante , d'apparence mauvaise et aux mœurs pires – le genre de personne à propos de laquelle on pourrait penser confortablement qu'il méritait tout ce qu'il avait. Je voudrais en faire un personnage antipathique, dont le lecteur se réjouirait de la chute. Mais l'honnêteté m'oblige à admettre que Ted était un jeune homme tout à fait honnête à tous points de vue. C'était un bon citoyen, un fils dévoué, et il aurait certainement fait un excellent mari. En outre, dans le conflit en cours, il avait tout autant raison que Tom de son côté. Toute cette affaire était l'un de ces conflits élémentaires entre hommes où l'historien ne peut sympathiser avec l'un ou l'autre aux dépens de l'autre, et doit se limiter à un simple récit de ce qui s'est passé. Et, brièvement, ce qui s'est passé, c'est que Tom, apportant dans la mêlée une fureur refoulée que son adversaire n'avait pas eu le temps de générer, a combattu Ted jusqu'à l'arrêt complet en l'espace de deux minutes et demie.

Sally avait regardé les débats, malade et horrifiée. Elle n'avait jamais vu d'hommes se battre auparavant, et la terreur l'envahissait. Sa vanité ne recevait aucune stimulation agréable de la pensée que c'était pour elle que cette tempête s'était déchaînée. Pour le moment, sa vanité était morte, abasourdie par le choc des réalités. Elle se retrouva à regarder dans un rêve. Elle vit Ted tomber, se relever, retomber et se coucher là où il était tombé ; et puis elle se rendit compte que Tom parlait.

« Viens ! »

Elle est restée en retrait. Ted était allongé, immobile. Des idées horribles se sont présentées. Elle venait juste de les accepter comme étant la vérité lorsque Ted se tortilla. Il se tortilla encore. Puis il se redressa brusquement, la regarda avec des yeux aveugles et dit quelque chose d'une voix grave. Elle poussa un petit sanglot de soulagement. C'était horrible, mais pas aussi horrible que ce qu'elle avait imaginé.

Quelqu'un lui a touché le bras. Tom était à ses côtés, sinistre et redoutable. Il essuyait le sang de son visage.

« Viens ! »

Elle le suivit sans un mot. Et maintenant, voici, dans un autre champ, sifflant pensivement et indépendamment de la maladie imminente, Albert Parsons.

Dans tout ce qu'il faisait, Tom était un homme de méthode. Il ne s'écarte pas de la formule qu'il a choisie.

« Albert, dit-il, il y a eu une erreur.

Et Albert resta bouche bée, comme Ted l'avait été.

Tom embrassa Sally avec la gravité d'une personne accomplissant un rituel.

Les laideurs de la vie, à mesure qu'on s'y habitue, perdent leur pouvoir de choquer, et il ne fait aucun doute que Sally a regardé d'un œil différent cette seconde lutte. Elle était consciente d'un frisson d'excitation, très différent de l'horreur rétrécie qui l'avait saisie auparavant. Sa vanité stupéfaite recommença à picoter dans la vie. Le combat faisait furieusement rage sur le gazon piétiné, et tout à coup, alors qu'elle regardait, elle réalisa que son cœur était avec Tom.

Ce n'étaient plus deux étranges brutes qui se battaient dans un champ. C'était son homme qui se battait pour elle.

Elle désirait absolument qu'il gagne, qu'il ne soit pas blessé, qu'il balaye triomphalement Albert Parsons comme il avait balayé Ted Pringle.

Malheureusement, il était évident, même pour elle, qu'il était blessé et qu'il était très loin de vaincre triomphalement Albert Parsons. Il ne s'était pas laissé le temps de se remettre de sa première bataille, et ses coups étaient lents et las. De plus, Albert était d'une constitution plus sévère que Ted. Bien qu'il soit désormais un paisible gardien de vaches, il fut un temps dans sa chaude jeunesse où, voyageant avec un cirque, il combattait, semaine après semaine, des relais de guerriers aussi rustiques que Tom. Il connaissait leurs méthodes, leurs fuites en avant, leurs coups balancés. Pour lui, c'étaient les lieux les plus banals de la vie. Il a glissé Tom, il a évité Tom, il a frappé Tom ; il a fait à Tom tout ce qu'un boxeur entraîné peut faire à un novice téméraire, sauf lui mettre fin au combat, jusqu'à ce que maintenant, à cause du simple travail de frappe, lui aussi se lasse.

Aujourd'hui, à l'époque où Albert Parsons combattait des familles entières de Toms en une soirée, il combattait par rounds, avec le patron tenant le quart, avec des pauses d'une demi-minute et de l'eau pour le rafraîchir, le tout de manière ordonnée et convenable. Aujourd'hui, il n'y avait ni rondes, ni repos, ni eau, et le soin paisible des vaches avait fait pousser de la chair là où il n'y avait que du muscle. Les fuites en avant de Tom devinrent moins faciles à contourner, ses coups plus difficiles que le compteur scientifique qui lançait pour les contrôler. À mesure qu'il se fatiguait, Tom semblait reprendre des forces. Le cours de la bataille commença à refluer. Il a décroché et Tom l'a rejeté. Il feignait, et pendant qu'il feignait, Tom était sur lui. C'était le point culminant de la bataille : le dernier rassemblement. Albert tomba et resta couché. Physiquement, il n'avait pas fini ; mais dans son esprit une question s'était posée : la question. « Est-ce que ça valait le coup ? » – et il répondait : « Non ». Il y avait d'autres filles dans le monde. Aucune fille ne valait tous ces ennuis.

Il ne s'est pas levé.

« Viens ! » dit Tom.

Il parlait d'une voix épaisse. Sa respiration était haletante. C'était un spectacle terrible, mais Sally avait dépassé les émotions les plus faibles. Elle était de retour à l'âge de pierre et son seul sentiment était celui d'une fierté passionnée. Elle essaya de parler. Elle avait du mal à mettre des mots sur tout ce qu'elle ressentait, mais quelque chose la maintenait muette et elle le suivit en silence.

Dans l'allée devant son chalet, au bord du ruisseau, Joe Blossom coupait une haie. Un bruit de pas le fit se retourner.

Il n'a reconnu Tom que lorsqu'il a parlé.

«Joe, il y a eu une erreur», dit Tom.

"C'était plutôt une explosion de poudre à canon", a déclaré Joe, un homme simple et pratique. « Qu'est-ce que tu as fait à ton visage ? »

« Elle va m'épouser, Joe.

Joe regarda Sally d'un air interrogateur.

'Hein ? Tu as promis de *m'épouser*.

« Elle a promis de nous épouser tous. Toi, moi, Ted Pringle et Albert Parsons.

« Promis… de… nous marier… tous ! »

«C'est là que se trouvait l'erreur. Elle va seulement m'épouser. Je… j'ai arrangé cela avec Ted et Albert, et maintenant je viens t'expliquer, Joe.

« Vous avez promis de vous marier… !

La nature colossale de la tromperie de Sally troublait clairement Joe Blossom. Il expulsa son souffle dans une longue note d'étonnement. Puis il a résumé.

« Pourquoi tu n'es ni plus ni moins qu'un Josué ! »

Les années qui s'étaient écoulées depuis que Joe avait fréquenté l'école du dimanche du village avaient affaibli sa familiarité autrefois facile avec les personnages de l'Ancien Testament. Il est possible qu'il ait quelqu'un d'autre en tête.

Tom resta obstinément sur son point.

« Tu ne peux pas l'épouser, Joe. »

Joe Blossom leva ses cisailles et coupa une branche qui dépassait. Le point en discussion semblait avoir cessé de l'intéresser.

'Qui veut?' il a dit. 'Bon débarras!'

Ils descendirent le chemin. Le silence les couvait toujours. Les mots qu'elle voulait continuer à lui échapper.

Ils arrivèrent à un talus herbeux. Tom s'assit. Il se sentait incroyablement fatigué.

'À M!'

Il a regardé en haut. Son esprit fonctionnait de façon vertigineuse.

«Tu vas m'épouser», murmura-t-il.

Elle s'assit à côté de lui.

«Je sais», dit-elle. "Tom, mon cher, pose ta tête sur mes genoux et va dormir."

Si cette histoire prouve quelque chose (au-delà de l'avantage d'être bien entraîné pour combattre), elle prouve qu'on ne peut pas échapper au cinéma même dans un endroit comme Millbourne ; car alors que Sally était assise là, soignant Tom, elle se rendit soudain compte que c'était précisément la situation dans laquelle se terminait ce film « Romance du Moyen Âge ». Vous savez celui que je veux dire. Sir Percival Ye Something (qui m'a oublié pour le moment) s'éteint après le Saint Graal ; rencontre une demoiselle en détresse; vainc ses persécuteurs; la sauve; est blessée et est soignée dans ses bras. Sally l'avait vu une douzaine de fois. Et à chaque fois, elle avait réfléchi que l'époque de la romance est révolue et que ce genre de chose ne peut plus arriver de nos jours.

EAUX PROFONDES

Les HISTORIENS de la vie sociale du dernier Empire romain parlent d'un certain jeune homme d' Ariminum , qui sautait dans les rivières et nageait dedans . Quand ses amis lui disaient : « Vous pêchez ! » il répondait : « Oh, putain ! Les poissons ne savent pas nager comme *moi* , ils n'ont aucune vivacité en eux .

Barnert en était un autre. Appelant .

Sur terre, dans ses habits de terre, George était un jeune homme qui n'attirait que peu de remarques. Il ressemblait beaucoup aux autres jeunes hommes. Il avait une taille tout à fait normale. Son port suggérait la possession d'une force physique ordinaire. Tel était George, à terre. Mais enlevez ses vêtements, drapez-le dans un maillot de bain et insérez-le dans l'eau, et instantanément, comme le gentleman de *La Tempête* , il « a subi une transformation radicale en quelque chose de riche et d'étrange ». D'autres hommes soufflaient, reniflaient et éclaboussaient. George traversa l'océan avec la dignité silencieuse d'une torpille. D'autres hommes avalaient de l'eau, ici une gorgée, là une pinte, parfois peut-être un litre environ, et retournaient au rivage comme des épaves en train de sombrer. La bouche de George avait toute l'exclusivité d'un club à la mode. Sa brasse était une chose à voir et à s'émerveiller. Lorsqu'il rampait, les hommes forts haletaient. Lorsqu'il nageait sur le dos, on sentait que c'était la seule méthode de progression possible.

George est arrivé à Marvis Bay vers cinq heures un soir de juillet. Marvis Bay a une réputation bien établie en tant que station balnéaire et, même si elle n'est peut-être pas à tous égards le paradis que l'auteur passionnant du guide local affirme qu'elle est, dans l'ensemble, elle mérite sa réputation. Ses sables sont lisses et fermes, s'inclinant presque imperceptiblement vers l'océan. Il y a du surf pour ceux qui aiment ça, et des eaux plus douces au-delà pour ceux dont les idéaux de baignade ne se limitent pas à sauter de haut en bas sur une méduse donnée. A l'extrémité nord de la plage se trouve une longue jetée. C'est là que George s'est dirigé à son arrivée.

C'était agréable sur la jetée. Après avoir dépassé la première zareba des stands de fruits, de souvenirs, de glaces et l'antre du passionné dont le but dans la vie était de vous vendre des cartes postales illustrées, vous avez conquis la longue promenade où les sièges l'étais, vous étiez pratiquement seul avec la nature. A cette heure du jour, la place était déserte ; George l'avait pour lui tout seul. Il marchait lentement. L'eau brillait sous les rayons du soleil, se transformant en un tourbillon d'écume blanche lorsqu'elle atteignait la plage. Une brise fraîche soufflait. L'ensemble des arrangements scéniques représentait une grande amélioration par rapport à la ville étouffante qu'il avait quittée. Non pas que George soit venu à Marvis Bay dans le seul but de trouver un antidote à la congestion métropolitaine. Il y avait une raison plus importante. Dans trois jours , Marvis Bay devait être le théâtre de la production de *Fate's Footballs* , une comédie en quatre actes de G. Barnert . Appelant . Car George, bien qu'on ne l'aurait pas soupçonné vu son extérieur, était l'un de ceux dans le cerveau desquels la matière grise éclabousse sans cesse, produisant de solides rideaux et des dialogues nets. La compagnie était attendue à Marvis Bay le lendemain soir pour le dernier spasme des répétitions.

L'esprit de George, tandis qu'il arpentait la jetée, était partagé entre les beautés de la nature et la crise prochaine de ses affaires dans la proportion d'un huitième pour la première et de sept huitièmes pour la seconde. Au moment où il quittait Londres, profondément dégoûté de tout le monde théâtral en général et de la troupe qui répétait *les Ballons du Destin* en particulier, les répétitions venaient d'atteindre ce stade de délire vif où l'auteur joue avec sa bouteille de poison et la scène. -Le manager devient d'une politesse glaciale. *The Footpills* – comme Arthur Mifflin, le principal mineur de la grande pièce, a insisté pour l'appeler, au grand dam de George – était sa première pièce. Jamais encore il n'avait été dans une de ces cuisines où de nombreux cuisiniers préparent et parfois gâtent le bouillon de théâtre. Dès lors le chaos lui paraissait unique. S'il avait été un dramaturge plus expérimenté, il se serait dit : « Il en a toujours été ainsi. Dans l'état actuel des choses, ce qu'il se disait – et ce qu'il disait aux autres – était plus fort.

Il essayait de chasser tout cela de son esprit – un exploit qui s'était jusqu'ici révélé au-dessus de ses forces – lorsque le destin, dans une humeur inhabituellement bienveillante, lui permit de le faire en un éclair en présentant à son regard jauni ce que, après réflexion, il décida que c'était la plus belle fille qu'il ait jamais vue. «Quand un homme a peur», chante astucieusement le barde, «une belle jeune fille est un spectacle réconfortant à voir». Dans le cas présent, la vue a agi sur George comme un tonique. Il oubliait que la dame à qui une direction peu judicieuse avait assigné le rôle d' héroïne dans *Les Ballons du Destin* , sans doute pour les meilleurs motifs, omettait invariablement de donner au cynique *roué* la réplique pour le grand discours de l'acte III. Son esprit ne s'attardait plus sur le fait qu'Arthur Mifflin, une personne estimable dans la vie privée et qui avait été un de ses amis à Cambridge, préférait réciter les vers passionnés de la grande scène du renoncement d'une manière évoquant un petit garçon. et souffrant de catarrhe nasal en plus) parlant un morceau lors d'une fête à l'école du dimanche. Le souvenir de la hideuse dépression et de la tristesse que le comédien principal avait rayonné dans de grands nuages s'enfuit de lui comme un horrible cauchemar devant la déesse du jour. Chaque cellule de son cerveau était occupée, à l'exclusion de toute autre pensée, par la jeune fille nageant dans l'eau en contrebas.

Elle a bien nagé. Son œil exercé l'a vu. Ses coups forts et faciles la portaient rapidement sur la houle des vagues. Il le regarda, transpercé. C'était un jeune homme bien élevé, et il savait à quel point il était mal élevé de regarder fixement ; mais c'était une occasion spéciale. Les règles ordinaires de l'étiquette conventionnelle ne pourraient pas s'appliquer à un cas comme celui-ci. Il a regardé. De plus, il resta bouche bée. Tandis que la jeune fille avançait dans l'ombre de la jetée, il se pencha davantage par-dessus la rampe et son cou s'étendait en articulations comme un télescope.

À ce moment-là, la jeune fille s'est retournée pour nager sur le dos. Ses yeux rencontrèrent les siens. Les siennes étaient profondes et claires ; le sien, bombé. Pendant ce qui parut une éternité à George, elle continua à le regarder. Puis, se retournant à nouveau, elle passa sous la jetée.

Le cou de George était maintenant complètement tendu. Aucune puissance de volonté ou de muscle ne pourrait y ajouter un mètre supplémentaire. Conscient de cela, il se pencha davantage par-dessus le rail, et encore plus loin. Son chapeau lui glissa des mains. Il l'attrapa et, déséquilibré, tomba dans l'eau avec un bruit sourd.

Or, dans des circonstances ordinaires, tomber à douze pieds dans l'océan avec tous ses vêtements n'aurait guère incommodé George. Il ne l'aurait presque pas remarqué. Il aurait nagé jusqu'au rivage avec simplement un sentiment d'auto-reproche amusé semblable à celui de l'homme qui entre distraitement dans un lampadaire dans la rue. Quand donc il revint à la surface, il se prépara sans agitation à frapper avec son audace habituelle. A ce moment cependant, deux mains, le saisissant sous les bras, levèrent sa tête encore plus loin des vagues, et une voix à son oreille lui dit : « Reste tranquille ; ne lutte pas. Il n'y a aucun danger.

George n'a pas lutté. Son cerveau, travaillant avec la rapidité et la froideur d'une scie circulaire dans une glacière, avait planifié une ligne d'action. Peu de choses sont plus difficiles dans ce monde pour un jeune homme que d'obtenir une introduction à la bonne fille dans les bonnes conditions. Lorsqu'il est à son meilleur, il lui est présenté au milieu d'une foule et est emporté après une rapide poignée de main. Lorsqu'il n'y a pas foule, il a mal aux dents, ou le soleil commence à peine à lui faire pilonner le nez. Des milliers de jeunes vies ont été attristées de cette manière.

Comme le cas de George était différent ! Par ce simple accident, pensa-t-il, alors que, aidant au bon travail avec un coup de jambe subreptice occasionnel, il était remorqué vers le rivage , il s'était formé une connaissance, au moins, qui ne pouvait pas être rompue à la légère. Une fille qui a sauvé un homme de la noyade ne peut pas passer devant lui le lendemain avec une révérence formelle. Et quelle fille aussi ! Il fut un temps, dans son extrême jeunesse, où son idéal féminin était le genre de fille aux cheveux dorés et crépus qui laisse tomber des choses. En fait, au cours de sa première année à l'université, il avait dit – et écrit – autant de choses à quelqu'un de ce type, l'épisode se terminant par un petit drame fort, dans lequel un père courroucé signataire de chèques avait joué, soutenu par un personnage discret et misogyne. fils. Ces choses, aidées par le temps, avaient orienté les goûts de George vers la fille saine et en plein air, qui faisait les choses au lieu de les laisser tomber.

Les fonctions les plus agréables doivent prendre fin tôt ou tard ; et, au moment opportun, George sentit ses talons grincer sur le sable. Son sauveur lâcha prise. Ils se levèrent et se firent face. George commença à exprimer sa gratitude du mieux qu'il pouvait – il n'était pas facile de trouver des phrases claires et convaincantes sur un coup de tête – mais elle l'interrompit.

«Bien sûr, ce n'était rien. Rien du tout, dit-elle en chassant l'eau de mer de ses yeux. "C'était juste une chance que j'étais là."

«C'était splendide», dit le dramaturge entiché. 'C'était magnifique. Il-'

Il vit qu'elle souriait.

«Tu es très mouillée», dit-elle.

George baissa les yeux sur ses vêtements trempés. Autrefois, c'était un joli costume.

"Ne ferais-tu pas mieux de revenir vite et de te changer en quelque chose de sec ?"

En regardant autour de lui, George s'aperçut que divers curieux fondaient sur lui, avec des spéculations dans les yeux. Il était temps de partir.

« As-tu loin à parcourir ?

'Pas loin. Je loge au Beach View Hotel.

"Eh bien, moi aussi. J'espère que nous nous reverrons."

«Nous le ferons», dit George avec confiance.

« Comment êtes-vous tombé dedans ? »

«J'étais… euh… je regardais quelque chose dans l'eau.»

«Je pensais que c'était le cas», dit doucement la jeune fille.

Georges rougit.

« Je sais, dit-il, c'était abominablement impoli de ma part de regarder ainsi ; mais-'

«Tu devrais apprendre à nager», interrompit la jeune fille. « Je ne comprends pas pourquoi tous les garçons du pays ne sont pas amenés à apprendre à nager avant l'âge de dix ans. Et ce n'est vraiment pas un peu difficile. Je pourrais t'apprendre en une semaine.

La lutte entre George et la conscience de George fut brève. La conscience, faible par nature et flasque à cause d'un long manque d'exercice, n'avait dès le début aucune chance.

«Je souhaite que vous le fassiez», dit George. Et avec ces mots, il comprit qu'il s'était définitivement engagé dans son rôle hypocrite. Jusqu'à présent, l'explication aurait été difficile, mais possible. Maintenant, c'était impossible.

«Je le ferai», dit la jeune fille. "Je commencerai demain si tu veux." Elle a pataugé dans l'eau.

— Nous en discuterons à l'hôtel, dit-elle précipitamment. «Voici une foule de gens horribles. Je vais encore nager.

Elle se précipita dans des eaux plus profondes, tandis que George, se retournant, se frayant un chemin parmi une foule croissante de spectateurs écarquillés. Sur les quinze qui se sont approchés de lui, six lui ont dit qu'il était mouillé. Les neuf autres lui ont demandé s'il était tombé.

Elle s'appelait Vaughan et elle visitait Marvis Bay en compagnie d'une tante. C'est ce que George a appris de la direction de l'hôtel. Plus tard, après le dîner, rencontrant les deux dames sur l'esplanade, il glana de nouvelles informations, à savoir qu'elle s'appelait Mary, que sa tante était heureuse de faire sa connaissance, qu'elle aimait Marvis Bay mais préférait Trouville et qu'elle pensait que cela lui ferait plaisir. un peu froid et j'allais à l'intérieur.

L'élimination du troisième facteur a eu un effet réparateur sur la conversation de George, qui avait commencé à languir. Dans la société féminine, en règle générale , il était susceptible d'être contraint, mais avec Mary Vaughan, c'était différent. En quelques minutes , il déversait ses ennuis. La principale dame qui refusait les signaux, le Mifflin semblable à un bâton, le comédien funèbre, tous arrivèrent, et elle, doucement sympathique, s'efforçait , non sans succès, de lui prouver que les choses n'étaient pas si mauvaises qu'elles le paraissaient.

« Tout ira bien ce soir-là, dit-elle.

Comme la combinaison de la beauté et de l'intelligence est rare ! George pensait n'avoir jamais entendu une remarque aussi lucide et aussi bien exprimée.

«Je suppose que ce sera le cas», dit-il, «mais ils étaient très mauvais quand je suis parti. Mifflin, par exemple. Il semble penser que la nature l'a destiné à un Napoléon de la publicité. Il a une abeille dans son bonnet à propos de faire exploser la pièce. Il veille la nuit, quand il devrait dormir ou étudier son rôle, réfléchissant à de nouveaux projets pour la publicité de l'émission. Et le comédien. Sa spécialité est de me prendre à l'écart et de me demander d'écrire pour lui de nouvelles scènes. Je n'en pouvais plus. Je suis juste parti et je les ai laissés se battre entre eux.

« Je suis sûr que vous n'avez pas à vous inquiéter. Une pièce avec une si bonne histoire est sûre de réussir.

George avait déjà accepté avec une brève description de l'intrigue de *The Footpills* .

'Avez-vous aimé cette histoire?' dit-il tendrement.

'Je pensais que c'était bien.'

« Comme vous êtes sympathique ! » roucoula George d'un ton gluant, en se rapprochant un peu. 'Savez-vous-'

« On retourne à l'hôtel ? » dit la jeune fille.

Ces créatures nuisibles, les tueurs à gages des *Fate's Footpills* , descendirent sur Marvis Bay en début d'après-midi suivant, et George, les rencontrant à la gare, conformément à contrecœur à une promesse faite à Arthur Mifflin, sentit d'un air maussade que, si seulement ils pouvaient faire leur jeu d'acteur, moitié moins colorée que leurs vêtements, la pièce serait l'un des succès les plus marquants des temps modernes. Au premier plan brillait, comme les plumes blanches de Navarre, le costume de flanelle légère d'Arthur Mifflin, le juvénile le plus boisé de la captivité.

Son attitude boisée se limitait cependant aux répétitions sur scène. On peut mentionner qu'une fois le tournage d'une pièce commencé, il était suffisamment instable et, dans la vie privée, il l'était presque excessivement - un fait qui avait été constaté très tôt par les autorités perspicaces de son université . la découverte l'a conduit à s'arracher à l'Alma Mater sur demande avec une certaine soudaineté. C'était un jeune homme long et mince, avec des yeux verts, des cheveux noir de jais et un penchant passionné pour le son de sa propre voix.

"Eh bien, nous y sommes", dit-il en donnant un coup de pied léger à la jambe de George avec sa canne.

«Je t'ai vu», dit froidement George en s'esquivant.

« Toute l'équipe, » continua M. Mifflin ; 'tous brillants, beaux et entraînés à la minute près.'

« Que s'est-il passé après mon départ ? » demanda Georges. « Est-ce que quelqu'un a déjà commencé à agir ? Ou bien attendent-ils la répétition générale ?

« Les répétitions, » reconnut généreusement M. Mifflin, « n'étaient pas parfaites ; mais tu attends. Tout ira bien ce soir-là.

George pensait qu'il n'avait jamais entendu une remarque aussi futile et insipide.

« D'ailleurs, dit M. Mifflin, j'ai une idée qui fera le spectacle. Prête-moi ton oreille, tes deux oreilles. Vous les récupérerez. Dites-moi : qu'est-ce qui attire les gens vers un théâtre ? Une bonne pièce ? Parfois. Mais à défaut, comme dans le cas présent, que faire ? Bon jeu d'acteur du principal mineur ? Nous l'avons, mais ce n'est pas suffisant. Non, mon garçon ; la publicité est la chose. Regardez tous ces hommes sur la plage. Vont-ils venir de leur plein gré voir une pièce comme *The Footpills* ? Pas sur ta vie. Au moment où le rideau se lèvera, chacun d'entre eux sera assis dans son coin privé sur la plage…

« Combien de coins pensez-vous que la plage a ? »

« Regarder dans les yeux d'une fille, chanter « Shine on, tu récoltes la lune » et lui dire à quel point son patron dépend pratiquement de ses conseils. Tu sais.'

«Je ne le fais pas», dit froidement George.

« À moins que, poursuivit M. Mifflin, nous ne fassions de la publicité. Et par publicité, j'entends faire de la bonne manière. Nous avons un attaché de presse, mais malgré tout le bien qu'il fait, il est peut-être de retour dans la vieille ferme, en train de ramasser le foin. Heureusement pour nous, je suis parmi les personnes présentes. J'ai un cerveau, j'ai des ressources. Qu'est ce que c'est?'

'Je n'ai rien dit.'

« Je pensais que c'était le cas. Eh bien, j'ai une idée qui attirera ces gens comme un aimant. J'y ai pensé en descendant dans le train.

'Qu'est-ce que c'est?'

'Je te dirai plus tard. Il y a quelques détails sur lesquels il faut travailler en premier. En attendant, allons au bord de la mer et naviguons sur un de ces bateaux. Je suis à mon meilleur sur un bateau. J'imagine plutôt que la nature m'a destiné à être un Viking.

Les choses étant réglées avec le financier à qui appartenait le bateau, ils partirent. M. Mifflin, après avoir remarqué : « Yo -ho ! d'une voix méditative, s'assit à la barre, quelque peu attristé de ne pas avoir pu emprunter une chique de tabac au propriétaire *de l'Ocean Beauty* . Car, comme il l'a justement observé, sans propriétés ni maquillage, où étiez-vous ? George, connaisseur des bateaux, était chargé de l'écoute. La journée d'été avait perdu sa chaleur accablante. Le soleil ne tapait plus sur les eaux. Une brise fraîche s'était levée. Georges, manipulant automatiquement le drap, tomba dans une rêverie. Il arrive un moment dans la vie de chaque homme où une voix intérieure lui murmure : « C'est Celui-là ! Dans le cas de George, la voix n'avait pas chuchoté ; avait-il crié. Désormais, il ne pouvait plus y avoir qu'une seule femme au monde pour lui. À partir de maintenant, The *Ocean Beauty* a plongé soudainement. Georges s'est réveillé.

« Qu'est-ce que tu fous avec cette barre ? s'enquit-il.

« Mon gentil somnambule, dit M. Mifflin mécontent, je ne faisais rien avec cette barre. Nous allons maintenant former une commission pour enquêter sur ce que vous faisiez avec cette feuille. Étiez-vous endormi ?

«C'est ma faute», dit George; 'Je pensais.'

« Si vous devez rompre avec l'habitude de votre vie », dit M. Mifflin en se plaignant, « j'aimerais que vous attendiez que nous arrivions à terre. Vous avez failli nous contrarier.

« Cela ne se reproduira plus. Ils sont rusés, ces voiliers : ils se retournent en une seconde. Quoi que vous fassiez, ne la mettez pas de côté. Il y a plus de vent ici que je ne le pensais.

M. Mifflin poussa une exclamation surprise.

'Quel est le problème?' demanda Georges.

« Comme un éclair », dit M. Mifflin avec complaisance. «C'est toujours comme ça avec moi. Donnez-moi du temps, et l'idée artistique viendra forcément. Juste une petite pensée, une petite idée en apparence évidente qui marque l'homme de génie. Cela me dépasse de savoir pourquoi je n'y ai pas pensé avant. Eh bien, bien sûr, un costume avec une star masculine est cent fois plus efficace.

'De quoi parles-tu?'

« Je vois maintenant, poursuivit M. Mifflin, qu'il y avait un défaut dans mon plan initial. Mon idée était la suivante. Nous parlions dans le train de la baignade ici, et Jane a dit par hasard qu'elle savait nager, et ça m'est soudain venu à l'esprit.

Jane était la femme principale, elle qui omettait de donner des indices.

"Je me suis dit : "George est un sportif. Il sera ravi de faire une petite chose comme ça".'

« Tu veux faire quoi ? »

"Eh bien, sauvez Jane."

'Quoi!'

« Elle et vous, dit M. Mifflin, deviez aller nager ensemble pendant que j'attendais sur le sable, tenant en laisse notre attaché de presse à tête osseuse. À une centaine de mètres du rivage se trouvent ses bras. Cri perçant. Foule agitée sur la plage. Quel est le problème? Que s'est-il passé? Une touche de crampe. Sera-t-elle noyée ? Non! G. Barnert Callender , auteur de *Fate's Footballs* , qui ouvre ses portes au Beach Theatre lundi soir prochain, à huit heures quinze précises, la sauvera. Voir! Il l'a. Il la ramène. Elle est en sécurité. Comme sa mère sera contente ! Et le public, quelle chance pour lui ! Après tout, ils pourront la voir agir lundi à huit heures quinze précises. De retour, vous revenez au rivage. Des foules enthousiastes. Des femmes qui pleurent. Situation forte. Je libère l'agent de presse et il tire, à temps pour que l'histoire soit publiée dans le journal du soir. C'était une excellente idée, mais je vois maintenant qu'elle comportait un ou deux défauts.

« C'est vrai, n'est-ce pas ? » dit Georges.

« En y réfléchissant, je me rends compte qu'après tout vous n'auriez pas accepté. Un je ne sais quoi qui manque à votre nature vous aurait fait rejeter le projet.

« Je suis heureux que cela vous soit venu à l'esprit. »

«Et un défaut bien plus grave était que c'était trop altruiste. Cela vous a explosé et cela a explosé Jane, mais je n'en ai rien retiré. Mon projet révisé est mille fois meilleur à tous points de vue.

« Ne dites pas que vous en avez un autre. »

'J'ai. Et, a ajouté M. Mifflin avec une modeste fierté, c'est un gagnant. Cette fois, j'affirme sans hésitation que j'ai la marchandise. Dans environ une minute, vous m'entendrez s'exclamer, d'une voix claire et musicale, le seul mot « Jump ! » C'est à vous de sauter par-dessus bord aussi vite que vous le pouvez, car à ce moment précis, cette embarcation fessée va chavirer.

George se retourna sur son siège. Le visage de M. Mifflin brillait d'un enthousiasme bienveillant. Le rivage était à au moins deux cents mètres et, ce matin-là, il avait eu sa première leçon de natation.

« Un mouvement de la barre le fera. Ces accidents sont des objets courants en bord de mer. Je peux mentionner que je sais nager juste assez pour me maintenir à flot ; C'est à vous de répondre. Je ne ferais pas ça pour tout le monde, mais, vu que nous étions des garçons ensemble... Êtes-vous prêt ?

'Arrêt!' s'écria Georges. 'Ne le fais pas ! Écouter!'

'Es-tu prêt?'

L' *Ocean Beauty* a plongé.

« Espèce de fou ! Écoutez-moi. Il-'

'Saut!' dit M. Mifflin.

George remonta à la surface à quelques mètres du bateau renversé et, cherchant autour de lui M. Mifflin, découvrit ce grand penseur qui faisait du surplace à quelques mètres de là.

« Au travail, George », remarqua-t-il.

Il n'est pas facile de serrer le poing vers un homme en eau profonde, mais George y est parvenu.

« Pour deux pence , s'écria-t-il, je vous laisserais vous débrouiller seul. »

"Vous pouvez faire mieux que cela", a déclaré M. Mifflin. « Je vous donne trois pence pour me remorquer. Dépêchez-vous. Il fait froid.'

Dans un silence sombre, Georges le saisit par les coudes. M. Mifflin regarda par-dessus son épaule.

«Nous aurons une bonne maison», dit-il. « Les stands sont déjà pleins et le cercle vestimentaire se remplit. Travaillez, George, vous allez bien. Cet acte va être un cri du début à la fin.

Par une conversation agréable, il s'efforçait de dissiper la monotonie du voyage ; mais George ne répondit rien. Il réfléchissait rapidement. Avec une chance ordinaire, il ressentait amèrement que tout aurait été bien. Il aurait pu continuer à barboter vigoureusement sous la garde de son professeur pendant une semaine, s'améliorant progressivement jusqu'à devenir un nageur raisonnablement compétent. Mais maintenant! À une époque de miracles , il aurait pu expliquer sa performance actuelle ; mais comment pouvait-il... Et puis lui vint une idée – simple, comme le sont toutes les grandes idées, mais magnifique.

Il s'arrêta et marcha sur l'eau.

'Fatigué?' dit M. Mifflin. « Eh bien, reposez-vous, ajouta-t-il gentiment, reposez-vous. Pas besoin de se presser.'

« Écoutez, dit George, cette pièce va être refondue. Nous allons échanger des pièces. Vous me sauvez. Voir? Peu importe pourquoi. Je n'ai pas le temps de vous l'expliquer maintenant. Est-ce que tu comprends?'

«Non», dit M. Mifflin.

« Je vais me mettre derrière toi et te pousser ; mais n'oubliez pas, lorsque nous arriverons à terre, que c'est vous qui avez effectué le sauvetage.

M. Mifflin réfléchit.

« Est-ce sage ? il a dit. « C'est un rôle fort, le sauveteur, mais je ne suis pas sûr que l'autre ne conviendrait pas mieux à mon style. La poignée silencieuse, la voix accrocheuse. Vous voulez un acteur expérimenté pour cela. Je ne pense pas que tu serais à la hauteur, George.

« Ne vous souciez pas de moi. C'est comme ça que ça va se passer.

M. Mifflin réfléchit une fois de plus.

« Non, dit-il enfin, cela ne suffirait pas. Tu veux dire bien, George, mais ça tuerait la série. Nous continuerons comme avant.

'Allons-nous?' dit George d'un ton désagréable. « Veux-tu savoir ce que je vais te faire, alors ? Je vais te frapper très fort sous la mâchoire, et je vais te saisir le cou et le serrer jusqu'à ce que tu perdes connaissance, puis je vais te traîner jusqu'à la plage et dire aux gens que je devais le faire. t'a frappé parce que tu as perdu la tête et que tu as lutté.

M. Mifflin réfléchit pour la troisième fois.

'Tu es?' il a dit.

«Je le suis», dit George.

« Alors, » dit cordialement M. Mifflin, « n'en dites pas davantage. Je comprends ton raisonnement. Mes objections sont supprimées. Mais, conclut-il, c'est la dernière fois que je viens me baigner avec toi, George.

M. Mifflin quant à la capacité de son collègue à assumer un rôle aussi subtil que celui de secouriste furent plus que justifiées à leur arrivée. Au moment où ils atteignirent le rivage, un public nombreux et intéressé s'était rassemblé, un public devant lequel tout artiste aurait dû être heureux de jouer

; mais Georges, forçant le passage, se précipita vers l'hôtel sans chercher à les satisfaire. Pas une seule poignée de main silencieuse n'a été accordée à son sauveur. Il n'y avait aucun embarras dans sa voix lorsqu'il fit la seule remarque qu'il avait faite : à un homme à moustaches qui lui demandait si le bateau s'était renversé. En tant qu'exposition de jeu de jambes rapide, sa performance était bonne. À d'autres égards , c'était médiocre.

Il venait de changer ses vêtements mouillés – il lui semblait qu'il n'avait fait que changer ses vêtements mouillés depuis son arrivée à Marvis Bay – lorsque M. Mifflin entra en peignoir.

« Ils m'ont prêté ça en bas, expliqua-t-il, pendant qu'ils séchaient mes vêtements. Ils feraient n'importe quoi pour moi. Je suis le héros populaire. Mon garçon, tu as commis l'erreur de ta vie en vomissant le rôle de sauveteur. Il y a tout le gras. Je vois ça maintenant. Le sauveteur joue à chaque fois le rôle de l'autre homme hors de la scène. Je viens d'être interviewé par le type du journal local. Il est correspondant de quelques journaux londoniens. Le pays sonnera avec cette chose. Je leur ai raconté tous les rôles que j'ai joués et mon plat préféré pour le petit-déjeuner. Il y a un homme qui vient me prendre en photo demain. Le stock *de Footpills* a augmenté en flèche. Attendez lundi et voyez quelle sorte de maison nous allons dessiner. Au fait, le journaliste a dit une chose amusante. Il vous a demandé si vous n'étiez pas le même homme qui a été sauvé hier par une fille. J'ai répondu que non, bien sûr, que vous n'étiez descendu qu'hier. Mais il a tenu à ce que vous l'étiez.

« Il avait tout à fait raison.

'Quoi!'

'J'étais.'

M. Mifflin s'assit sur le lit.

"Ce type est tombé de la jetée et une fille l'a amené."

Georges hocha la tête.

« Et c'était vous ?

Georges hocha la tête.

M. Mifflin s'ouvrirent grand.

« C'est la chaleur », déclara-t-il enfin. « Ça et le souci des répétitions. Je m'attends à ce qu'un médecin puisse en donner le nom technique. C'est une sorte d'obsession. On entend souvent parler de cas. Des gars qui sont tout à fait sains d'esprit, mais qui ont craqué sur un sujet particulier. Certains d'entre eux pensent que ce sont des théières et tout. Vous avez envie d'être sauvé de la noyade. Que se passe-t-il, mon vieux ? Avez-vous soudainement l'illusion que vous ne savez pas nager ? Non, ça ne peut pas être ça, parce que tu faisais toute la natation pour nous deux à l'instant. Mais je ne sais pas. Peut-être que tu n'as pas réalisé que tu nageais ?

George finit de lacer sa chaussure et leva les yeux.

« Écoutez, dit-il ; « Je parlerai lentement, pour que vous puissiez comprendre. Supposons que vous tombiez d'une jetée et qu'une fille se donne beaucoup de mal pour vous ramener au rivage, diriez-vous : « Merci beaucoup, mais vous n'aviez pas besoin d'être aussi officieux. Je sais parfaitement bien nager ?

M. Mifflin a réfléchi à ce point. L'intelligence commença à apparaître sur son visage. «Il y a plus là-dedans qu'il n'y paraît», a-t-il déclaré. 'Dis moi tout.'

« Ce matin, » la voix de George devint rêveuse, « elle m'a donné une leçon de natation. Elle pensait que c'était mon premier. Ne ricanez pas comme ça. Il n'y a pas de quoi rire.

M. Mifflin a contredit cette affirmation.

«Voilà», dit-il simplement. « Cela devrait être une leçon pour vous, George. Évitez la tromperie. À l'avenir, soyez simple et direct. Prends-moi comme modèle. Vous avez réussi à traverser cette période. Ne prenez plus de risques. Tu es jeune. Il est encore temps de prendre un nouveau départ. Il suffit de faire preuve de volonté. En attendant, prête-moi quelque chose à me mettre. Ils vont mettre une semaine à sécher mes vêtements.

Il y avait une répétition au Beach Theatre ce soir-là. George y assista dans un esprit de résignation et le quitta avec exaltation. Trois jours s'étaient écoulés depuis sa dernière vision de l'entreprise au travail, et pendant ces trois jours, apparemment, l'impossible avait été réalisé. Il y a eu un claquement de doigts et c'est parti maintenant. La principale dame avait enfin maîtrisé ce signal et l'avait lancé avec une clarté semblable à celle d'une cloche. Arthur Mifflin, comme rafraîchi et fortifié par son bain d'eau salée, insufflait à son rôle une vigueur bienvenue. Et même le comédien, George ne pouvait s'empêcher de l'admettre, montrait des signes d'être sur le point de devenir drôle. C'est le cœur léger et le pas léger qu'il rentra à l'hôtel.

Dans la véranda se trouvaient plusieurs chaises-corbeilles. Un seul était occupé. Il a reconnu l'occupant.

« Je reviens d'une répétition, dit-il en s'asseyant à côté d'elle.

'Vraiment?'

« Tout est différent, poursuivit-il avec entrain. «Ils connaissent leur réplique. Ils agissent comme s'ils le pensaient. Arthur Mifflin va bien. Le comédien s'est amélioré à tel point qu'on ne le reconnaît plus. J'en suis terriblement content.

'Vraiment?'

George se sentit déprimé.

«Je pensais que tu pourrais être content aussi», dit-il boiteusement.

« Bien sûr , je suis heureux que les choses se passent bien. Votre accident de cet après-midi a également été une chance, d'une certaine manière, n'est-ce pas ? Cela intéressera les gens à la pièce.

« Vous en avez entendu parler ?

«Je n'ai entendu parler de rien d'autre.»

"C'est curieux que cela se produise si peu de temps après..."

« Et si peu de temps avant la production de votre pièce. Très curieux.

Il y eut un silence. George commença à se sentir mal à l'aise. Bien sûr, on ne pourrait jamais le dire avec les femmes. Ce n'est peut-être rien ; mais il semblait inhabituellement que...

Il a changé de sujet.

« Comment va votre tante ce soir, Miss Vaughan ?

« Très bien, merci. Elle est entrée. Elle a trouvé qu'il faisait un peu frais.

George loua chaleureusement son bon sens. Un peu froid n'a pas commencé à l'exprimer. Si la jeune fille avait été comme ça toute la soirée, il se demandait si sa tante n'avait pas attrapé une pneumonie. Il a réessayé.

« Aurez-vous le temps de me donner une autre leçon demain ? il a dit.

Elle s'est retournée contre lui.

' M Callender , tu ne penses pas que cette farce a assez duré ?

Une fois, dans les jours chers et morts dont on ne se souvient plus, quand il n'était qu'un enfant heureux, George avait été frappé de manière inattendue par un camarade de jeu sportif à peine un demi-pouce en dessous du troisième bouton de son gilet. Les émotions qui en résultaient étaient encore vertes dans sa mémoire. Ce qu'il avait ressenti alors, il le ressentait aussi maintenant.

« Mademoiselle Vaughan ! Je ne comprends pas.'

'Vraiment?'

'Qu'est-ce que j'ai fait?'

« Vous avez oublié comment nager. »

Une sensation chaude et piquante commença à se manifester dans la région du front de George.

'Oublié!'

'Oublié. Et dans quelques mois. Je pensais t'avoir déjà vu, et aujourd'hui je m'en souviens. C'est à peu près à la même époque l'année dernière que je vous ai vu à Hayling Island nager à merveille, et aujourd'hui vous prenez des leçons. Pouvez-vous l'expliquer ?

Un coassement semblable à celui d'une grenouille était le mieux que George pouvait faire dans cette ligne.

Elle a continué.

« Les affaires sont les affaires, je suppose, et une pièce de théâtre doit faire l'objet d'une publicité d'une manière ou d'une autre. Mais-'

« Vous ne pensez pas… » croassa George.

« J'aurais trouvé cela plutôt indigne de la dignité d'un auteur ; mais, bien sûr, c'est vous qui connaissez le mieux votre propre entreprise. Seulement, je m'oppose à être un conspirateur. Je suis désolé pour vous que l'épisode d'hier ait attiré si peu d'attention. Aujourd'hui, c'était beaucoup plus satisfaisant, n'est-ce pas ? Je suis si heureux.'

Il y a eu un silence absolu pendant environ cent ans.

«Je pense que je vais faire une petite promenade», dit George.

A peine avait-il disparu que la longue silhouette de M. Mifflin émergea de l'ombre au-delà de la véranda.

« Pourriez-vous m'accorder un moment ?

La fille leva les yeux. L'homme était un étranger. Elle inclina froidement la tête.

«Je m'appelle Mifflin», dit l'autre en se laissant tomber confortablement dans le fauteuil qui contenait la dépouille de George.

La jeune fille inclina de nouveau la tête avec plus de froideur ; mais il en fallut plus pour embarrasser M. Mifflin. La dynamite aurait pu le faire, mais pas la froideur.

« *Le* Mifflin », expliqua-t-il en croisant les jambes. «J'ai entendu votre conversation tout à l'heure.»

« Vous écoutiez ? dit la jeune fille avec mépris.

«Pour tout ce que je valais», a déclaré M. Mifflin. «Ces choses sont en grande partie une question d'habitude. Pendant des années, j'ai joué dans des pièces où je devais rester caché sur scène, baignant dans la conversation privée d'autres personnes, et c'est devenu une seconde nature pour moi. Cependant, laissant ce point un instant, ce que je voudrais dire, c'est que je vous ai entendu – sans le savoir, bien sûr – faire une grave injustice à un homme bon.

' M Callender aurait pu se défendre s'il l'avait souhaité.

«Je ne faisais pas référence à George. L'injustice était envers moi-même.

'Pour vous?'

« J'étais le seul auteur du petit drame de cet après-midi. J'aime George, mais je ne peux en aucun cas lui permettre de se faire passer pour mon collaborateur. George a des idées démodées. Il ne suit pas l'air du temps. Il peut écrire des pièces de théâtre, mais il a besoin d'un homme doté d'un gros cerveau pour les faire vibrer à sa place. Ainsi, loin de mériter un quelconque crédit pour le travail de cet après-midi, il s'y était en fait opposé.

« Alors pourquoi a-t-il prétendu que vous l'aviez sauvé ? » a-t-elle demandé.

« George's, dit M. Mifflin, est essentiellement d'une nature chevaleresque. À chaque crise exigeant une démonstration des sentiments les plus fins, il est là avec la marchandise avant que vous puissiez vous retourner. Ses amis se disputent souvent chaleureusement pour savoir s'il ressemble le plus à Bayard, Lancelot ou Happy Hooligan. Certains disent l'un, d'autres l'autre. Il semblerait qu'hier vous l'ayez sauvé d'une tombe aquatique sans lui laisser le temps d'expliquer qu'il pouvait se sauver lui-même. Que pouvait-il faire ? Il se dit : « Elle ne doit jamais le savoir ! et a agi en conséquence. Mais quittons George et revenons…

« Merci, M. Mifflin. » Il y eut une pause dans son rire. «Je ne pense pas que ce soit une nécessité. Je pense que je comprends maintenant. C'était très intelligent de votre part.

«C'était plus que de l'intelligence», dit M. Mifflin en se levant. "C'était du génie."

Une forme blanche vint à la rencontre de George alors qu'il rentrait dans la véranda.

' M Appelant !'

Il a arreté.

« Je suis vraiment désolé de vous avoir dit des choses aussi horribles tout à l'heure. J'ai parlé à M. Mifflin, et je tiens à dire que je pense que c'était très gentil et attentionné de votre part. Je comprends tout.'

George ne le fit pas, et de loin ; mais il en comprenait suffisamment pour ses besoins. Il s'élança comme si une main forte se tenait derrière lui avec une aiguille.

« Miss Vaughan… Mary… je… »

«Je crois que j'entends ma tante appeler», dit-elle.

Mais une bienveillante Providence a décrété que les tantes ne pouvaient pas venir éternellement ; et il est notoire que lorsque George entra dans sa loge lors de la deux centième soirée de ce grand succès londonien, *Fate's Footballs* , il n'y entra pas seul.

QUAND LES MÉDECINS NE SONT PAS D'ACCORD

IL est possible qu'à peu près au moment où commence cette histoire, vous soyez allé à l'hôtel Belvoir pour vous faire couper les cheveux. Beaucoup de gens l'ont fait ; car le jeune homme derrière les ciseaux, bien que d'un visage singulièrement sombre, était sans aucun doute un artiste dans sa lignée. Il a coupé judicieusement. Il n'a laissé aucune crête. Il n'a jamais parlé de la météo. Et il vous a permis de repartir sans aucune bouteille de nourriture pour cheveux.

Il est également possible que, étant là-bas, vous ayez décidé que vous pourriez aussi bien y aller à fond et vous faire manucurer en même temps.

Il n'est pas improbable, d'ailleurs, que, après avoir surmonté le premier choc de trouver vos mains si grandes et si rouges, vous vous sentiez disposé à causer avec la jeune dame qui s'occupait de cette branche de l'entreprise. À votre manière géniale, vous avez peut-être permis à une note de badinage gay (mais gentleman) de s'infiltrer dans votre fin de dialogue.

Dans ce cas, si vous aviez levé les yeux vers le miroir, vous auriez certainement observé une nette augmentation de tristesse dans l' attitude du jeune homme qui s'occupait de votre sommet. Il n'a pris aucune note officielle de l'affaire. Un rapide froncement de sourcils. Un resserrement des lèvres. Rien de plus. Aussi jaloux qu'Arthur Welsh l'était de tous ceux qui ont infligé du badinage gay, aussi courtois soit-il, à Maud Peters, il n'a jamais oublié qu'il était un artiste. Jamais, même dans ses moments les plus noirs, il n'avait cédé à la tentation d'enfoncer la pointe des ciseaux d'une infime fraction de pouce dans le crâne d'un client.

Mais Maud, qui a vu, comprendrait. Et, si le client était un homme observateur, il remarquerait que ses réponses à ce moment-là devenaient quelque peu absentes, son sourire un peu mécanique.

La jalousie, selon une autorité éminente, est « l'hydre des calamités, la mort septuple ». Celui d'Arthur Welsh était tout cela et un peu fini. C'était une ombre constante sur le bonheur de Maud. Aucune fille impartiale ne s'oppose à une certaine teinte de jalousie. Conservé dans les limites appropriées, c'est un compliment ; ça donne du piquant ; c'est le gin dans la bière au gingembre de la dévotion. Mais ce devrait être un condiment et non un liquide.

C'était l'injustice de la chose qui blessait Maud. Sa conscience était tranquille. Elle connaissait des filles – plusieurs filles – qui donnaient aux jeunes hommes avec qui ils sortaient une excuse suffisante pour être un Othellos parfait . Si elle avait déjà flirté en pleine plage avec le baryton de la troupe des pierrots , comme Jane Oddy , elle aurait pu excuser l'attitude d'Arthur. Si, comme Pauline Dicey, elle avait fait une bonne heure de roller avec un homme à moustache noire, étrangère pendant que son fiancé pataugeait dans Mug's Alley, elle aurait pu comprendre son froncement de sourcils désapprobateur. Mais elle n'était pas comme Pauline. Elle méprisait les coquetteries de Jane. Arthur était le centre de son monde et il le savait. Depuis le soir pluvieux où il l'avait hébergée sous son parapluie jusqu'à sa station de métro, il savait parfaitement comment les choses se passaient avec elle. Et pourtant, justement parce que, d'une manière strictement commerciale, elle était polie envers ses clients, il devait se renfrogner et se mordre la lèvre et se comporter généralement comme si on lui avait fait remarquer qu'il avait nourri un serpent dans son sein. C'était pire que méchant : ce n'était pas professionnel.

Elle lui a fait des remontrances.

« Ce n'est pas juste », dit-elle un matin, alors que l'affluence des clients avait cessé et qu'ils avaient le magasin pour eux seuls.

Les choses avaient été pires que d'habitude ce matin-là. Après des jours de pluie et de grisaille, le temps avait tourné une nouvelle page. Le soleil brillait parmi les bouteilles de Lotion Unfailing dans la fenêtre, et tout dans le monde semblait s'être détendu et devenu joyeux. Malheureusement, tout avait inclus les clients. Ces derniers jours , ils s'étaient assis dans une obscurité humide et, ruminant la perspective d'un rhume de tête, n'avaient pas eu grand-chose d'agréable à dire à la divinité qui préparait leurs fins. Mais aujourd'hui, c'était différent. Chaleureux et heureux, ils avaient bavardé avec gaieté.

« Ce n'est pas juste », répéta-t-elle.

Arthur, qui grattait un rasoir et sifflait sans mélodie, haussa les sourcils. Son attitude était glaciale.

«Je ne comprends pas ce que vous voulez dire», dit-il.

'Vous savez ce que je veux dire. Pensez-vous que je ne vous ai pas vu froncer les sourcils quand je faisais les ongles de ce monsieur ?

L'allusion était au client qui venait de partir, un individu jovial au visage rouge, qui avait certainement beaucoup fait rire Maud. Et pourquoi pas? Si un gentleman raconte des histoires vraiment drôles, quel mal y a-t-il à rire ? Il fallait être agréable avec les gens. Si vous avez snobé les clients, que s'est-il passé ? Pourquoi, tôt ou tard, cela est arrivé au patron, et alors où étiez-vous ? De plus, ce n'était pas comme si le client au visage rouge avait été impoli.

Écrivez sur papier ce qu'il lui a dit, et personne ne pourra s'y opposer. Écrivez sur papier ce qu'elle lui a dit, et vous ne pourrez pas non plus vous y opposer. C'était juste la bêtise d'Arthur.

Elle secoua la tête.

"Je suis satisfait", dit Arthur lourdement - dans des moments plus heureux, Maud avait admiré son don de langage; il lisait beaucoup : des encyclopédies, des journaux et tout. « Je suis heureux de constater que vous avez eu le temps de me jeter un coup d'œil. Vous sembliez absorbé.

Maud renifla tristement. Elle avait voulu rester froide et digne tout au long de la conversation, mais le sentiment de ses torts commençait à être trop fort pour elle. Une grosse larme tomba sur son plateau de bâtonnets d'orange. Elle l'essuya avec la peau de chamois.

« Ce n'est pas juste », sanglotait-elle. 'Ce n'est pas le cas. Vous savez que je n'y peux rien si des messieurs me parlent et plaisantent. Vous savez que tout est dans le travail quotidien. Je suis censé être courtois envers les messieurs qui viennent se faire faire les mains. C'est idiot, je devrais avoir l'air assis comme si j'avais avalé un tisonnier. Je *pense* que tu comprendras peut-être, Arthur, que tu exerces toi-même ce métier.

Il toussa.

« Ce n'est pas tant que vous leur parlez, mais plutôt que vous semblez aimer… »

Il a arreté. La dignité de Maud avait complètement fondu. Son visage était enfoui dans ses bras. Elle s'en fichait si un million de clients arrivaient en même temps.

«Maud!»

Elle l'entendit se diriger vers elle, mais elle ne leva pas les yeux. L'instant d'après, ses bras l'entouraient et il babillait.

Et un client, poussant la porte inaperçu deux minutes plus tard, se retira précipitamment pour se raser ailleurs, doutant qu'Arthur ait l'esprit tourné vers son travail.

Pendant un certain temps , ce petit orage a sans doute purifié l'air. Pendant un jour ou deux, Maud fut plus heureuse qu'elle ne l'avait jamais été. Le comportement d'Arthur était irréprochable. Il lui a acheté une montre-bracelet en cuir marron clair, très élégante. Il lui a donné des chocolats à manger dans le métro. Il l'amusait avec des statistiques étonnantes, tirées de l'hebdomadaire qu'il achetait le mardi. Bref, c'était l'amant parfait. Le deuxième jour, l'homme au visage rouge revint. Arthur se joignit aux rires de ses histoires. Tout semblait idéal.

Cela ne pouvait pas durer. Petit à petit, les choses sont revenues à l'ancienne routine. Maud, levant les yeux de son travail, verrait le froncement de sourcils et la lèvre mordue. Elle a recommencé à se sentir mal à l'aise et gênée pendant qu'elle travaillait. Parfois, leur conversation sur le chemin du métro était presque formelle.

Il était inutile de dire quoi que ce soit. Elle avait une saine horreur d'être une de ces femmes qui harcelaient ; et elle sentait que se plaindre à nouveau équivaudrait à la harceler. Elle essaya de sortir cette chose de son esprit, mais celle-ci insista pour y rester. D'une certaine manière, elle comprenait ses sentiments. Il l'aimait tellement, supposait-elle, qu'il détestait l'idée qu'elle échange un seul mot avec un autre homme. Ceci, dans l'abstrait, était gratifiant ; mais dans la pratique, cela l'affligeait. Elle aurait aimé être une sorte d'étrangère, pour que personne ne puisse lui parler. Mais ensuite ils la regarderaient, et cela produirait probablement à peu près les mêmes résultats. C'était un monde difficile pour une fille.

Et puis une chose étrange s'est produite. Arthur s'est reformé. On pourrait presque dire qu'il s'est reformé d'un coup. C'était un cas parallèle à ces conversions soudaines lors des réunions de renaissance galloises. Lundi soir, il était au plus mal. Le lendemain matin, il était un homme changé. Même après l'orage initial, il n'avait pas été plus docile. Maud ne pouvait pas y croire en premier. La lèvre, une fois mordue, s'étira en un sourire. Elle chercha le froncement de sourcils. Ce n'était pas là.

Le lendemain, c'était pareil ; et le lendemain. Lorsqu'une semaine s'était écoulée et que l'amélioration persistait, Maud sentait qu'elle pouvait désormais la considérer comme permanente. Une grande charge semblait avoir été soulagée de son esprit. Elle a révisé sa vision du monde. C'était un très bon monde, l'un des meilleurs, avec Arthur qui rayonnait comme un soleil.

Au cours des derniers siècles, un certain nombre de poètes et d'essayistes éminents ont exprimé, à leur manière, leur opinion selon laquelle on peut avoir trop de bonnes choses. La vérité s'applique même à une chose aussi bonne que l'absence de jalousie. Peu à peu, Maud commença à s'inquiéter. Elle commença à se rendre compte qu'elle préférait le vieil Arthur, au air renfrogné et à la lèvre rongée. De lui, elle en était au moins sûre. Quel que soit le malaise qu'elle ait pu ressentir à cause de ses imitations fougueuses d'Othello, en tout cas, elles avaient prouvé qu'il l'aimait. Elle aurait accepté volontiers un inconfort égal en échange de la même certitude. Elle ne pouvait pas lire ce nouvel Arthur. Ses pensées étaient un livre fermé. En apparence, il était tout ce qu'elle aurait pu souhaiter. Il continuait toujours à l'accompagner jusqu'au métro, à lui acheter des cadeaux occasionnels, à exploiter, dans les conversations, la veine agréablement sentimentale. Mais maintenant, ces choses ne suffisaient plus. Son cœur était troublé. Ses pensées l'effrayaient. Le petit diablotin noir au fond de son esprit n'arrêtait pas de chuchoter et de chuchoter, jusqu'à ce qu'enfin elle soit forcée d'écouter. « Il est fatigué de toi. Il ne t'aime plus . Il est fatigué de toi.

Ce n'est pas tout le monde qui, en période de stress mental, peut trouver à proximité parmi ses connaissances personnelles un conseiller expert, prêt à tout moment à écouter avec sympathie et à conseiller avec tact et compétence. Le monde de chacun est plein d'amis, de parents et d'autres personnes qui donneront des conseils sur n'importe quel sujet qui leur sera présenté ; mais il y a des crises dans la vie qui ne peuvent être laissées à l'amateur. L'objectif d'un certain type d'articles largement lus est de combler ce vide.

De cette classe, *Fireside Chat* était l'un des représentants les plus connus. En échange d'un sou, ses cinq cent mille lecteurs recevaient chaque semaine un feuilleton sur la vie dans les plus hautes sphères, une nouvelle pleine d'intérêt, des articles sur l'élimination des taches et la meilleure méthode pour faire face au mouton froid, des anecdotes de Royauté, photographies de pairs, conseils vestimentaires, discussions sur bébé, dialogues brefs mais pointus entre Blogson et Snogson , poèmes, Grandes pensées des morts et des intelligents, des demi-heures dans le sanctuaire douillet de l'éditeur , un morceau de papier kraft et… l'article principal de la revue : Conseils sur les questions de cœur. La contribution hebdomadaire du spécialiste des conseils de *Fireside Chat* , intitulée « Dans la salle de consultation, par le Dr Cupidon », était principalement composée de réponses aux correspondants. Il affectait les manières au chevet du vieux médecin aimable et léger ; et a probablement apporté beaucoup de réconfort. En tout cas, il semblait toujours avoir de nombreuses affaires entre les mains.

C'est auprès de cet expert que Maud s'est donné la peine. Elle était une lectrice régulière du journal depuis plusieurs années ; et il avait en effet consulté le grand homme une fois auparavant, lorsqu'il avait répondu favorablement à sa question quant à savoir s'il serait juste pour elle d'accepter des caramels d'Arthur, alors presque étranger. Il était tout à fait naturel qu'elle s'adresse à lui maintenant, dans un dilemme encore plus grand. La lettre n'était pas facile à écrire, mais elle la termina enfin ; et, après un intervalle anxieux, le jugement fut rendu comme suit :

'Bien bien bien! Bénis mon âme, qu'est-ce que c'est que tout ça ? MP m'écrit :

"Je suis une jeune femme et, jusqu'à récemment, j'étais très, très heureuse, sauf que mon fiancé , bien que m'aimant vraiment, était d'un caractère très jaloux, même si je suis sûr de ne lui avoir donné aucune raison. Il avait un air renfrogné quand je parlais à un autre homme, et cela me rendait malheureux. Mais depuis quelque temps, il a tout à fait changé et ne semble pas s'en soucier du tout, et même si au début cela me faisait plaisir de penser qu'il avait surmonté sa jalousie, je me sens maintenant malheureux parce que je commence à avoir peur. qu'il ne se soucie plus de moi. Pensez-vous qu'il en soit ainsi, et que dois-je faire ?

« Ma chère demoiselle, je voudrais pouvoir vous rassurer ; mais il est parfois plus gentil, vous savez, d'être franc, même si cela peut faire mal. D'après mon expérience, lorsque la jalousie s'envole par la fenêtre, l'indifférence entre par la porte. Autrefois, un chevalier jouait pour l'amour d'une dame , risquant des blessures physiques plutôt que de permettre aux autres de rivaliser avec lui dans ses affections. Je pense, MP, que vous devriez vous efforcer de découvrir le véritable état des sentiments de votre fiancé . Bien entendu, je ne préconise rien qui relève d'un comportement anti-féminin , dont j'en suis sûr, ma chère demoiselle, vous êtes incapable ; mais je pense que tu devrais certainement essayer de piquer ton fiancé , de le tester. Lors de votre prochain bal, par exemple, refusez-lui un certain nombre de danses, sous prétexte que votre programme est complet. Lors des garden-parties, à la maison, etc., montrez du plaisir dans la société et la conversation d'autres messieurs et notez son comportement ce faisant. Ces petits tests doivent servir soit à dissiper vos appréhensions, à condition qu'elles soient infondées, soit à vous montrer la vérité. Et après tout, si c'est la vérité, il faut y faire face, n'est-ce pas, MP ?

Avant la fin de la journée, Maud connaissait tout le passage par cœur. Plus son esprit y réfléchissait, plus il semblait exprimer clairement ce qu'elle avait ressenti mais qu'elle ne pouvait pas exprimer avec des mots. Le point sur les joutes lui parut particulièrement bien compris. Elle avait cherché « joute » dans le dictionnaire, et il lui semblait que dans ces quelques mots se trouvait le noyau de son trouble. Autrefois, si un homme avait tenté de rivaliser avec lui dans ses affections (en dehors des heures de bureau), Arthur aurait sans aucun doute joué – et joué avec la vigueur de celui qui veut faire sentir sa présence. Or, dans des circonstances similaires, il se retirerait probablement poliment, comme celui qui dirait : « Après vous, mon cher Alphonse.

Il n'y avait pas de temps à perdre. Une heure après sa première lecture des conseils du Dr Cupidon, Maud avait commencé à les suivre. Au moment où la première accalmie du travail de la matinée était arrivée, et où il y avait eu une occasion de conversation privée, elle avait inventé un jeune homme imaginaire, un sombre Lothario, qui, introduit chez elle le dimanche précédent par son frère Horace, avait agi d'une manière qu'on ne croirait pas, en lui faisant toutes sortes de compliments.

«Il a dit que j'avais les mains si blanches», a déclaré Maud.

Arthur hocha la tête, tout en grattant un rasoir. Il semblait supporter les révélations avec un courage total. Pourtant, quelques semaines auparavant, le commentaire d'un client sur cette même blancheur l'avait profondément ému.

— Et ce matin, qu'en penses-tu ? Eh bien, il me rencontre avec autant d'audace que vous le souhaitez et me donne un gâteau de savon de toilette. Comme son impudence !

Elle fit une pause, avec un peu de chance.

"Toujours utile, le savon", dit Arthur poliment sentencieux.

" C'était charmant ", poursuivit Maud, sombrement consciente de son échec, mais pointillant comme une artiste les petites touches qui donnent de l'atmosphère et de la vraisemblance à une histoire. « Tout parfumé. Horace va me taquiner à ce sujet, je peux vous le dire.

Elle fit une pause. Il le faut sûrement … Eh bien, une anémone de mer serait déchirée de jalousie à une telle histoire.

Arthur ne grimaça même pas. Il était charmant à ce sujet. J'ai trouvé cela très gentil de la part de ce jeune homme. Je ne lui ai pas reproché d'avoir été frappé par la blancheur de ses mains. Il a évoqué l'histoire du savon, qu'il était en train de lire dans l'encyclopédie de la bibliothèque gratuite. Et s'est comportée d'une manière si parfaitement gentleman que Maud est restée éveillée la moitié de la nuit en pleurant.

Si Maud avait attendu encore vingt-quatre heures, elle n'aurait pas eu besoin de mettre à l'épreuve ses pouvoirs d'invention, car le lendemain entra dans la boutique et dans sa vie un jeune homme qui n'était pas imaginaire - un Lothario de chair et de chair. sang. Il fit son entrée avec cet air d'avoir acheté la plupart des propriétés voisines qui appartiennent exclusivement à des acteurs mineurs, des hommes de poids à la Bourse et des pugilistes professionnels américains.

M. « Skipper » Shute appartenait à la dernière des trois classes. Il était arrivé en Angleterre deux mois auparavant dans le but de tenir une conférence à huit pierres quatre avec un certain Joseph Edwardes, pour régler une question de supériorité à ce poids qui contrariait le public sportif de deux pays depuis plus d'un an. Après avoir dominé M. Edwardes, principalement grâce à un travail acharné lors des corps à corps, il était maintenant à la veille de commencer une tournée lucrative de music-hall avec son célèbre monologue inaudible. Grâce à ces choses, il se sentait très, très satisfait du monde en général, et de M. Skipper Shute en particulier. Et lorsque M. Shute était content de lui, ses manières étaient généralement des plus légères.

Il entra dans le magasin, s'assit et, après avoir jeté un œil expérimenté sur Maud et la trouva agréable, tendit les deux mains et observa : « Va jusqu'à la limite, gamin.

À tout autre moment, Maud aurait pu être mécontente d'être traitée de « gamine » par un client, mais maintenant elle s'en réjouissait. À l'exception d'un léger épaississement du lobe d'une oreille, M. Shute ne portait aucun signe extérieur de sa profession. Et étant, pour reprendre sa propre expression, un « élégant habilleur », il était vraiment un jeune homme des plus présentables. Justement, en fait, ce dont Maud avait besoin. Elle voyait en lui son dernier espoir. Si une légère étincelle de son ancien feu persistait encore en Arthur, c'était par l'intermédiaire de M. Shute qu'il fallait l'attiser.

Elle sourit à M. Shute. Elle travaillait sur ses doigts robustes comme si c'était un plaisir artistique de pouvoir les manipuler. Elle travaillait si soigneusement qu'elle était encore occupée quand Arthur, ôtant son tablier et mettant son chapeau, sortit pour son déjeuner de vingt minutes, les laissant seuls ensemble.

La porte était à peine fermée que M. Shute se pencha en avant.

'Dire!'

Il baissa la voix jusqu'à devenir un murmure gagnant.

«Tu as l'air bien à muh », dit-il galamment.

'L'idée!' dit Maud en secouant la tête.

"Au niveau", lui assura M. Shute.

Maud déposa ses bâtons d'orange.

«Ne sois pas stupide», dit-elle. « Voilà, j'ai fini.

«Je ne l'ai pas fait», a déclaré M. Shute. « Pas à un kilomètre et demi. Dire!'

'Bien?'

« Que fais-tu de tes soirées ?

'Je rentre à la maison.'

'Bien sûr. Mais quand tu ne le fais pas ? C'est un pauvre cœur qui ne se réjouit jamais. Tu ne fais jamais de bruit ?

« C'est foutu ? »

«Le tourbillon fou», expliqua M. Shute. "Des sodas glacés et des gâteaux au sarrasin, et une bonne soirée dans le charmant Luna Park."

"Je ne sais pas où se trouve Luna Park."

« Qu'est-ce qu'on t'a appris à l'école ? C'est dans cette direction, dit M. Shute en désignant par-dessus son épaule. « Vous continuez tout droit pendant environ trois mille milles jusqu'à ce que vous atteigniez le petit vieux New York ; puis vous tournez à droite. Dis, tu ne reçois jamais une petite friandise ? Pourquoi ne pas venir un jour dans la Ville Blanche ? Ce soir?'

« M. Welsh m'emmène à la Ville Blanche ce soir. »

« Et qui est M. Welsh ? »

"Le monsieur qui vient de sortir."

'Est-ce ainsi? Eh bien, il n'a pas l'air d'être vivant, mais c'est peut-être simplement parce qu'il a eu de mauvaises nouvelles aujourd'hui. On ne sait jamais.' Il se leva. « Adieu, Evelina, la plus belle de votre sexe. Nous nous reverrons ; alors gardez un cœur vaillant.

Et, prenant sa canne, son chapeau de paille et ses gants jaunes, M. Shute partit, laissant Maud à ses pensées.

Elle était déçue. Elle s'attendait à de meilleurs résultats. M. Shute avait facilement abaissé le record de badinage gay, détenu jusqu'alors par le client au visage rouge ; pourtant, selon toute apparence, il n'y avait eu aucun changement dans les manières d'Arthur. Mais peut-être qu'il avait froncé les sourcils (ou s'était mordu la lèvre) et qu'elle ne l'avait pas remarqué. Apparemment, il avait semblé sombre à M. Shute, un spectateur impartial. Peut-être qu'à un moment donné, alors qu'elle avait les yeux rivés sur son travail… Elle espérait le meilleur.

Quels qu'aient pu être ses sentiments durant l'après-midi, Arthur était indéniablement joyeux ce soir-là. Il était de bonne humeur. Son abandon léger sur le Wiggle-Woggle avait été remarqué et commenté par plusieurs spectateurs. Face au Hairy Ainus , il avait touché à un haut niveau de facétie. Et maintenant, alors qu'il était assis avec elle à écouter l'orchestre, il chantonnait joyeusement pour lui-même en accompagnant la musique, sans, semble-t-il, se soucier du monde.

Maud était blessée et anxieuse. Dans une simple connaissance, cette attitude enjouée aurait été la bienvenue. Cela l'aurait aidée à profiter de sa soirée. Mais chez Arthur, à ce moment précis , elle cherchait autre chose. Pourquoi était-il joyeux ? Il y a seulement quelques heures, elle avait – oui, flirté avec un autre homme sous ses yeux. De quel droit était-il joyeux ? Il devrait être enflammé, plein de demandes passionnées d'explications – une

chose rouge et rauque à ramener de bonne humeur et ensuite pardonner —
tout cela en long et en large — d'avoir été de mauvaise humeur. Oui, se dit-
elle, elle avait voulu avoir de la certitude d'une manière ou d'une autre, et la
voilà. Maintenant, elle le savait. Il ne se souciait plus d'elle.

Elle trembla.

'Froid?' dit Arthur. 'Marchons. Les soirées commencent à se rallonger
maintenant. Lum-da-diddley-ah. C'est ce que j'appelle une bonne mélodie.
Donnez-moi quelque chose de vivant et de lumineux. Dumty -umpty- idley -
ah. Dum tum...'

"C'est drôle..." dit Maud délibérément.

« Qu'est-ce qu'il y a de drôle ? »

"Le monsieur en costume marron dont j'ai fait les mains cet après-
midi..."

"Il l'était", approuva vivement Arthur. "Une chose très drôle."

Maud fronça les sourcils. Faire preuve d'esprit aux dépens d' Ainus
poilue était une chose, chez elle, une autre.

« J'allais dire, poursuivit-elle justement, que c'était une drôle de chose,
une coïncidence, vu que j'étais déjà fiancée, que le monsieur en costume
marron dont j'ai fait les mains cet après-midi aurait dû me demander de venir.
ici, à la Ville Blanche, avec lui ce soir.

Pendant un moment, ils marchèrent en silence. Pour Maud, cela
semblait un silence plein d'espoir. Cela doit sûrement être le prélude à une
explosion.

'Oh!' dit-il en s'arrêtant.

Le cœur de Maud fit un bond. C'était sûrement l'ancien ton ?

Quelques pas, et il reprit la parole.

«Je ne l'ai pas entendu vous demander.»

Sa voix était décevante.

« Il m'a demandé après que tu sois sorti déjeuner.

« C'est une nuisance, » dit Arthur gaiement, « quand les choses
s'affrontent comme ça. Mais peut-être qu'il vous le demandera à nouveau.
Rien ne vous empêche de venir ici deux fois. Cela vaut bien une deuxième
visite, dis-je toujours. Je pense-'

"Tu ne devrais pas", dit une voix derrière lui. «Ça fait mal à la tête. Eh
bien, gamin, on te montre du bon temps ?

La possibilité de rencontrer M. Shute n'était pas venue à l'esprit de Maud. Elle avait supposé que, sachant qu'elle serait là avec un autre, il serait resté à l'écart. On peut cependant remarquer qu'elle ne connaissait pas M. Shute. Ce n'était pas une de vos plantes sensibles. Il lui sourit agréablement, très élégant avec sa robe de soirée et son chapeau en soie qui, bien que trop petit pour lui, brillait comme un miroir.

Maud savait à peine si elle était heureuse ou désolée de le voir. De toute façon, cela ne semblait plus avoir beaucoup d'importance à présent. En fait, rien ne semblait avoir beaucoup d'importance. L'acceptation joyeuse par Arthur de la nouvelle qu'elle recevait des invitations de la part d'autres personnes avait été comme un coup dur, la laissant engourdie et apathique.

Elle a fait les présentations. Les deux hommes se regardèrent.

«Enchanté de vous rencontrer», a déclaré M. Shute.

"Le temps reste au rendez-vous", dit Arthur.

Et à partir de ce moment, M. Shute a pris le commandement.

Il faut supposer que ce n'était pas la première fois que M. Shute faisait partie d'un trio dans ces circonstances, car la dextérité rapide avec laquelle il perdit Arthur n'était certainement pas celle d'un novice. Cela s'est fait si bien que ce n'est que lorsqu'elle a émergé des vagues sorcières, guidée par le bras droit mince mais redoutable du pugiliste, que Maud s'est rendu compte qu'Arthur était parti.

Elle poussa un petit cri de consternation. Secrètement, elle commençait à avoir un peu peur de M. Shute. Il montrait des signes d'être sur le point de sortir du rôle qu'elle lui avait assigné et de tenter quelque chose à plus grande échelle. Son attitude avait cette touche de chaleur supplémentaire qui fait toute la différence.

'Oh! Il est parti!' elle a pleuré.

«Bien sûr», dit M. Shute. « Il a reçu un appel urgent du village d'Uji. Le cousin du chef veut se faire couper les cheveux.

« Nous devons le trouver. Nous devons.'

"C'est ce qui est le plus sûr que vous sachiez", a déclaré M. Shute. 'Plein de temps.'

«Nous devons le trouver.»

M. Shute la regarda avec un certain mécontentement.

"Ça a l'air d'être génial avec toi, ce dub", dit-il.

'Je ne te comprends pas.'

"Mon observation était", expliqua froidement M. Shute, "que, à en juger par les apparences, ce citron au visage pâteux était Willie-boy, le premier et le seul amour."

Maud se tourna vers lui avec des joues enflammées.

« M. Welsh n'est rien pour moi ! Rien! Rien!' elle a pleuré.

Elle marcha rapidement.

"Alors, s'il y a une place libre, yeux d'étoile", dit la pugiliste à ses côtés, tenant un chapeau qui montrait une tendance à vaciller, "comptez sur moi. Dès que je vous ai vu - voyez ici, quelle est l'idée de cette route -travail? Nous ne faisons pas de course... »

Maud ralentit.

'C'est mieux. Comme je le disais, dès que je t'ai vu, je me suis dit : "C'est celui-là qu'il te faut. Le Candy Kid original . Le..."'

Son chapeau vacilla ivre alors qu'il répondait à l'augmentation de la vitesse de la jeune fille. Il l'a maudit dans un bref aparté.

«C'est ce que j'ai dit. "Le bonbon original . " Donc-'

Il tendit une main de retenue. « Arthur ! » s'écria Maud. « Arthur ! »

«Ce n'est pas mon nom», souffla tendrement M. Shute. «Appelle-moi Clarence.»

Considérée comme une étreinte, elle était imparfaite. Dans ces moments-là, un chapeau en soie de taille trop petite handicape un homme. La nécessité de faire attention à la sieste a empêché M. Shute de se rendre pleinement justice. Mais il en fit assez pour inciter Arthur Welsh, qui, ayant aperçu les disparus de loin, s'était approché d'eux au pas, à substituer la course à la marche et à arriver juste au moment où Maud se libérait.

M. Shute ôta son chapeau, le lissa, le replaça avec un soin extrême et tourna son attention vers le nouveau venu.

« Arthur ! » dit Maud.

Son cœur fit un grand bond. Il n'y avait aucun doute sur la signification du regard qui rencontrait le sien. Il s'en souciait ! Il s'en souciait !

« Arthur ! »

Il n'y prêta aucune attention. Son visage était pâle et travaillant. Il s'approcha de M. Shute.

'Bien?' dit-il entre ses dents.

Un champion du monde de huit pierres quatre a vécu de nombreuses expériences inhabituelles dans sa vie, mais il rencontre rarement des hommes qui lui disent « Eh bien ? » à lui entre leurs dents. M. Shute regardait ce monstre avec un profond émerveillement.

« Je vais vous apprendre à… à embrasser les jeunes filles !

M. Shute ôta de nouveau son chapeau et le brossa à nouveau. Cela lui a donné le temps de réflexion nécessaire.

«Je n'en ai pas besoin», dit-il. «J'ai obtenu mon diplôme.»

'Les mettre en place!' siffla Arthur.

Un air presque choqué se dessina sur le visage du pugiliste. Tel aurait pu être le cas de Raphaël s'il lui avait été demandé de dessiner un trottoir.

« Tu ne me parles pas ? » dit-il, incrédule.

'Les mettre en place!'

Maud, tremblante de la tête aux pieds, était consciente d'une émotion bouleversante. Elle était terrifiée, oui. Mais plus forte que la terreur était la grande vague d'exaltation qui la submergeait. Tous ses doutes avaient disparu. Enfin, après de longues semaines d'incertitude, Arthur était sur le point d'en donner la preuve suprême. Il allait jouter pour elle.

Quelques passants s'étaient arrêtés, intéressés, pour observer l'évolution de la situation. Bien sûr, on ne pourrait jamais le savoir. De nombreuses querelles apparemment prometteuses ne sont jamais allées plus loin que des mots. Mais, en regardant le visage d'Arthur, ils se sentaient certainement justifiés de faire une pause. M. Shute prend la parole.

« Si ce n'était pas le cas, dit-il prudemment, je ne veux pas d'ennuis avec la Société pour la Prévention de la Cruauté envers les Animaux, je… »

Il s'interrompit car, accompagné d'un cri d'approbation des deux spectateurs, Arthur avait balancé son poing droit, et il lui avait frappé violemment le côté de la tête.

Comparé aux coups que M. Shute avait l'habitude de recevoir dans l'exercice de sa profession, celui d'Arthur était une légère tape. Mais il y avait une circonstance qui lui donnait une dimension mortelle qui lui était propre. Achille avait son talon. Le point vulnérable de M. Shute se trouvait à l'autre extrémité. Au lieu de riposter, il poussa un cri d'agonie et s'agrippa sauvagement des deux mains à son chapeau.

Il était trop tard. Il tomba au sol et s'enfuit en bondissant, tandis que son propriétaire se lançait à une poursuite passionnée. Arthur renifla et se frotta doucement les jointures.

Il y avait un calme dans l'attitude de M. Shute car, après avoir donné une dernière finition à son trésor et l'avoir soigneusement déposé, il commença à avancer sur son adversaire, ce qui était plus que menaçant. Ses lèvres formaient une fine ligne d'acier. Les muscles ressortaient sur ses mâchoires. Accroupi à sa manière professionnelle, il avançait doucement, comme un chat.

Et c'est à ce moment précis, au moment où les deux spectateurs, renforcés désormais par onze autres hommes aux goûts sportifs, se félicitaient de leur perspicacité à s'être arrêtés pour regarder, que l'agent de police Robert Bryce, introduisant quatorze pierres d'os et de muscles entre les combattants, adressa à M. Shute ces mots mémorables : « Ullo, ' ullo ! 'Ullo, ' ullo , ' ul - *lo* !'

M. Shute a fait appel à son sens de la justice.

"Le cabot m'a fait tomber mon chapeau."

"Et je recommencerais", dit Arthur d'un ton truculent.

« Pas tant que je suis ici, vous ne le feriez pas, jeune homme, » dit M. Bryce avec décision. « Vous me surprenez, » continua-t-il, peiné. « Et vous aussi, vous avez l'air d'un jeune homme respectable. Vous sortez.

À ce moment-là, une voix stridente de la foule offrit au connétable tous les droits cinématographiques s'il autorisait le déroulement du concours.

"Et vous aussi, vous tous," poursuivit M. Bryce. « Tant mieux si je sais à quoi les enfants s'adressent aujourd'hui. Et quant à vous, dit-il en s'adressant à M. Shute, tout ce que vous avez à faire est de garder votre visage fermé. C'est ce que vous devez faire. Je vous surveille, attention, et si je vous surprends en train de le suivre (il montra son pouce par-dessus son épaule en direction de la silhouette d'Arthur qui s'éloignait) je vous pincerai. Bien sûr , puisque tu es en vie. Il fit une pause. "Je l'aurais déjà fait", ajouta-t-il pensivement, "si ce n'était pas mon anniversaire."

Arthur Welsh se tourna brusquement. Depuis un certain temps, il avait vaguement conscience que quelqu'un l'appelait par son nom.

« Oh, Arthur ! »

Elle respirait rapidement. Il pouvait voir les larmes dans ses yeux.

«J'ai couru. Vous avez marché si vite.

Il la regarda sombrement.

«Va-t'en», dit-il. «J'en ai fini avec toi.»

Elle s'agrippa à son manteau.

« Arthur, écoute… écoute ! Tout cela est une erreur. Je pensais que tu… tu ne tenais plus à moi , et j'étais malheureux, et j'ai écrit au journal et je lui ai demandé ce que je devais faire, et ils ont dit que je devrais te tester et essayer de te rendre jaloux, et que ça cela soulagerait mes appréhensions. Et je détestais ça, mais je l'ai fait, et tu ne semblais pas t'en soucier jusqu'à maintenant. Et tu sais qu'il n'y a personne d'autre que toi.

« Vous… Le journal ? Quoi?' balbutia-t-il.

'Oui oui oui. J'ai écrit à *Fireside Chat* , et le Dr Cupidon m'a dit que lorsque la jalousie sortait par la fenêtre, l'indifférence entrait à la porte, et que je devais faire preuve de plaisir en la société d'autres messieurs et noter votre comportement . Alors je… Oh !

Arthur, plus chanceux que M. Shute, n'a pas été gêné par un chapeau en soie trop petit.

Ce fut quelques instants plus tard, alors qu'ils se dirigeaient lentement vers le Flip-Flap — ce qui leur avait semblé à tous deux un point culminant approprié pour les émotions de la soirée — qu'Arthur, fouillant dans la poche de son gilet, en sortit un petit bout de papier.

'Qu'est ce que c'est?' » demanda Maud.

« Lisez-le », dit Arthur. "C'est de *Home Moments* , en réponse à une lettre que je leur ai envoyée. Et, ajouta-t-il avec chaleur, j'aimerais avoir cinq minutes seul avec celui qui l'a écrit.

Et sous la lumière électrique, Maud lisait

RÉPONSES AUX CORRESPONDANTS

Par le spécialiste du cœur

Arthur W.—La jalousie, Arthur W., n'est pas seulement la plus méchante, mais la plus insensée des passions. Shakespeare dit :

> *C'est le monstre aux yeux verts qui se moque*
> *de la viande dont il se nourrit.*

Vous avouez que vous avez souvent causé un grand chagrin à la demoiselle de vos affections par l'étalage de cette faiblesse. Exactement. Il n'y a rien qu'une fille déteste ou méprise plus que la jalousie. Soyez un homme, Arthur W. Luttez contre cela. Cela peut être difficile au début, mais persévérez. Gardez un visage souriant. Si elle semble aimer parler à d'autres hommes, ne montrez aucun ressentiment. Soyez joyeux et brillant. Croyez-moi, c'est le seul moyen.

SUR CONSEIL D'UN CONSEIL

LE voyageur rongeait son steak d'un air méditatif. Il ne prêtait aucune attention à l'altercation qui se déroulait entre le serveur et l'homme à l'autre bout de la salle miteuse. Les bruits de conflits ont cessé. Le serveur s'approcha de la table du voyageur et se plaça derrière sa chaise. Il était énervé.

« S'il voulait dire agneau », dit-il d'un ton maussade, « pourquoi n'a-t-il pas dit « agneau », pour qu'un homme puisse l'entendre ? Je pensais qu'il avait dit "jambon", alors j'ai apporté du jambon. Maintenant, Lord Percy devient tout maussade.

Il rit amèrement. Le voyageur ne répondit rien.

« Si les gens parlaient distinctement, dit le serveur, il n'y aurait pas la moitié des ennuis qu'il y a dans le monde. Il n'y aurait pas la moitié des ennuis. Je ne devrais pas être ici, d'une part. Dans cette restauration , je veux dire. Un soupir lui échappa.

«Je ne devrais pas», dit-il, «et c'est la vérité. Je devrais me lever quand je voulais, manger et boire autant que je voulais et faire comme au bon vieux temps. En me regardant, n'est-ce pas, vous ne penseriez pas que j'étais autrefois comme le muguet ?

Le serveur était un homme grand et filandreux, qui donnait l'impression de n'avoir aucune colonne vertébrale. En ce sens qu'il s'affaissait, on aurait pu dire qu'il ressemblait à une fleur, mais à aucun autre égard. Il avait les cheveux blonds, des yeux faibles rapprochés et une barbe rouge de plusieurs jours sur le menton. On ne pouvait pas le voir dans la classe Lily.

« Ce que je veux dire, c'est que je n'ai pas travaillé dur, ni filé. Ah, c'était des jours heureux ! Allongé sur le dos, beaucoup de tabac, quelque chose de frais dans une cruche… »

Il soupira encore une fois.

« Avez-vous déjà connu un homme du nom de Moore ? Jerry Moore ?

Le voyageur s'appliquait en silence à son steak .

« Gentil gars. Une sorte de type simple. Grand. Calme. Un peu sourd d'une oreille. Cheveux couleur paille . Yeux bleus. « Et certains , plutôt. J'avais une maison juste à l' extérieur de Reigate. L'a-t-il encore. Son propre argent. Il l'a laissé chez son père. Une sorte de type simple. Pas grand chose à dire pour lui-même. Je le connaissais bien à l'époque. Je vivais avec lui. Il était un homme sympa. Grand. Un peu malentendant. J'ai une sorte de sourire endormi, comme ça… quelque chose.

Le voyageur sirotait sa bière dans un silence pensif.

«Je pense que vous ne l'avez jamais rencontré», dit le serveur. « Peut-être que vous n'avez jamais connu Gentleman Bailey non plus ? Nous l'avons toujours appelé ainsi. C'était un de ces gars d'Eton ou d' Arrer en panne , disaient les gens. Nous avons noué une sorte de partenariat informel, tous deux marchant ensemble, et après un moment, nous avons semblé être dans les environs de Reigate. Et la première maison où nous sommes arrivés était celle de Jerry Moore. Il est arrivé juste au moment où nous nous dirigions vers la porte arrière et sourit de ce sourire endormi. Comme ça – quelque chose. "'Ullo!" il dit. Le gentleman pousse un peu un cri et crie : « Si ce n'est pas mon vieux copain, Jerry Moore ! Jack, » me dit-il, « voici mon vieux copain, M. Jerry Moore, que j'ai rencontré il y a quelques jours. à Ramsgate un été."

"Ils se serrent la main et Jerry Moore dit : "Est-ce un de tes amis, Bailey ?" en train de me regarder. Monsieur me présente. "Nous sommes partenaires", dit-il, "partenaires dans le malheur. Voici mon ami, M. Roach".

« Entrez », dit Jerry.

' Alors nous sommes entrés et il nous installe chez nous. Il est célibataire et vit tout seul dans cette maison désirable .

"Eh bien, j'ai vu assez vite que Jerry pensait au monde de Gentleman. Toute la soirée, il agit comme s'il était aussi heureux que Punch de l'avoir là. Je ne pouvais pas en faire assez pour lui. *C'était* un peu *bien* , me disais- je . Il était trop.

« Le lendemain, nous nous levons tard, prenons un bon petit-déjeuner, nous asseyons sur la pelouse et fumons. Le soleil brillait, les petits oiseaux chantaient et rien, à l'est, à l'ouest, au nord ou au sud, ne ressemblait à du travail. Si on m'avait demandé mon adresse à ce moment-là, sous serment, je n'aurais pas hésité une seconde. J'aurais dû répondre : « N° 1, Easy Street ». Vous voyez, Jerry Moore était un de ces types lents et simples, et on pouvait dire en un instant ce qu'il pensait de Gentleman. Gentleman, voyez-vous, avait du bon avec lui. Pas hautain, il ne l'était pas. Plus affable, je devrais l'appeler. Il vous faisait en quelque sorte sentir que tous les hommes naissent égaux, mais que c'était terriblement bien de sa part de vous parler et qu'il ne le ferait pas pour tout le monde. Cela s'est bien passé avec Jerry Moore. Jerry s'asseyait et l'écoutait donner son point de vue sur les choses à l'heure. À la fin du premier jour , j'avais des visions d'un vieil homme aux cheveux blancs, assis dans ce jardin, et d'être étendu, quand mon heure viendrait, dans le salon de Jerry.

Il fit une pause, visiblement l'esprit tourné vers le passé, parmi les cigares et les copieux petits déjeuners. Bientôt, il reprit son histoire.

« Ici, Jerry Moore était un type simple. Les sourds sont comme ça. Avez-vous déjà remarqué ? Non pas que Jerry soit vraiment sourd . Son audition était un peu mauvaise, mais il pourrait vous suivre si vous lui parliez clairement et clairement. Eh bien, je disais qu'il était plutôt simple. Il aimait passer ses journées à bricoler dans le petit jardin qu'il s'était fait, à s'occuper de ses fleurs et de ses volailles, et passer une soirée à écouter Gentleman parler de la vie. C'était un philosophe, Gentleman l'était. Et Jerry a pris tout ce qu'il a dit comme un évangile. Il ne voulait pas de preuves. 'E et le roi du Danemark auraient été de très bons amis. Il restait simplement assis, ses grands yeux bleus s'arrondissant de minute en minute, et il l'a lapé.

« Maintenant, on pourrait penser qu'on peut compter sur un homme comme celui-là, n'est-ce pas ? Voudrait-il quelque chose de plus ? Pas lui, diriez-vous. Vous auriez tort. Croyez-moi, il n'y a pas un homme sur terre qui soit apaisé et content qui ne soit pas une femme qui ne puisse réduire en cendres son vieux paradis d'un seul coup de poing.

« Il n'a pas fallu longtemps avant que je commence à remarquer un changement chez Jerry. Il n'avait jamais été ce qu'on pourrait appeler un champion de causerie, mais maintenant il était plus silencieux que jamais. Et il a pris l'habitude de faire passer Gentleman de ses théories sur la Vie en général à la Femme en particulier. Cela convenait parfaitement à Gentleman. Ce qu'il ne savait pas de la Femme, ce n'était pas du savoir.

« Gentleman était trop occupé à parler pour avoir le temps de se méfier, mais pas moi ; et un jour, je prends Gentleman à part et je lui explique tout de suite. "Gentleman", dis -je , "Jerry Moore est amoureux !"

«Eh bien, c'était bien sûr un mauvais coup pour Gentleman. Il savait aussi bien que moi ce que cela signifierait si Jerry ramenait chez lui une mariée rougissante par cette porte d'entrée. Ce serait dehors, dans le monde froid et dur pour les amis célibataires. Gentleman s'en rend vite compte et reste bouche bée. Je continue . "Tout le temps," dis -je , "pendant que vous parlez d'une soirée, Jerry a des visions d'une petite femme assise sur votre chaise. Et vous pouvez parier que nous n'entrons pas dans ces visions. Il peut rêver de petites choses. des pieds qui crépitent dans la maison, dis -je , mais ce ne sont pas les nôtres, et vous pouvez avoir quelque chose dans les deux sens. Ayez l'air vivant, monsieur, dis -je , et réfléchissez à un plan, ou nous pourrions aussi bien rembourrez le sabot maintenant.

«Eh bien, Gentleman a fait ce qu'il pouvait. Dans ses discours du soir, il commençait à dire à la Femme tout ce qu'il savait. J'ai commencé à parler des Dalila , des Jézabel et des fous - il y en avait - et tout le reste, et quel type d'homme était mal à l'aise pour laisser une femme dans sa maison confortable , qui ne ferait que lui faire passer ses journées à la brancher, et ses nuits à se demander comment récupérer les couvertures sans la réveiller. Mon Dieu, il était croustillant ! Assez pour donner du fil à retordre à Roméo, auriez-vous pensé. Mais, mon Dieu ! Ce n'est pas bon de leur parler quand ils vont mal.

« Quelques jours plus tard, nous l'avons surpris avec la marchandise, en train de discuter sur la route avec une fille en robe rose.

«Je ne pouvais qu'admettre que Jerry en avait choisi un directement dans le haut du panier. Ce n'était pas un de ces gens languissants qui restent assis dans des coins douillets et lisent des livres d'histoires, et ne se soucient pas de ce qui se passe dans la maison tant qu'ils découvrent ce qu'est devenu le héros dans son duel avec le Grand-Duc. C'était une petite chose brune, mince et nerveuse. *Tu* sais. Elle a levé le menton et vous a regardé de haut en bas avec des yeux couleur de whisky écossais, comme pour dire : "Eh bien, qu'en *est-* il ?" On pouvait dire sans la regarder, rien qu'à la sensation de l'atmosphère lorsqu'elle était proche, qu'elle avait autant de claquement et de va-et-vient en elle que Jerry Moore n'en avait pas, ce qui était une bonne chose. Je savais, aussi sûr que je me tenais là sur une jambe, que c'était le genre de fille qui nous ferait sortir de cette maison, moi et Gentleman, environ trois secondes après que le pasteur se serait marié.

" Jerry dit : " Voici mes amis, Miss Tuxton – M. Bailey et M. Roach. Ils restent avec moi pour une visite. Voici Miss Jane Tuxton ", nous dit-il. "J'allais justement reconduire Miss Tuxton à la maison", dit-il, un peu mélancolique. "Excellent", dit Gentleman. "Nous viendrons aussi." Et nous sommes tous d'accord. Il n'y avait pas grand chose de fait en termes de conversation. Jerry n'a jamais été du genre à pousser les mots ; moi non plus, en présence de la secte ; et Miss Jane avait le menton en l'air, comme si elle pensait que Gentleman et moi n'étions pas du tout nécessaires. La seule conversation avant que nous la livrions à la porte du jardin fut celle de Gentleman, qui raconta une assez longue histoire à propos d'un de ses amis à Upper Sydenham qui avait eu la bêtise de se marier et qui avait eu des ennuis depuis.

"Cette nuit-là, après que nous nous soyons couchés, j'ai dit à Gentleman : "Gentleman", dis-je, "que va-t-on faire à ce sujet ? Nous avons autant de chances, si Jerry épouse cette fille", dis- je , "comme quelques crèmes au chocolat impuissantes lors d'un pique-nique d'écolières". "Si", dit Gentleman. "Il ne l'a pas encore épousée. C'est une fille de caractère, Jack. Croyez-moi. Ne vous a-t-elle pas semblé être une fille qui aimerait un homme avec un peu de diable en lui, un homme avec un peu de courage en lui." , un homme du genre bon sang ? Jerry remplit-il l'addition ? Il ressemble plus à un paillasson avec « Bienvenue » écrit dessus, qu'autre chose.

« Eh bien, nous avons vu beaucoup de Miss Jane au cours de la semaine prochaine. Nous gardons Jerry sous contrôle. Qu'est-ce que dit l'héroïne dans le mélodrame ? "Oh, cruel, cruel, SP quelque chose." L'espionnage, c'est tout.

Nous gardons Jerry sous surveillance, et chaque fois qu'il court après la fille, nous le courons après lui.

« Les choses vont dans notre sens », me dit Gentleman après une de ces réunions. "Cette fille est en colère contre Jerry. Elle veut un Rudolf téméraire, pas un homme qui se lève et sourit quand d'autres hommes se mêlent de lui et de sa copine. Retenez bien mes paroles, Jack. Elle en aura assez de Jerry, et s'en ira et épousez un soldat et nous vivrons heureux pour toujours. » "Je le pense?" Je dis . " Bien sûr , " dit Gentleman.

« C'est le dimanche d'après que Jerry Moore nous annonce, en se tortillant, qu'il avait rendez-vous pour dîner avec Jane et ses parents. Il aurait aimé divulguer un secret, mais nous le gardions sous espionnage trop pointu pour cela, alors il doit nous le dire. "Excellent", a déclaré Gentleman. "Ce sera un grand plaisir pour Jack et moi de rencontrer la famille. Nous vous accompagnerons." Alors nous partons tous et enfilons nos bottes de manière sociable sous la table Tuxton . J'ai regardé Miss Jane du coin de l'œil ; et, honnêtement, son menton dépassait d'un pied, et Jerry n'osait pas la regarder. Le jeune rêve de l'amour, me dis -je, comme il s'efface rapidement lorsqu'un homme a la nature et le caractère d'un lapin aux oreilles tombantes !

« Les Tuxtons étaient au nombre de quatre, sans compter le perroquet, et tous des mâles. Il y avait Pa Tuxton , un vieil homme avec une barbe et des lunettes ; un gros oncle ; un grand frère, qui travaillait dans une banque et était habillé comme Moïse dans toute sa splendeur ; et un petit frère au nez retroussé, ce culotté qui t'aurait surpris. Et le perroquet dans sa cage et un gros chien jaune. Et ils se rendent tous agréables à Jerry, le riche futur gendre, quelque chose d'horrible. C'est "Comment vont les volailles, M. Moore ?" et "Un peu de cette tarte, M. Moore; Jane l'a fait", et Jerry assis là avec un faible sourire, disant "Oui" et "Non" et rien de plus, tandis que les yeux de Miss Jane claquent comme un feu d'artifice du 5 novembre. . Je pouvais sentir les chances de Jerry reculer d'un kilomètre par minute. Je me sentais aussi heureux qu'un petit enfant ce soir-là. J'ai chanté en rentrant chez moi.

« Gentleman est content aussi. "Jack", me dit-il quand nous sommes au lit, "c'est trop facile. Dans mes rêves les plus sanglants, je ne l'espérais guère. Aucune fille spirituelle n'aimera un homme qui se comporte ainsi envers ses parents. La meilleure façon de gagner le cœur d'un certain type de fille", dit-il, en commençant par ses théories, "le type auquel appartient Jane Tuxton est d'être impolie envers sa famille. J'ai Jane Tuxton dimensionnée et étiquetée. genre veut que ses parents n'aiment pas son jeune homme. Elle veut sentir qu'elle est la seule dans la famille qui a le sens de voir le bien caché chez Willie. Elle ne veut pas faire partie d'une foule criant quel gentil "Il est un jeune homme. Il faut du courage chez un homme pour tenir tête à la famille d'une fille, et c'est ce que Jane Tuxton recherche chez Jerry. Prenez-le de celui qui a étudié la secte", dit Gentleman, "de John o' Groat va jusqu'au bout du pays, et vice-versa."

« Le lendemain, Jerry Moore a l'air de n'avoir que six pence au monde et de l'avoir avalé. "Qu'est-ce qu'il y a, Jerry ?" dit Monsieur. Jerry pousse un soupir. "Bailey," dit-il, "et vous, M. Roach, j'espère que vous avez tous les deux vu comment ça se passe avec moi. J'aime Miss Jane Tuxton , et vous avez vu par vous-mêmes ce qui se passe. Elle ne m'apprécie pas , pas deux centimes ." "Ne dis pas ça", dit Gentleman, sympathique. "Tu vas bien. Si tu connaissais la secte comme moi , tu ne te contenterais pas de silences superficiels et de mentonnières . Je peux lire dans le cœur d'une fille, Jerry," dit-il en lui tapotant l'épaule, "et Je te dis que tu vas bien. Il ne te reste plus qu'à travailler un peu vite, et tu gagneras facilement. Pour que ça soit sûr, dit-il en se levant, il suffit de faire un arrêt mort. chez ses parents. Il me fait un clin d'œil. "Ne reste pas assis là comme tu l'as fait hier soir. Montre- leur tu as quelque chose en toi. Vous savez ce que sont les gens : ils pensent qu'ils sont les choses les plus importantes sur la carte. Eh bien, va travailler. Consultez-les tout ce que vous savez. Chaque opportunité que vous obtenez. Il n'y a rien de tel que de consulter les parents d'une fille pour vous mettre en bonne compagnie. » Et il tapote à nouveau l'épaule de Jerry et rentre à l'intérieur pour chercher sa pipe.

« Jerry se tourne vers moi. "Pensez-vous que c'est vraiment le cas ?" il dit. Je dis: "Oui." "Il sait tout sur les filles, je pense", dit Jerry. "Vous pouvez passer par lui à chaque fois", dis- je . "Eh bien, eh bien", dit Jerry, plutôt pensif.

Le serveur fit une pause. Son regard était triste et rêveur. Puis il reprit le fardeau de son récit.

« La première chose qui arrive, c'est que Gentleman a mal aux dents le dimanche suivant, alors n'hésitez pas à venir avec nous. Il reste à la maison et boit du whisky, et Jerry et moi partons seuls.

" Alors Jerry et moi partons, et une fois de plus nous nous préparons à nous installer autour du plateau. Je n'avais pas particulièrement remarqué Jerry, mais tout à l'heure j'aperçois son visage à la lumière de la lampe. Avez-vous déjà vu un de ces combattants assis dans son coin avant un combat, attendant que le gong sonne ? Eh bien, Jerry ressemble à ça ; et ça me surprend.

« Je vous ai parlé du gros chien jaune qui imprégnait la maison des Tuxton , n'est-ce pas ? La famille avait une grande opinion de ce chien, même si de toutes les vilaines brutes que j'ai jamais rencontrées, il était la pire. Il renifle et grogne tout le temps. Eh bien, ce soir, il s'approche de Jerry au moment où il allait s'asseoir et se met à grogner. Le vieux Pa Tuxton regarde par-dessus ses lunettes et se lèche la langue. "Rover ! Rover !" dit-il, plutôt doux. "Naughty Rover ; il n'aime pas les étrangers, j'en ai peur." Jerry regarde Pa Tuxton , et il regarde le chien, et je m'attends juste à ce qu'il dise « Non » ou « Oui », comme l'autre soir, quand il laisse échapper un rire méchant – l'un de ces rires amers. « Ho ! » il dit. "Ho ! n'est-ce pas ? Alors peut-être qu'il ferait mieux de s'éloigner d'eux." Et il se lève avec sa botte et... eh bien, le chien a heurté le mur du fond.

« Jerry s'assoit et relève sa chaise. "Je n'approuve pas", dit-il avec acharnement, "que les gens élèvent de gros chiens jaunes, laids et de mauvaise humeur, qui sont une nuisance pour tout le monde. Je n'aime pas ça."

« Il y avait un silence qu'on aurait pu creuser avec une cuillère. Avez-vous déjà vu un lapin se retourner vers vous et grogner ? C'est ce que nous avons tous ressenti lorsque Jerry a prononcé des mots croustillants. Ils nous ont coupé le souffle.

« Pendant que nous le récupérions, le perroquet qui était dans sa cage a poussé un cri. Honnêtement, j'ai sauté d'un pied sur ma chaise.

«Jerry se lève très délibérément et se dirige vers le perroquet. "Est-ce une ménagerie ?" il dit. "Un homme ne peut-il pas dîner en paix sans qu'une image comme toi ne se mette à crier ? Va dormir."

«Nous le regardions tous surpris, en particulier l'oncle Dick Tuxton , dont le perroquet était l'animal de compagnie particulier. Il l'avait ramené de certains pays étrangers.

« « Bonjour, Billy ! » dit l'oiseau en haussant les épaules et en se gonflant. "Rrrr ! Rrrr ! ' hé , Billy ! ' hé , 'hé, 'hé ! Rr WAH !"

«Jerry donne un coup de fouet à sa cage.

« Ne me réponds pas, dit-il, sinon je te casse la tête. Tu penses que parce que tu as une queue verte , tu es quelqu'un. » Et il retourne à sa chaise et s'assoit en regardant Oncle Dick.

« Eh bien, tout cela n'était pas ce qu'on pourrait appeler la promotion d'une conversation fluide. Tout le monde regarde Jerry, spécialement moi, se demandant quelle sera la prochaine étape et essayant de reprendre son souffle, et Jerry fronce les sourcils devant le bœuf froid, et il y a une sorte de pause gênante. Miss Jane est la première à s'occuper. Elle s'affaire et fait servir la nourriture, et nous commençons à manger. Mais il n'y a toujours pas tellement de conversation que vous le remarqueriez. Cela continue jusqu'à ce que nous atteignions les étapes finales, puis oncle Dick arrive à la hauteur.

" " Comment vont les volailles, M. Moore ? " il dit.

« Donne-moi encore un peu de tarte », dit Jerry. "Quoi?"

« Oncle Dick répète sa remarque.

« « Des volailles ? » dit Jerry. "Que savez-vous des volailles ? Votre notion de volaille est un oiseau laid avec une queue verte, un nez Wellington et... donnez-moi un peu de fromage."

« Oncle Dick adore les perroquets, alors il prend sa défense. "Polly a toujours été considérée comme un bel oiseau", dit-il.

« Il veut de la farce », dit Jerry.

« Et oncle Dick abandonne la conversation.

« Grand frère arrive, Ralph, il s'appelait. C'est un employé de banque et un mec. Il donne un coup de poignet et commence à rendre les choses joyeuses en racontant l'histoire d'un homme qu'il connaît, nommé Wotherspoon . Jerry le fixe du regard et, à mi-chemin, l'interrompt.

« Votre gilet est féroce », dit-il.

'"Pardon?" dit Ralph.

« Votre gilet », dit Jerry. "Ça me fait mal aux yeux. C'est comme un panneau électrique."

« Eh bien, Jerry », dis-je, mais il me regarde simplement d'un air renfrogné et je m'arrête.

« Ralph est fier de ses vêtements et il ne supportera pas ça. Il regarde Jerry et Jerry le regarde.

'"Qui pensez vous être?" » dit Ralph en respirant fort.

« « Boutonnez votre manteau », dit Jerry.

« Regardez ici ! » dit Ralph.

« Couvrez-le, je vous le dis », dit Jerry. "Voulez-vous m'aveugler?" Pa Tuxton l'interrompt.

« Eh bien, M. Moore », commence-t-il, d'un ton plutôt apaisant ; » quand le petit frère, qui regardait Jerry, intervient. Je t'ai dit qu'il était effronté.

" Il dit : " Papa, quel drôle de nez M. Moore a ! "

«Et c'est ce qui s'est passé. Jerry se lève très lentement, se penche par-dessus la table et coupe le petit frère d'un côté de l'oreille. Et puis c'est un imbroglio général, tout le monde se lève et le gamin crie et le chien aboie.

« Si vous l'aviez mieux élevé, dit Jerry, sévère, à Pa Tuxton , cela ne serait jamais arrivé. »

Pa Tuxton pousse une sorte de hurlement.

" " M. Moore, " crie-t-il, " quelle est la signification de ce comportement extraordinaire ? Vous venez ici et vous me frappez, mon enfant... "

« Jerry frappe sur la table.

« Oui, dit-il, et je le frapperais encore. Écoutez-moi », dit-il. "Vous pensez que parce que je suis silencieux, je n'ai pas d'esprit. Vous pensez que tout ce que je peux faire, c'est m'asseoir et sourire. Vous pensez... Bah ! Vous n'êtes pas au courant des profondeurs cachées de mon personnage. Je suis l'une de ces eaux calmes et profondes. Je suis... Tiens, sortez de là ! Oui, vous tous ! Sauf Jane. Jane et moi voulons que cette pièce ait une conversation privée. J'ai beaucoup de choses à dire à Jane. Tu y vas ?

« Je me tourne vers la foule. J'étais terriblement perturbé. "Il ne faut pas y prêter attention", dis -je . "Il ne va pas bien. Il n'est pas lui-même." Juste à ce moment-là, le perroquet coupe avec un autre d'entre eux et pousse un cri. Jerry saute dessus.

« Toi d'abord », dit-il en jetant la cage par la fenêtre. "Maintenant, c'est à toi", dit-il au chien jaune en le faisant sortir par la porte. Et puis il croise les bras et nous regarde d'un air renfrogné, et nous remarquons tous soudain qu'il est très grand. Nous nous regardons et nous commençons à nous diriger vers la porte. Tous sauf Jane, qui regarde Jerry comme s'il était un fantôme.

" " M. Moore", dit Pa Tuxton , digne, "nous vous quittons. Vous êtes ivre."

« Je ne suis pas ivre », dit Jerry. "Je suis amoureux."

« Jane », dit Pa Tuxton , « viens avec moi et laisse ce voyou tranquille ».

""Jane", dit Jerry, "arrête-toi ici et viens poser ta tête sur mon épaule."

« Jane », dit Pa Tuxton , « m'entendez-vous ? »

« Jane », dit Jerry, « j'attends ».

"Elle regarde l'un après l'autre pendant un moment, puis elle se dirige vers l'endroit où se trouve Jerry.

« Je vais arrêter », dit-elle, plutôt calme.

«Et nous partons à la dérive.»

Le serveur renifla.

«Je suis rentré chez moi aussi vite que possible», dit-il, «et je raconte les événements à Gentleman. Monsieur est secoué. "Je n'y crois pas", dit-il. "Ne restez pas là à me dire que Jerry Moore a fait ces choses. Eh bien, ce n'est pas dans l'homme. "Spécialement après ce que je lui ai dit sur la façon dont il devait se comporter. Comment aurait-il pu faire cela?" À ce moment-là, Jerry arrive, rayonnant de partout. "Les garçons", crie-t-il, "félicitez-moi. Tout va bien. Nous avons réglé le problème. Elle dit qu'elle ne me connaissait pas bien auparavant. Elle dit qu'elle m'a toujours considéré comme un mouton, alors que tout le temps j'étais l'un d'entre eux, des hommes forts et silencieux. Il se tourne vers Gentleman...

L'homme à l'autre bout de la pièce réclamait sa facture.

«Très bien, très bien», dit le serveur. 'À venir! Il se tourne vers Gentleman, poursuivit-il rapidement, et il dit : « Bailey, je te dois tout, parce que si tu ne m'avais pas dit d'insulter ses parents... »

Il s'appuya sur la table du voyageur et le fixa d'un œil qui implorait la sympathie.

« Et à propos de ça ? » il a dit. « N'est-ce pas croustillant ? "Insultez ses parents !" C'étaient ses propres paroles. "Insulter ses parents."

Le voyageur le regarda d'un air interrogateur.

'Peux-tu le battre?' dit le serveur.

«Je ne sais pas ce que vous dites», dit le voyageur . « Si c'est important, écrivez-le sur un bout de papier. Je suis complètement sourd.

Dégrossissez-les comme nous le ferons

PAUL BOIELLE était serveur. Le mot « serveur » suggère un être à la voix douce et adroite, se déplaçant rapidement et sans bruit dans une atmosphère de luxe et de lampes ombragées. Au café-restaurant parisien Bredin's à Soho, où Paul travaillait, il n'y avait rien de tout cela ; et Paul lui-même, bien qu'il se déplaçait certainement rapidement, n'était en aucun cas silencieux. Sa progression dans la salle ressemblait dans des proportions presque égales à l'arrivée d'une course de marathon, au numéro vedette d'un jongleur professionnel et au monologue d'un showman d'Earl's Court. Une connaissance constante rendait les habitués insensibles à l'émerveillement, mais pour un étranger, la vue de Paul se déchirant sur le difficile plat entre les tables, les mains chargées de deux vastes pyramides de plats, criant en marchant le mot mystique : « Les venues arrivent en quelques instants sont des steaks sont des yeux et sont des arrivées ! était impressionnant dans une certaine mesure. Pour des exploits beaucoup moins exigeants sur scène, les artistes du music-hall étaient payés cinquante livres par semaine. Paul a reçu dix-huit shillings.

Quelle bénédiction que la pauvreté, bien considérée. Si Paul avait reçu plus de dix-huit shillings par semaine, il n'aurait pas vécu dans un grenier. Il aurait vécu dans un salon-lit au deuxième étage ; et aurait par conséquent raté ce qui était pratiquement une véritable aurore boréale. La lucarne qui accompagnait le grenier était disposée de telle sorte que la pièce ressemblait à un atelier en miniature, et, comme Paul était occupé dans ses moments libres à peindre un grand tableau, rien n'aurait pu être plus heureux ; car Paul, comme tant de nos hommes publics, a vécu deux vies. En dehors de ses heures de service, le jongleur sprinteur et aboyeur du Café Parisien de Bredin est devenu l'adepte discret de l'Art. Depuis son enfance, il avait une passion pour le dessin et la peinture. Il regrettait que le destin lui ait laissé si peu de temps pour un tel travail ; mais après tout, se dit-il, tous les grands artistes ont connu des difficultés – alors pourquoi pas lui ? D'ailleurs, ils touchaient maintenant à leur fin. Une heure ici, une heure là, et chaque jeudi un après-midi entier, et le grand tableau était sur le point d'être achevé. Il avait gagné. Sans modèles, sans loisirs, affamé, fatigué, il avait pourtant triomphé. Encore quelques touches et le chef-d'œuvre serait prêt à être acheté. Et après cela, tout se passerait bien. Paul pouvait prévoir la scène avec une telle précision. Le tableau serait peut-être chez le marchand (il ne faut pas être trop optimiste) jeté dans un coin étrange. Le riche connaisseur entrait. Au début , il ne voyait pas le chef-d'œuvre ; d'autres œuvres plus visibles attireraient son attention. Il se détournait d'eux avec un mépris las, et puis !... Paul se demandait quel serait le montant du chèque.

Il y avait des raisons pour lesquelles il voulait de l'argent. À le voir galoper sur le lino de chez Bredin, on aurait dit qu'il pensait à son travail. Mais ce n'était pas le cas. Il prenait et exécutait les ordres aussi automatiquement que la boîte à musique à un sou dans le coin prenait des sous et produisait des airs. Ses pensées allaient à Jeanne Le Brocq, sa collègue chez Bredin, et à un petit magasin de cigares du côté de Brixton dont il savait qu'il était sur le marché à un prix raisonnable. Épouser le premier et posséder le second était l'idée que Paul se faisait du paradis terrestre, et c'était le riche connaisseur, et lui seul, qui pouvait en ouvrir les portes.

Jeanne était une grande normande aux mouvements lents, d'une beauté inébranlable. On pourrait l'imaginer dans une basse-cour de Maupassant. Dans le bruit et l'agitation du café parisien de Bredin, elle paraissait déplacée, comme une vache dans une chaudronnerie. Pour Paul, qui l'adorait avec toute la ferveur d'un petit homme pour une grande femme, ses méthodes délibérées semblaient tout ce qu'il y avait de beau et de digne. Dans son esprit, elle donnait un ton au vulgaire tourbillon de l'humanité qui se gave, comme si elle eût été une déesse mêlée à une bataille homérique. Le tourbillon avait d'autres points de vue — et les exprimait. En effet, une brute aux fibres grossières alla un jour jusqu'à lui adresser ces mots effrayants : « Dépêche - toi, Tottie ! J'ai l'air glissant . Bien sûr, c'était une erreur de la part de Paul de glisser et de renverser une commande d'œufs brouillés sur la manche du manteau de la brute, mais qui peut lui en vouloir ?

Parmi ceux qui n'étaient pas d'accord avec Paul dans ses vues sur le comportement des serveuses, il y avait M. Bredin lui-même, le propriétaire du Café Parisien ; et c'est cette circonstance qui donna pour la première fois à Paul l'occasion de déclarer la passion qui le rongeait avec la fureur féroce d'un client de Bredin rongeant un steak dur contre la montre aux heures de pointe. Il l'avait longtemps vénérée de loin, mais rien de plus intime qu'un «Bonjour, Miss Jeanne» ne lui avait échappé, jusqu'au jour où, pendant une période de relâchement, il la rencontra dans le petit couloir menant à la cuisine, le visage caché dans la cuisine. son tablier, le dos secoué de sanglots.

Les affaires sont les affaires. Paul avait un message à transmettre au cuisinier concernant « deux frites, du café et une rassis ». Il l'a livré et est revenu. Jeanne sanglotait toujours.

« Ah ! miss Jeanne, s'écria Paul frappé, qu'y a-t-il ? Qu'est-ce que c'est? Pourquoi pleures-tu ?

«Le *patron* », sanglotait Jeanne. 'Il-'

« Mon ange, dit Paul, c'est un cochon.

C'était parfaitement vrai. Aucun juge de moralité consciencieux n'aurait pu nier que Paul avait frappé dans le mille. Bredin était un cochon. Il ressemblait à un cochon ; il mangeait comme un cochon ; il a grogné comme un cochon. Il avait l'emboonpoint somptueux d'un cochon. Et aussi une âme porcine. Si vous aviez noué un ruban bleu autour de son cou, vous auriez pu gagner des prix avec lui lors d'un spectacle.

Les yeux de Paul brillaient de fureur. «Je vais lui gifler les yeux», rugit-il.

«Il m'a traité de tortue.»

— Et lui donner un coup de pied dans le ventre, ajouta Paul.

Les sanglots de Jeanne passaient désormais en seconde vitesse. L'angoisse diminuait. Paul a profité des conditions améliorées pour glisser un bras autour de sa taille. En deux minutes, il avait dit tout ce qu'un homme ordinaire aurait pu dire en dix minutes. Toutes les bonnes choses aussi. Pas de rembourrage.

Le visage de Jeanne sortait de son tablier comme une pleine lune. Elle était trop stupéfaite pour se mettre en colère.

Paul a continué à babiller. Jeanne le regardait avec une colère croissante. Qu'elle, qui recevait quotidiennement les badinages affectueux de messieurs en chapeau melon et en costume à carreaux, qui avait été autrefois invitée dans la Ville Blanche par un clerc de notaire, soit adressée de cette manière par un serveur ! C'était trop. Elle lui a lâché la main.

« Misérable petit homme ! s'écria-t-elle en trépignant de colère.

'Mon ange!' protesta Paul.

Jeanne eut un rire méprisant.

'Toi!' dit-elle.

Il y a peu de remarques plus cinglantes que « Vous ! » parlé d'une certaine manière. C'est exactement ainsi que Jeanne parlait.

Paul s'est flétri.

« Avec dix-huit shillings par semaine, reprit Jeanne d'un ton satirique, vous soutiendriez une femme, n'est-ce pas ? Pourquoi-'

Paul s'est rétabli. Il avait maintenant une ouverture et il commença à l'utiliser.

«Écoutez», dit-il. « Actuellement, oui, c'est vrai, je ne gagne que dix-huit shillings par semaine, mais il n'en sera pas toujours ainsi, non. Je ne suis pas seulement un serveur. Je suis aussi artiste. J'ai peint un superbe tableau. J'ai travaillé pendant une année entière et maintenant c'est prêt. Je vais le vendre, et ensuite, mon ange… ?

Le visage de Jeanne avait perdu un peu de son mépris. Elle écoutait avec un certain respect. 'Une image?' » dit-elle pensivement. "Il y a de l'argent en images."

Pour la première fois, Paul était heureux que son bras ne soit plus autour de sa taille. Pour rendre justice à ce grand travail, il avait besoin de ses deux mains pour gesticuler.

"Il y a de l'argent dans cette photo", a-t-il déclaré. 'Oh, c'est magnifique. Je l'appelle "L'Éveil". C'est une scène boisée. Je reviens de mon travail ici, chaud et fatigué, et un simple coup d'œil sur ce bois me rafraîchit. C'est tellement cool, tellement vert. Le soleil filtre en éclaboussures dorées à travers le feuillage. Sur un talus moussu, entre deux arbres, repose une belle jeune fille endormie. Au-dessus d'elle, penché tendrement sur elle, sur le point d'embrasser ce visage fleuri, se trouve un jeune homme en tenue de berger. Au dernier moment, il a regardé par-dessus son épaule pour s'assurer qu'il n'y avait personne à proximité. Il a une expression si heureuse, si fière, qu'on touche à lui.

— Oui, il y a peut-être de l'argent là-dedans, s'écria Jeanne.

"Il y en a, il y en a !" s'écria Paul. « Je le vendrai plusieurs francs à un riche connaisseur. Et puis, mon ange… »

« Tu es un bon petit homme », dit l'ange avec condescendance. 'Peut-être. Nous verrons.'

Paul lui attrapa la main et l'embrassa. Elle sourit avec indulgence. «Oui», dit-elle. « Il y a peut-être de l'argent. Ces Anglais paient beaucoup d'argent pour des photos.

Il est assez généralement admis que Geoffrey Chaucer, l'éminent poète du XIVe siècle, bien qu'obsédé par une passion presque rooseveltienne pour la nouvelle orthographe, était là avec les bons points lorsqu'il s'agissait de profondeur de pensée. C'est Chaucer qui a écrit les lignes :

La vie est si courte, le métier est si long à apprendre ,
l'essai est si dur, le vainqueur est si aiguisé .

Ce qui signifie, d'une manière générale, qu'il est difficile de dresser un tableau, mais encore plus difficile de le vendre.

Au fil des siècles, Paul Boielle a serré la main de Geoffrey Chaucer. "Aussi aiguisé le conquérant" résume son cas.

L'histoire complète de ses pérégrinations avec le chef-d'œuvre se lirait comme une Odyssée et serait à peu près aussi longue. Il sera condensé.

Il y avait un artiste qui dînait de temps en temps au café parisien de Bredin, et, comme le tempérament artistique était trop impatient pour s'accommoder des méthodes tranquilles de Jeanne, c'était à Paul de le servir. C'est auprès de cet expert que Paul, enhardi par la gentillesse du geste de l'artiste, s'est adressé à lui pour se renseigner. Comment monsieur vendait-il ses tableaux ? Monsieur a répondu que non, sauf une fois par pleine lune. Mais quand l'a-t-il fait ? Oh, il a amené le truc chez les revendeurs. Paul l'a remercié. Un de ses amis, expliqua-t-il, avait peint un tableau et souhaitait le vendre.

'Pauvre diable!' » fut le commentaire de l'artiste.

Le lendemain, c'était un jeudi, Paul partit en voyage. Il commença avec entrain, mais le soir il était comme un ballon crevé. Tous les concessionnaires avaient la même remarque à faire : à savoir, pas de place.

« Avez-vous déjà vendu le tableau ? demanda Jeanne lors de leur rencontre. «Pas encore», dit Paul. « Mais ce sont des sujets délicats, ces négociations. J'utilise la finesse. Je procède avec prudence.

Il s'approcha à nouveau de l'artiste.

« Avec les dealers, dit-il, mon ami a été un peu malheureux. Ils disent qu'ils n'ont pas de place.

— *Je* sais, dit l'artiste en hochant la tête.

« Y a-t-il peut-être un autre moyen ? »

« De quel genre d'image s'agit-il ? demanda l'artiste.

Paul est devenu enthousiaste.

'Ah! monsieur, c'est beau. C'est une scène boisée. Une belle fille-'

'Oh! Alors il ferait mieux d'essayer les magazines. Ils pourraient l'utiliser comme couverture.

Paul le remercia avec effusion. Le jeudi suivant, il rendit visite à divers éditeurs d'art. Les éditeurs d'art semblaient se trouver dans la même situation malheureuse que les marchands. 'Encombré!' était leur cri.

'L'image?' dit Jeanne, le vendredi matin. « Est-ce qu'il est vendu ?

« Pas encore, dit Paul, mais... »

"Toujours mais!"

'Mon ange!'

« Bah ! » dit Jeanne en secouant sa tête grosse mais bien faite.

À la fin du mois, Paul combattait dans le dernier fossé, errant inconsolablement parmi ceux qui habitent dans les ténèbres du dehors et qui ont les pouces crasseux. Il en visita sept en tout ce jeudi noir, et chacun d'eux frotta la surface du tableau avec son pouce crasseux, renifla et le renvoya. Malade et battu, Paul a ramené le chef-d'œuvre dans sa chambre avec lucarne.

Toute la nuit, il resta éveillé, réfléchissant. C'est une boule de nerfs fatigués qui arriva le lendemain matin au Café Parisien. Il arriva en retard, ce qui était une bonne chose en ce sens que cela retardait l'inévitable question du sort du tableau, mais une mauvaise chose à tout autre égard. M. Bredin, accroupi derrière la caisse, grognait violemment contre lui ; et, pire encore, Jeanne, qui, à cause de son absence, avait dû être plus occupée que ce qui convenait à son caractère, était distante et hautaine. Une obscurité trouble s'installa sur Paul.

Or il se trouvait que M. Bredin, quand tout allait bien pour lui, était rempli d'une lourde amabilité. Ce n'était pas souvent que cela prenait une forme pratique, même s'il est connu que, dans un moment d'exubérance, il donna un jour un demi-penny à un petit garçon. Le plus souvent, cela l'amenait simplement à adoucir l'austérité porcine de son comportement . Aujourd'hui, les affaires ayant été exceptionnellement bonnes, il se sentait satisfait du monde. Il avait quitté sa caisse et attaquait un bol de soupe sur l'une des tables d'appoint. À l'exception d'un déjeuner tardif au fond de la pièce, l'endroit était vide. C'était une de ces heures où il y avait une accalmie au Café Parisien. Paul était adossé, enveloppé dans l'obscurité, contre le mur. Jeanne attendait le propriétaire.

M. Bredin termina son repas et se leva. Il se sentait content. Tout allait bien dans le monde. Alors qu'il se dirigeait lourdement vers son bureau , il croisa Jeanne. Il a arreté. Il siffla un compliment. Ensuite un autre. Paul, depuis sa place près du mur, regardait avec une fureur jalouse.

M. Bredin jeta Jeanne sous le menton.

Ce faisant, le déjeuner tardif a appelé « Serveur ! » mais Paul était autrement occupé. Son système nerveux tout entier semblait avoir été excité par une perche. Avec un cri rauque, il s'élança. Il détruirait ce cochon qui lui lançait sa Jeanne sous le menton.

La première information que M. Bredin eut de la déclaration de guerre fut le choc d'un rouleau français sur son oreille. C'était un de ces gros rouleaux nobles aux angles vifs, presque aussi mortels qu'un éclat d'obus. M. Bredin était incapable de sauter, mais il poussa un hurlement et son vaste corps frémit comme une gelée frappée. Un deuxième roulement, passant en sifflant, frappa le mur. Un instant plus tard, un petit pain à la crème éclata en ruine collante sur l'œil gauche du propriétaire.

Le déjeuner tardif avait hâte de payer sa facture et de partir, mais il en est vite arrivé à la conclusion que cela valait la peine de s'arrêter. Il s'adossa à sa chaise et observa. M. Bredin s'était retranché derrière la caisse, regardant nerveusement Paul à travers la crème, et Paul, injuriant dans sa langue maternelle, brandissait un éclair au chocolat. La situation paraissait bonne au spectateur.

Elle fut gâchée par Jeanne, qui saisit Paul par le bras et le secoua, ajoutant sa propre voix au babel. C'était assez. L'éclair tomba par terre. La voix de Paul s'éteignit. Son visage reprit son expression écrasée et traquée. La voix de M. Bredin, libérée de toute concurrence, s'éleva aiguë et courroucée.

«Le tireur d'élite va être limogé», songea le spectateur, diagnostiquant la situation.

Il avait raison. L'instant d'après, Paul, mou et déprimé, s'était retiré dans le passage de la cuisine, libéré. C'est ici, au bout de quelques minutes, que Jeanne le retrouva.

'Idiot! Idiot! Imbécile!' dit Jeanne.

Paul la regardait sans parler.

« Pour lancer des petits pains au *patron* . » Imbécile!'

« Il... » commença Paul.

'Bah ! Et s'il le faisait ? Faut-il alors l'attaquer comme un chien enragé ? Qu'est-ce que cela vous fait ?

Paul était conscient d'un sourd désir de sympathie, d'un monstrueux sentiment d'oppression. Tout allait mal. Jeanne doit sûrement être touchée par son héroïsme ? Mais non. Elle grondait furieusement. Supposons qu'Andromeda se soit retourné et ait grondé Persée après qu'il ait tué le monstre marin ! Paul s'épongea le front avec sa serviette. Le fond avait disparu de son monde.

«Jeanne!»

'Bah ! Ne me parle pas, idiot de petit homme. Presque tu m'as perdu ma place aussi. Le *patron* était partagé. Mais je l'ai cajolé. Cela aurait été une belle chose de perdre ma place à cause de votre folie. Lancer des rouleaux. Mon Dieu!'

Elle retourna à nouveau dans la pièce, laissant Paul toujours debout près de la porte de la cuisine. Quelque chose semblait s'être brisé en lui. Combien de temps il resta là, il ne le savait pas, mais bientôt de la salle à manger arrivèrent des appels : « Serveur ! et automatiquement il se replongea dans son travail, comme un acteur reprend son rôle. Un étranger n'aurait rien remarqué de remarquable chez lui. Il allait et venait avec une énergie intacte.

À la fin de la journée, M. Bredin lui paya ses dix-huit shillings en grognement, et Paul sortit du restaurant sans maître.

Il alla dans son grenier et s'assit sur le lit. La photo était appuyée contre le mur. Il le regardait avec des yeux aveugles. Il regarda fixement devant lui.

Puis les pensées lui vinrent à toute vitesse, bondissant et dansant dans son esprit comme des diablotins dans Hadès. Il éprouvait un curieux sentiment de détachement. Il semblait s'observer de très loin.

C'était la fin. Les petits diablotins dansaient et sautaient ; et puis on se séparait de la foule, pour devenir plus grand que les autres, pour pirouetter plus énergiquement. Il se leva. Sa décision était prise. Il se suiciderait.

Il descendit et sortit dans la rue. Il réfléchit longuement en marchant. Il se suiciderait, mais comment ?

Sa préoccupation était si grande qu'une automobile, tournant au coin de la rue, le manqua de quelques centimètres alors qu'il traversait la route. Le chauffeur lui cria dessus avec colère alors qu'il reculait d'un bond.

Paul brandit le poing en direction des lumières qui reculaient.

'Cochon!' il cria. 'Assassin! Scélérat! Méchant! Me tuerais-tu ? Je prends ton numéro, coquin. J'informerai la police. Méchant!'

Un policier s'était approché et le regardait avec curiosité. Paul se tourna vers lui, plein de ses torts.

« Officier, s'écria-t-il, j'ai une plainte. Ces cochons de chauffeurs ! Ils sont imprudents. Ils conduisent de manière si imprudente. D'où le grand nombre d'accidents.

'Affreux!' dit le policier. « Passez, fiston. »

Paul continuait son chemin, fulminant. C'était abominable que ces chauffeurs... Et puis une idée lui vint. Il avait trouvé un moyen.

C'était calme dans le parc . Il avait choisi le parc parce qu'il faisait sombre et qu'il n'y aurait personne pour le voir ou interférer. Il attendit longtemps dans l'ombre au bord de la route. Bientôt, de l'obscurité apparut le lointain drone de moteurs puissants. Des lumières apparurent, comme les yeux flamboyants d'un dragon fondant pour dévorer sa proie.

Il s'est enfui sur la route en criant.

C'était une erreur, ce cri. Il l'avait destiné à un adieu inarticulé à son tableau, à Jeanne, à la vie. Il était excusable pour le conducteur du moteur d'avoir mal interprété l'information. Cela lui parut un cri d'avertissement. Il y eut un grand bruit de freins, un bruit de roues bloquées sur la route sèche, et la voiture s'arrêta à un mètre de là où il se trouvait.

« Que diable… » dit une voix froide derrière les lumières.

Paul se frappa la poitrine et croisa les bras.

«Je suis là», cria-t-il. 'Détruis moi!'

«Laissez George faire», dit la voix avec un accent américain marqué. « Je ne tue jamais un vendredi ; c'est pas de chance. Si ce n'est pas une question grossière, de quel asile venez-vous ? Salut !'

L'exclamation était une surprise, car les nerfs de Paul avaient fini par lâcher, et il était maintenant en tas sur la route, en sanglotant.

L'homme descendit et apparut dans la lumière. C'était un grand jeune homme au visage agréable et net. Il s'arrêta et secoua Paul.

« Arrêtez ça, » dit-il. «Peut-être que ce n'est pas vrai. Et si c'est le cas, il y a toujours de l'espoir. Découper. Quel est le problème? Tout à fait ?

Paul se redressa, déglutissant convulsivement. Il était complètement détendu. L'ambiance froide et désespérée était passée. A sa place est venu le vieux sentiment de désolation. C'était un enfant, en quête de sympathie. Il voulait raconter ses ennuis. Ponctuant son récit de nombreux gestes et d'une gorgée occasionnelle, il entreprit de le faire. L'Américain écoutait attentivement.

« Alors tu ne peux pas vendre ta photo, et tu as perdu ton travail, et ta copine t'a secoué ? il a dit. — C'est plutôt mauvais, mais tu n'as quand même pas raison d'aller te mêler aux roues des automobiles. Tu m'accompagnes à mon hôtel et demain nous verrons si nous ne pouvons pas arranger quelque chose.

Il y avait un petit-déjeuner à l'hôtel le lendemain matin, un petit-déjeuner pour donner du cœur à un homme. Pendant le repas, un messager envoyé en fiacre chez Paul revint avec la toile. Un serveur déférent informa l'Américain que sa suite avait été apportée avec tous les soins possibles.

«Bien», dit le jeune homme. « Si vous avez terminé, nous irons y jeter un œil.

Ils montèrent à l'étage. Il y avait la photo posée contre une chaise.

«Eh bien, j'appelle ça bien», dit le jeune homme. "C'est un cracker jack."

Le cœur de Paul fit un bond soudain. Se pourrait-il que le riche connaisseur soit là ? Il était riche, car il conduisait une automobile et vivait dans un hôtel luxueux. C'était un connaisseur, car il avait dit que le tableau était un crackerjack.

— Monsieur est gentil, murmura Paul.

— C'est un chat-ours, dit le jeune homme avec admiration.

— Monsieur est flatteur, dit Paul en apercevant vaguement un compliment.

«Je cherchais une photo comme celle-là, dit le jeune homme, depuis des mois.»

Les yeux de Paul roulèrent vers le ciel.

"Si vous apportez quelques modifications, je l'achèterai et j'en demanderai plus."

« Des modifications, monsieur ?

« Un ou deux petits. » Il désigna la silhouette penchée du berger. « Maintenant, vous voyez ce citoyen éminent. Qu'est-il en train de faire!'

« Il se penche, dit Paul avec ferveur, pour embrasser celle qu'il aime. Et elle, endormie, toute inconsciente, rêvant de lui...

« Ne vous occupez pas d'elle. Fixez votre esprit sur lui. Willie est la « star » de cette série. Vous l'avez bien résumé. Il est penché. Se baisser bien. Maintenant, si ce type portait un appareil dentaire et se courbait comme ça, vous diriez qu'il aurait cassé son appareil dentaire, n'est-ce pas ?

D'un air quelque peu étourdi, Paul dit qu'il pensait que oui. Jusqu'à présent, il n'avait pas regardé la silhouette uniquement de ce point de vue.

« Vous diriez qu'il les arrêterait ?

— Assurément, monsieur.

'Non!' » dit solennellement le jeune homme en lui frappant sérieusement la poitrine. « C'est là que tu as tort. Pas s'ils avaient fait leurs preuves chez Galloway. Galloway's Tried and Proven résistera à toutes les vieilles souches que vous souhaitez leur appliquer. Voir les petites factures. Portez Galloway's Tried and Proven, et le destin ne peut pas vous toucher. Vous pouvez me le prendre. Je suis le directeur général de l'entreprise.

« En effet, monsieur !

« Et je vais vous faire une proposition. Découpez ce talus moussu et faites en sorte que la fille soit allongée dans un hamac. Mettez Willie en manches de chemise au lieu d'un peignoir, et habillez-le avec une paire de produits éprouvés, et je vous donnerai trois mille dollars pour cette photo et une retenue de quatre mille par an pour travailler pour nous et personne d'autre depuis un certain nombre d'années que vous voudriez mentionner. Vous avez la marchandise. Vous n'avez que le contact. Ce regard joyeux sur le visage de Willie, par exemple. Vous pouvez voir en une minute pourquoi il est si heureux. C'est parce qu'il porte des vêtements éprouvés et qu'il sait que, même s'il s'abaisse, ils ne se briseront pas. Est-ce un accord ?

La réponse de Paul ne laissait aucun doute. Saisissant fermement le jeune homme par la taille, il l'embrassa avec une extrême ferveur sur les deux joues.

"Ici, éloignez-vous!" s'écria le directeur général étonné. "Ce n'est pas une façon de signer un contrat commercial."

C'est vers 13 heures cinq minutes cet après-midi que l'agent Thomas Parsons, patrouillant dans son secteur, a remarqué qu'un homme lui faisait signe depuis la porte du café-restaurant parisien Bredin. L'homme ressemblait à un cochon. Il grognait comme un cochon. Il avait l' *emboonpoint sompttueux* d'un cochon. L'agent Parsons soupçonnait qu'il avait une âme de porc. En effet, l'idée a traversé l'esprit de l'agent Parsons que, s'il nouait un morceau de ruban bleu autour de son cou, il pourrait gagner des prix avec lui lors d'un spectacle.

« Qu'est-ce que c'est que tout ça ? » demanda-t-il en s'arrêtant.

Le gros homme parlait avec volubilité en français. L'agent Parsons secoua la tête.

« Parlez raisonnablement », conseilla-t-il.

« In dere », s'écria le gros homme en désignant derrière lui le restaurant, « un homme, un… comment dites-vous ?… oui, limogé. Un employé que j'ai licencié hier, il revient aujourd'hui. Je lui dis : " Cochon , va ! "

'Qu'est ce que c'est?'

'Je dis : " Peeg , vas-y !" Comment tu dis? Oui, « sortez ! » Je dis : " Peeg , sors !" Mais lui… non, non ; il s'assoit et ne veut pas partir. Entrez, officier, et expulsez-le.

Avec beaucoup de dignité, le policier est entré dans le restaurant. À l'une des tables était assis Paul, calme et distrait. De l'autre côté de la pièce, Jeanne le regardait d'un air glacial.

« Qu'est-ce que c'est que tout ça ? » demanda le gendarme Parsons. Paul leva les yeux.

« Moi aussi, avoua-t-il, je n'arrive pas à comprendre. Comprenez-vous, monsieur. J'entre dans ce café pour déjeuner, et cet homme ici me chasserait.

— C'est un employé que j'ai, moi-même, licencié hier, vociféra M. Bredin. "Il n'a pas d'argent pour déjeuner dans mon restaurant."

Le policier regarda Paul sévèrement.

« Hein ? » il a dit. « C'est vrai ? Tu ferais mieux de venir.

Les sourcils de Paul se haussèrent.

Sous les yeux ronds de M. Bredin, il commença à sortir de ses poches et à déposer sur la table des billets de banque et des souverains. Le tissu en était recouvert.

Il a ramassé un demi-souverain.

« Si monsieur, dit-il au policier, acceptait ceci comme une légère consolation des ennuis que lui a causé cet imbécile ici… »

«Pas la moitié», dit M. Parsons avec affabilité. « Écoutez, » il se tourna vers le propriétaire bouche bée, « si vous continuez ainsi, vous vous attirerez des ennuis. Voir? Faites attention une autre fois.

Paul a demandé le menu.

C'était l'inférieur qui avait succédé à sa place de serveur qui s'occupait de ses besoins pendant le repas ; mais quand il déjeunait, c'était Jeanne qui lui apportait son café.

Elle se pencha sur la table.

« Vous avez vendu votre tableau, Paul, n'est-ce pas ? elle a chuchoté. « Pour beaucoup d'argent ? Comme je suis heureux, cher Paul. Maintenant, nous allons...

Paul croisa son regard froidement.

« Auriez-vous la gentillesse, dit-il, de m'apporter aussi une cigarette, ma bonne fille ?

L'HOMME QUI N'AIMAIT PAS LES CHATS

C'est Harold qui nous a fait connaissance pour la première fois, alors que je dînais un soir au Café Britannique , à Soho. C'est une particularité du Café Britannique que vous y trouverez toujours des mouches, même en hiver. La neige tombait cette nuit-là lorsque je me présentais à la porte, mais, en regardant autour de moi, j'ai remarqué plusieurs vieux visages. Mon ancienne connaissance, Percy la bouteille bleue, qui avait l'air merveilleusement en forme malgré son âge, faisait des exercices de respiration profonde sur une côtelette de mouton et était trop occupé pour faire plus que s'arrêter un instant pour me faire un signe de tête ; mais son cousin, Harold, toujours actif, m'a aperçu et s'est dépêché de me faire les honneurs .

Il avait terminé son jeu de toucher en dernier avec mon oreille droite et tournait lentement dans les airs pendant qu'il réfléchissait à d'autres façons de me divertir, quand il y eut un courant d'air, un bruissement de serviette, et plus Harold.

Je me tournai pour remercier mon sauveur, dont la table jouxtait la mienne. C'était un Français, un homme mélancolique. Il avait l'air de quelqu'un qui, avec une bougie allumée, aurait cherché la fuite dans le tuyau de gaz de la vie ; de celui que le poing serré du Destin a frappé sous le troisième bouton capricieux de son gilet.

Il écarta mes remerciements. «C'était une bagatelle», dit-il. Nous sommes devenus amis. Il s'est installé à ma table et nous avons fraternisé autour de notre café.

Soudain, il devint agité. Il a donné un coup de pied à quelque chose sur le sol. Ses yeux brillaient de colère.

'Ps-s- st !' siffla-t-il. « Va-t'en !

J'ai regardé autour du coin de la table et j'ai aperçu le chat du restaurant en retraite digne.

« Vous n'aimez pas les chats ? J'ai dit .

« J'ai mangé tous les animaux, monsieur. Les chats surtout. Il fronça les sourcils. Il semblait hésiter.

«Je vais vous raconter mon histoire», dit-il. « Vous sympathiserez. Vous avez un visage sympathique. C'est l'histoire de la tragédie d'un homme. C'est l'histoire d'une vie gâchée. C'est l'histoire d'une femme qui ne pardonnerait pas. C'est l'histoire...

« J'ai rendez-vous à onze heures, dis-je.

Il hocha distraitement la tête, tira sur sa cigarette et commença :

J'ai conçu mon amour des animaux, monsieur, il y a plusieurs années à Paris. Les animaux sont pour moi le symbole des rêves perdus de la jeunesse, des ambitions déjouées, des impulsions artistiques cruellement étouffées. Vous êtes étonné. Vous demandez pourquoi je dis ces choses. Je vais vous le dire.

Je suis à Paris, jeune, passionné, artistique. Je souhaite peindre des tableaux. J'ai le génie , l' enthousiasme . Je souhaite être disciple du grand Bouguereau. Mais non. Je dépends du soutien d'un oncle. Il est riche. Il est propriétaire du grand Hôtel Jules Priaulx . Je m'appelle aussi Priaulx . Il n'est pas sympathique. Je dis : « Mon oncle, j'ai le génie, l' enthousiasme » . Permettez-moi de peindre. Il secoue la tête. Il dit : "Je vous donnerai une place dans mon hôtel et vous gagnerez votre vie." Quel choix ? Je pleure, mais je tue mes rêves, et je deviens caissier à l'hôtel de mon oncle avec un salaire de trente-cinq francs par semaine. Moi, l'artiste, je deviens une machine à changer de l'argent malgré un mauvais salaire. Que feriez-vous? Quel choix ? Je suis dépendant. Je vais à l'hôtel et là j'apprends à manger tous les animaux. Les chats surtout.

Je vais vous en dire la raison. L'hôtel de mon oncle est un hôtel à la mode. De riches Américains, de riches Maharajahs, des gens riches de toutes les nations viennent à l'hôtel de mon oncle. Ils viennent et avec eux ils ont amené leurs animaux de compagnie. Monsieur, c'était l'existence d'un cauchemar. Partout où je regarde, il y a des animaux. Écouter. Il y a un prince indien. Il a avec lui deux dromadaires. Il y a aussi un autre prince indien. Avec lui se trouve une girafe. La girafe boit chaque jour une douzaine de meilleur champagne pour garder son pelage en bon état. Moi, l'artiste, j'ai mon bock, et mon manteau n'est pas bon. Il y a un invité avec un jeune lion. Il y a un invité avec un alligator. Mais surtout il y a un chat. Il est gras. Son nom est Alexandre. Il appartient à une Américaine. Elle est grosse. Elle me l'exhibe. Il est enveloppé dans une création en soie et fourrure telle une cape d'opéra. Chaque jour, elle l'exhibe. C'est « Alexandre ceci » et « Alexandre cela », jusqu'à ce que je « mange beaucoup Alexandre ». J'ai mangé tous les animaux, mais surtout Alexandre.

Et ainsi, monsieur, cela continue, jour après jour, dans cet hôtel qu'est un Jardin Zoologique. Et chaque jour, je mangeais davantage d'animaux. Mais surtout Alexandre.

Nous les artistes, monsieur, nous sommes des martyrs de nos nerfs. C'est devenu insupportable, cette chose. Cela devenait chaque jour plus insupportable. La nuit, je rêve de tous les animaux, un à un : la girafe, les deux dromadaires, le jeune lion, l'alligator et Alexandre. Surtout Alexandre. Vous avez entendu parler d'hommes qui ne supportent pas la société d'un chat, comment ils crient et sautent en l'air si un chat est parmi ceux qui sont présents. *Hein ?* Votre Lord Roberts ? Justement, monsieur. J'ai tellement lu. Écoutez, alors. Je suis devenu peu à peu presque comme lui . Je ne crie pas et ne saute pas en l'air quand je vois le chat Alexandre, mais je grince des dents et je l'ai « mangé » .

Oui, je suis le volcan endormi, et un matin, monsieur, j'ai subi l'éruption. C'est comme ça. Je vais vous le dire.

Non seulement je suis à ce moment-là le martyr des nerfs, mais aussi du mal de dents. Ce matin-là, j'ai eu très mal aux dents. J'ai souffert des douleurs les plus atroces. Je gémis en additionnant les chiffres de mon livre.

En gémissant, j'entends une voix.

« Dites bonjour à M. Priaulx , Alexandre. » Imaginez mon émotion, monsieur, quand ce gros chat bestial sera placé devant moi sur mon bureau !

Il a mis le couvercle dessus. Non, ce n'est pas l'expression. Le couvercle. Il a mis le couvercle dessus. Tous mes étouffements de l'animal éclatèrent. Je ne pouvais plus cacher mon atrénation .

Je me levai. J'étais horrible. Je l' ai saisi par la queue. Je l'ai jeté, je ne savais où. Je ne m'en souciais pas. Pas alors. Après, oui, mais pas alors.

Votre Longfellow a un poème. «J'ai tiré une flèche en l'air. Il est tombé sur terre, je ne sais où . Et puis il l'a trouvé. La flèche dans le cœur d'un ami. Ai-je raison? C'était aussi ça la tragédie avec moi. J'ai jeté le chat Alexandre. Mon oncle, dont je dépends, décède en ce moment. Il a reçu le chat au milieu de sa gueule.

Mon compagnon, avec son instinct d'artiste pour le « rideau », fit une pause. Il regarda autour du restaurant bien éclairé. De toutes parts s'élevaient le bruit des couteaux et des fourchettes, et le son clair et aigu de ceux qui buvaient de la soupe. Dans un coin éloigné, un petit garçon à voix large appelait les cuisiniers par le tube parlant. C'était une scène joyeuse, mais elle n'apportait aucune joie à mon compagnon. Il soupira lourdement et reprit :

Je suis pressé de revivre cette scène douloureuse. Il y a une rangée fleurie. Mon oncle est un homme colérique. Le chat est un « chat lourd ». Je l' ai jeté très fort, car mes nerfs, mon mal de dents et mon atré m'ont donné la force du géant. Cela suffit à lui seul à faire enrager mon oncle colérique. Je suis là dans son hôtel, vous l'aurez compris, en tant que caissière, pas en tant que lanceur de chats. Et maintenant, en plus de tout cela, j'ai insulté un précieux patron. Elle a quitté l'hôtel ce jour-là.

Il n'y a aucun doute dans mon esprit quant au résultat. Avec certitude j'attends mon *conge* . Et après une scène douloureuse, je comprends. Je dois y aller. Immediatement. Il a assuré à l'Américaine en colère que j'y vais immédiatement.

Il m'a convoqué dans son bureau privé. « Jean, m'a-t-il dit à la fin d'autres choses, tu es un imbécile, un imbécile, un imbécile inutile. Je te donne une bonne place dans mon hôtel, et tu passes ton temps à jeter des chats. Je n'aurai plus de toi. Mais même maintenant, je ne peux pas oublier que tu es l'enfant de mon cher frère. Je vais maintenant te donner mille francs et ne plus te revoir.

Je l'ai remercié, car pour moi c'est une richesse. Je n'ai jamais eu mille francs à moi.

Je sors de l'hôtel. Je vais dans un *café* et commande un bock. Je fume une cigarette. Il faut que je réfléchisse à des plans. Dois-je, avec mes mille francs, louer un atelier dans le Quartier et commencer ma vie d'artiste ? Non, j'ai encore le génie, l' enthousiasme , mais je n'ai pas la formation. Pour m'entraîner à peindre des tableaux, il me faut étudier longtemps, et même mille francs ne dureront pas éternellement . Alors que dois-je faire ? Je ne sais pas. Je commande un autre bloc et je fume encore des cigarettes, mais je ne sais toujours pas.

Et puis je me dis : « Je vais retourner voir mon oncle et le supplier. Je saisirai l'opportunité favorable . Je l'aborderai après le dîner quand il sera de bonne humeur. Mais pour cela, je dois être à portée de main. Je dois être… quelle est votre expression ?… « Johnny sur place ».

Ma décision est prise. J'ai mon plan.

Je suis retourné à l'hôtel de mon oncle et j'ai pris une chambre pas trop chère. Mon oncle ne le sait pas. Il est toujours dans son bureau privé. Je sécurise ma chambre.

Je dîne à bon marché ce soir-là, mais je vais au théâtre et je soupe aussi après le théâtre, car n'ai-je pas mes mille francs ? Il est tard quand j'arrive dans ma chambre.

Je vais me coucher. Je vais dormir.

Mais je ne dors pas longtemps. Je suis réveillé par une voix.

C'est une voix qui dit : « Bougez et je tire ! Bougez et je tire ! » Je mens encore. Je ne bouge pas. Je suis courageux, mais je ne suis pas armé.

Et la voix répète : « Bougez et je tire ! Est-ce des voleurs ? Est-ce un maraudeur qui s'est introduit dans ma chambre pour me piller ?

Je ne sais pas. Peut-être que je pense que oui.

'Qui es-tu?' J'ai demandé.

Il n'y a pas de reponse.

Je prends mon courage dans mes bras. Je saute de mon lit. Je me précipite vers la porte. Aucun pistolet n'a tiré. J'ai atteint le passage et j'ai crié à l'aide.

Les responsables de l'hôtel accourent. Les portes s'ouvrent. 'Qu'est-ce que c'est?' des voix pleurent.

« Il y a dans ma chambre un voleur à main armée », leur assure-je.

Et puis j'ai trouvé... non, je me trompe. Ma porte, vous l'aurez compris, est ouverte. Et tandis que j'ai dit ces mots, un grand perroquet vert sort . Mon assassin n'est rien d'autre qu'un perroquet vert.

« Bougez et je tire ! » a-t-il dit à ceux rassemblés dans le couloir. Il m'a ensuite mordu au niveau du corps et est passé à autre chose.

Je suis désolé, monsieur. Mais seulement pour un moment. Alors j'oublie mon chagrin. Car une voix venant d'une porte qui « une fois ouverte dit avec joie : « C'est ma Polly, que j'ai perdue ce soir !

Je tourne. J'en halete d'admiration. C'est une belle dame en robe de chambre rose qui a prononcé ces mots.

Elle m'a regardé. Je l' ai regardée. J'oublie tout sauf qu'elle est adorable. J'oublie ceux qui restent là. J'oublie que le perroquet m'a mordu dans le et. J'oublie même que je suis là en pyjama , sans rien aux pieds. Je ne peux que la regarder et l'adorer.

J'ai trouvé des mots.

« Mademoiselle, lui ai-je dit, je suis heureux d'avoir été le moyen de vous rendre votre oiseau.

Elle m'a remercié des yeux, puis des mots aussi. Je suis envoûté. Elle est divine. Je m'en fiche que mes pieds soient froids. Je pourrais souhaiter rester là à parler toute la nuit.

Elle a poussé un cri de consternation.

'Votre' et ! Il est blessé !

Je regarde mon 'et. Oui, il saigne là où l'oiseau l' a mordu.

« Tchut , mademoiselle, ai-je dit. «C'est une bagatelle.»

Mais non. Elle est en détresse. Elle est, comme ton poète Scott l'a dit, un ange au service de toi. Elle l' a déchirée et son foulard est en train de panser ma blessure. Je suis enchanté. Quelle beauté! Quelle gentillesse ! » J'ai du mal à résister à tomber à genoux devant lui et à déclarer ma passion.

Nous sommes des âmes jumelles. Elle m'a encore remercié. Elle a grondé le perroquet. Elle m'a souri en se retirant dans sa chambre. C'est assez. Rien n'est dit, mais je suis un homme sensible et perspicace, et je comprends qu'elle ne s'offusquera pas si je cherche à renouveler notre amitié en une occasion plus convenable.

Les portes se sont fermées. Les invités sont retournés au lit, les domestiques de l'hôtel à leurs fonctions. Et je retourne dans ma chambre. Mais pas pour dormir. Il est très tard, mais je ne dors pas. Je reste éveillé et je pense à ça.

Vous concevrez, Monsieur, avec quels sentiments mitigés je descends le lendemain matin. D'un côté, je dois surveiller attentivement mon oncle, car je dois l'éviter jusqu'à ce qu'il ait... que dites-vous dans votre idiome ? Oui, je l'ai – mijoté et rentré dans sa chemise. De l'autre, je dois guetter ma dame au perroquet. Je compte les minutes jusqu'à ce que nous nous retrouvions.

J'évite mon oncle avec succès, et je le vois vers l'heure du *déjeuner* . Elle parle au vieux monsieur. Je me suis incliné. Elle m'a souri et m'a fait signe de m'approcher.

« Père, a-t-elle dit, voici le monsieur qui a attrapé Polly. »

Nous nous sommes serré la main. C'est un papa indulgent. Il m'a souri et m'a remercié aussi. Nous nous sommes confiés nos noms. Il est anglais. Il possède de nombreuses terres en Angleterre. Il séjourne à Paris. Il est riche. Son nom est « Enderson » . Il s'adresse à sa fille et l'appelle Marion. Dans mon cœur je l'appelle aussi Marion. Vous verrez que je suis, comme vous le dites, assez loin.

L'heure du *déjeuner* est arrivée. Je les supplie d'être mes invités. Je peux y courir, tu comprends, car j'ai encore dans mes poches plein de francs de mon oncle. Ils consentent. Je suis au paradis .

Tout est bien. Notre amitié a progressé à une vitesse merveilleuse . Le vieux monsieur et moi sommes rapidement de bons vieux amis. Je lui ai confié mes rêves de gloire artistique et il m'a dit à quel point il n'aime pas votre Lloyd George. Il a mentionné que lui et Miss Marion partaient pour Londres ce jour-là. Je suis désolé. Mon visage dégringole. Il a observé mon désespoir. Il m'a invité à leur rendre visite à Londres.

Imaginez mon chagrin. Leur rendre visite à Londres est la seule chose que je désire faire. Mais comment? J'accepte avec reconnaissance, mais je me demande comment faire ? Je suis un pauvre bougre sans profession et avec neuf sous . Il a pris pour acquis que je suis riche.

Que dois-je faire ? Je passe l'après-midi à essayer d'élaborer un plan. Et puis je suis résolu. J'irai voir mon oncle et lui dirai : « Mon oncle, j'ai la magnifique chance d'épouser la fille d'un riche propriétaire terrien anglais. J'ai déjà sa gratitude. Bientôt, car je suis jeune et quelque peu débonnaire, j'aurai son amour. Donne-moi encore une chance, mon oncle. Soyez un bon vieux bonhomme et investissez de l'argent pour cette affaire.

Ces paroles, j'ai résolu de les dire à mon oncle.

Je retourne à l'hôtel. J'entre dans son bureau privé. Je ne révèle aucun secret quand je dis qu'il n'est pas cordial.

« Dix mille diables ! » il a pleuré. 'Que fais-tu ici ?'

Je m'empresse de tout lui dire et je le supplie d'être un bon vieux garçon. Il ne croit pas.

Qui est-il? il demande. Ce propriétaire foncier anglais ? Comment l'ai-je rencontré ? Et où?

Je lui ai dit. Il est étonné.

« Vous avez l'impudence infernale de prendre une chambre dans mon hôtel ? il a pleuré.

Je suis rusé. Je suis diplomate.

« Où d'autre, cher oncle ? Je dis . « Dans tout Paris, il n'y a pas de tel « ome de » ome . La cuisine — merveilleuse ! Les parterres... de feuilles de roses ! La fréquentation – superbe ! Ne serait-ce que pour une nuit, me suis-je dit, je dois rester dans cet hôtel entre tous.

J'ai — qu'en dites-vous ? — touché le point.

« Dans ce que vous dites, a-t-il dit plus calmement, il y a certainement quelque chose. C'est un bon hôtel, celui-ci !

Le seul hôtel, lui ai-je assuré. Le Meurice ? *Chut !* Je claque des doigts. Le Ritz ? Bah ! Une fois de plus , je claque des doigts. « Dans tout Paris, il n'y a pas d'hôtel comme celui-ci.

Il a mijoté. Sa chemise est rentrée. « Raconte-moi encore ton plan, Jean.

Quand je pars, nous sommes parvenus à un accord. Il est convenu entre nous que je dois avoir une dernière chance. Il ne gâchera pas ce navire prometteur pour le port de goudron. Il me donnera de l'argent pour mon projet. Mais il a dit qu'au moment où nous nous quittons, si j'échoue, ses biens seront lavés de moi. Il ne peut plus oublier que je suis l'enfant de son cher frère ; mais si je ne parviens pas à accomplir la conquête de la divine Miss Marion, il pense qu'il y parviendra.

C'est bien. Une semaine plus tard, je suis les Endersons à Londres.

Pour les prochains jours, monsieur, je suis au paradis. Ma maison a une très belle maison à Eaton Square. Il est riche, populaire. Il y a beaucoup de société. Et je—j'ai le *succès fou* . Je suis jeune, et en partie débonnaire. Je ne parle pas très bien l'anglais – pas aussi bien que je le parle maintenant – mais j'y arrive. Je m'entends bien. Je suis intelligent, aimable. Tout le monde m'aime.

Non, pas tout le monde. Capitaine Bassett, il ne m'aime pas. Et pourquoi? Parce qu'il aime la charmante Miss Marion, et constate que déjà je réussis avec elle comme une maison en feu . Il est *ami de famille* . Il est capitaine dans votre Garde Ecossais , et mes parents m'ont dit qu'il s'était assez distingué comme soldat. C'est peut-être le cas. En tant que soldat, peut-être . Mais il n'est pas très bon en conversation. C'est un très gentil garçon, vous comprenez... » et certains , oui ; distingué, oui. Mais il ne brille pas. Il n'a pas ma *verve* , mon *élan* . Je... comment dit-on ?... je lui fais les anneaux.

Mais *Chut* ! À ce moment-là, j'aurais fait les anneaux autour de la vieille armée britannique. Oui, et aussi le Corps Diplomatique. Car je suis inspiré. L'amour m'a inspiré. Je suis conquérant.

Mais je ne vous ennuierai pas, monsieur, avec les détails de mes démarches. Vous êtes sympathique, mais je ne dois pas vous lasser. Disons que j'ai fait en quatre ou cinq jours les progrès les plus remarquables, et que nous arrivons à la fin tragique.

Je pourrais presque le dire en quatre mots. En eux, on dirait que cela est exposé. Il y avait à Londres à cette époque une chanson populaire, une chanson comique et vulgaire des « Alls » , « The Cat Came Back ». Vous l' avez entendu ? Oui? Je l'ai entendu moi-même et sans émotion. Il n'y avait aucun avertissement sinistre pour moi. Cela ne m'a pas semblé être un présage. Pourtant, dans ces quatre mots, monsieur, est ma tragédie.

Comment? Je vais vous le dire. Chaque mot est une épée tordue dans mon cœur , mais je vais vous le dire.

Un après-midi, nous prenons le thé. Tout est bien. Je suis vif, gai ; Mademoiselle Marion, charmante, gracieuse. Il y a aussi une tante, la sœur de M. Enderson ; mais euh, je ne le remarque pas beaucoup. C'est à Marion que je parle, avec mes lèvres et aussi avec mes yeux.

Alors que nous sommes assis, le capitaine Bassett est annoncé.

Il est entré. Nous nous sommes salués poliment mais froidement, car nous sommes rivaux. Il y a aussi dans sa manière quelque chose que je n'aime pas beaucoup, une espèce de triomphe réprimé, d'exaltation.

Je suis inquiet, mais encore vaguement, vous comprendrez. Je n'ai pas le pressentiment qu'il soit sur le point de prononcer ma condamnation à mort.

Il s'adresse à Miss Marion. Il y a de la joie dans sa voix. « Mademoiselle Enderson », a-t-il dit, « j'ai pour vous une bonne nouvelle. Vous vous souvenez, n'est-ce pas, du chat de l'Américaine de l'hôtel de Paris, dont vous m'avez parlé ? Hier soir, au dîner, j'étais assis à côté d'elle. Au début , je ne suis pas sûr que ce soit elle. Ensuite, je dis qu'il ne peut pas y avoir deux Mme Balderstone Rockmettler en Europe, alors je lui parle du chat. Et, pour faire court, j'ai osé vous acheter comme petit cadeau le chat Alexandre.

J'ai poussé un cri d'horreur, mais il n'est pas entendu à cause du cri de joie de Miss Marion.

« Oh, capitaine Bassett, » a-t-elle dit, « comme vous êtes splendide ! Depuis que je l'ai vu pour la première fois, j'ai aimé Alexandre. Je ne peux pas vous dire à quel point je suis reconnaissant. Mais cela m'étonne que vous ayez pu la convaincre de se séparer de moi . A Paris, elle a refusé toutes mes offres.

Il s'est arrêté, embarrassé.

« Le fait est, a-t-il dit, qu'il y a entre elle et Alexandre un certain sang-froid. Il l'a trompé, et elle ne l'aime plus. Dès son arrivée à Londres, il eut le malheur d' avoir six beaux chatons. " Cependant , du mal vient le bien, et j'ai ainsi pu vous l' assurer. « E est en bas dans un panier ! »

Miss Marion sonna et ordonna qu'on l'amene immédiatement.

Je ne décrirai pas la rencontre, monsieur. Vous êtes sympathique. Vous comprendrez mes sentiments. Dépêchons -nous .

Comprenez-vous, monsieur, à quel point j'étais maintenant « inquiété » . Je suis artiste. Je suis un homme nerveux. Je ne peux pas être gai, brillant, débonnaire en présence d'un chat. Et pourtant, le chat est toujours là. C'est terrible.

Je sens que je prends du retard dans la course. «Euh, sa gratitude l'a rendue encore plus aimable envers le capitaine Bassett. Elle lui sourit. Et, comme Chanticleer à la vue du soleil, il bat des ailes et chante. Il n'est plus l'auditeur silencieux. C'est moi qui suis devenu l'auditeur silencieux.

Je me suis dit qu'il fallait faire quelque chose.

Le hasard m'a montré le chemin. Un après-midi, je suis par hasard seul dans le tout. Dans sa cage le perroquet Polly ' oppe ' . Je m'adresse à lui à travers les barreaux.

« Bouge et je tire, je tire », a-t-il crié.

Les larmes ont rempli mes yeux. "Aïe, ça m'a ramené la vieille scène !"

En pleurant, j'aperçois le chat Alexandre qui approche.

J'ai formé un plan. J'ai ouvert la porte de la cage et relâché le perroquet. Le chat, je pense, va s'attaquer au perroquet dont Miss ' Enderson est si friande. Elle ne l'aimera plus. Il sera expulsé.

Il fit une pause. Je suppose que mon visage a dû perdre une partie de sa prétendue sympathie lorsqu'il a exposé ce complot diabolique. Même Percy la bouteille bleue semblait choquée. Il s'était installé sur le sucrier, mais à ces mots il se leva d'un air marqué et quitta la table.

« Vous n'approuvez pas ? il a dit.

J'ai haussé les épaules.

«Cela ne me regarde pas», dis-je. « Mais tu ne trouves pas toi-même que c'était un jeu un peu bas ? N'avez-vous pas pensé vaguement que c'était plutôt dur pour l'oiseau ?

— C'est vrai, monsieur. Mais que ferais-tu ? Il faut casser des œufs pour faire une omelette . Tout est juste, dites-vous, en amour et en guerre, et c'était les deux. D'ailleurs, il faut bien comprendre, je ne dicte pas ses mouvements au perroquet. Il est agent libre. Je ne fais qu'ouvrir la porte de la cage. S'il sort et se dirige vers l'étage où se trouve le chat, c'est son affaire. Je vais continuer, n'est-ce pas ?

Alors ! J'ouvre la porte de la cage et disparais discrètement. Ce n'est pas politique que je reste pour assister à ce qui va se passer. C'est à moi d'établir un alibi. Je vais au salon, où je reste.

Au dîner ce soir-là, M. Enderson a ri .

« Durant tout cet après-midi, a-t-il dit, j'ai vu par hasard les détails d'un drôle d'événement. Votre perroquet, Marion, s'était encore une fois échappé de sa cage et « se disputait avec ce chat que le capitaine Bassett vous a donné ».

'Oh! J'espère qu'Alexandre « n'a pas blessé la pauvre Polly, que j'aime beaucoup », a-t-elle déclaré.

"L'affaire n'en est pas venue aux mains", a déclaré M. Enderson .
« Vous pouvez faire confiance à cet oiseau pour prendre soin de lui-même,
ma chère. Quand je suis arrivé sur les lieux, le chat était accroupi dans un
coin, la fourrure hérissée et le dos relevé, tandis que Polly, debout devant moi
, lui disait de ne pas bouger sinon il tirerait. Il ne bougea pas non plus jusqu'à
ce que je m'empare du perroquet et le replace dans la cage, lorsqu'il monta à
l'étage comme un éclair. Par la seule force de son caractère, cet excellent
oiseau a remporté la victoire sans effusion de sang. Je bois pour « je ! »

Vous pouvez concevoir mon émotion en écoutant ce conte. Je suis
comme les souris du poète et les hommes dont les projets de meilleur enfant
ont disparu. Je suis déconcerté. Je suis découragé. Je ne sais pas ce que je
ferai. Je dois trouver un autre plan, mais je ne sais pas quoi.

Comment dois-je retirer le chat ? Dois-je le tuer ? Non, car je pourrais
être suspect.

Dois-je virer quelqu'un pour me le voler ? Non, car mon complice
pourrait me trahir.

Dois-je moi-même le voler ? Ah ! c'est mieux. C'est un très bon plan.

Bientôt, je l'ai perfectionné, ce plan. Écoutez, monsieur ; c'est comme
suit. C'est simple, mais c'est bon. J'attendrai mon opportunité. Je retirerai le
chat secrètement de la maison . Je vais l'emmener dans un bureau des District
Messenger Boys. J'ordonnerai à un messager de le porter immédiatement à la
Maison des Chats, et de prier immédiatement M. le Directeur de le détruire.
C'est un plan simple, mais il est bon.

Je le mène à bien sans démangeaison . Il n'est pas si difficile de sécuriser
le chat. 'E dort dans le salon. Il n'y a personne à portée de main. J'ai dans ma
chambre une boîte aux lettres que j'ai rapportée de Paris. Je l'ai apporté avec
moi au salon. J'y ai placé le chat. Je me suis échappé de la maison . Le chat a
poussé un cri, mais aucun n'a d' oreille . J'ai atteint le bureau des messagers
du district. J'ai examiné le chat dans sa boîte. Le gérant est courtois,
sympathique. Un messager est parti dans un taxi pour la Maison des Chats.
J'ai poussé un soupir de soulagement. Je suis sauvé.

C'est ce que je me dis en rentrant. Mes ennuis sont terminés, et une fois
de plus je peux être gai, débonnaire, vif avec Miss Marion, car il n'y aura plus
de chat Alexandre pour m'agacer .

Quand je reviens, c'est du tumulte dans la maison . Je croise dans les
escaliers des domestiques qui crient : « Chat, chat ! Le majordome gazouille
bruyamment et fouille sous les meubles avec un parapluie. Tout n'est que
confusion et agitation.

Dans le salon se trouve Miss Marion. Elle est en détresse.

« Nulle part, dit-elle, on ne trouve le chat Alexandre que j'aime tant. Il n'est nulle part dans la maison . Où peut-il être ? Il est perdu.'

Je suis doux, sympathique. Je m'efforce de la consoler. Je lui dis que je ne suis pas un substitut suffisant à un chat bestial ? Elle est cependant inconsolable. Je dois être patient. Je dois attendre mon heure.

Le capitaine Bassett est annoncé. Il est informé de ce qui s'est passé . Il est en détresse. Il a l'air comme si lui aussi s'efforçait d' être doux, sympathique. Mais je suis Johnny sur place. Je reste jusqu'à ce qu'il soit parti.

Le lendemain, c'est encore « Puss, Puss ! » Encore une fois , le majordome a exploré sous les meubles avec le parapluie. Encore une fois, Miss Marion est bouleversée. Encore une fois, j'ai essayé de consoler.

Cette fois, je pense que je n'ai pas eu autant d'échec. Je suis, vous comprenez, jeune et en quelque sorte sympathique. Dans deux autres ticks, je suis sur le point de m'en emparer et de déclarer ma passion.

Mais avant que je puisse le faire, le capitaine Bassett est annoncé.

Je le regarde comme un rival malheureux. Je suis confiant. Je suis conquérant. Ah, je ne sais pas grand-chose ! C'est dans les moments de notre plus haute opération , monsieur, que nous sommes détruits.

Le capitaine Bassett, lui aussi, « a l'air du conquérant ».

Il a commencé à parler.

« Mademoiselle Enderson », a-t-il dit, « j'ai une fois de plus la bonne nouvelle. Il me semble plutôt que j'ai « retrouvé Alexandre disparu, vous ne le savez pas ?

Miss Marion 'a crié de joie. Mais je suis tranquille, car Alexandre n'est-il pas déjà détruit hier ?

« C'est comme ça », a-t-il repris. «Je me suis demandé où se trouvait le plus probablement un chat perdu? Et j'ai répondu : "Dans la Maison des Chats". Je vais ce matin à la Maison des Chats, et là je vois un chat qui est soit Alexandre perdu, soit son image vivante. Il est exactement le même en apparence qu'Alexandre perdu. Mais il y a, quand j'essaie de l'acheter , une curieuse démangeaison qu'ils n'expliquent pas. Ils doivent avoir le temps, disent-ils, de réfléchir. Ils ne peuvent pas décider tout de suite.

« Eh bien, quelle absurdité ! » Miss Marion ' ai pleuré. « Si le chat est mon chat, alors ils doivent sûrement me le rendre ! » Venez, a-t-elle dit, allons tous trois en taxi à la Maison des Chats. Si nous identifions tous les trois Alexandre perdu, alors ils doivent nous rendre « moi ».

Monsieur, je suis inquiet. J'ai un pressentiment. Mais j'y vais. Quel choix ? Nous prenons un taxi jusqu'à la Maison des Chats.

Le *directeur* est courtois et sympathique. Il nous a présenté le chat, et ma « terre » s'est transformée en eau, car c'est Alexandre. Pourquoi n'a-t-il pas été détruit ?

Le *directeur* parle. Je l'écoute dans un rêve.

« Si vous identifiez « je suis votre chat, mademoiselle », a-t-il dit, « l'affaire est terminée. Mon « hésitation lorsque vous, monsieur, m'avez contacté ce matin à ce sujet était due au fait qu'un messager avait été envoyé avec des instructions pour qu'il soit détruit immédiatement ».

« C'était plutôt dur, n'est-ce pas, pour le messager, oui », a déclaré le capitaine Bassett. Il est facétieux, n'est-ce pas, car il est conquérant.

Je suis silencieuse. Je ne suis pas facétieux. Car déjà je sens, comment dit-on ?, ma volaille est cuite.

« Pas le messager, monsieur », a dit le *directeur* . « Vous m'avez mal compris. C'était le chat qui devait être détruit selon les instructions de l'expéditeur anonyme.

« Qui a bien pu jouer un tour aussi méchant ? » a demandé Miss Marion, indignée.

Le *directeur* s'est penché et de derrière la table il a apporté une boîte aux lettres.

« C'est ainsi, a-t-il dit, que l'animal ci-dessus a été transporté. Mais il n'y avait pas de lettre d'accompagnement. L'expéditeur était anonyme.

« Peut-être », a dit le capitaine Bassett — et plus encore dans un rêve, je « l'écoute », peut-être que sur la boîte aux lettres, il y a un nom quelconque, vous ne savez pas quoi ?

Je m'accroche à la table. La pièce tourne en rond. Je n'ai pas d'estomac, seulement du vide.

« Eh bien, bénissez-moi, » a dit le *directeur* , *« vous avez tout à fait raison, monsieur. Il y a* donc . C'est drôle de ma part de ne pas l'avoir observé auparavant. Il y a un nom, mais aussi une adresse. C'est le nom de Jean Priaulx , et l'adresse est l'hôtel Jules Priaulx , Paris.

Mon compagnon s'arrêta brusquement. Il se passa un mouchoir sur le front. D'un mouvement rapide, il attrapa son verre d'eau-de-vie et le vida d'un trait.

« Monsieur, dit-il, vous ne voulez pas que je vous décrive la scène ? Je n'ai pas besoin de moi... *hein ?* — être zolaesque . Tu peux imaginer?'

"Elle t'a laissé tomber ?" Dans les moments d' émotion , c'est le langage le plus simple qui vient aux lèvres.

Il acquiesca.

« Et épousé le capitaine Bassett ?

Il hocha de nouveau la tête.

« Et ton oncle ? J'ai dit . « Comment l'a-t-il pris ?

Il soupira.

« Il y a eu encore une fois, dit-il, une dispute fleurie, monsieur.

« Il s'est lavé les mains de vous ?

— Pas tout à fait. Il était en colère, mais il m'a donné une chance supplémentaire. Je suis toujours l'enfant de mon cher frère et il ne peut pas l'oublier. Une de ses connaissances, homme de lettres, un certain M. Paul Sartines , avait besoin d'un secrétaire. Le poste n'était pas bien payé, mais il était permanent. Mon oncle insiste pour que je le prenne. Quel choix ? Je l'ai pris. C'est le poste que je suis encore « ancien ».

Il commanda une autre eau-de-vie et l'avala.

« Ce nom vous est familier, monsieur ? Avez -vous des nouvelles de M. Sartines ?

«Je ne pense pas que je l'ai fait. Qui est-il?'

« C'est un homme de lettres, un *savant* . Depuis cinq ans, il s'occupe d'une grande œuvre. C'est avec cela que je l'assiste en collectant des faits pour son utilisation. J'ai passé cet après-midi au British Museum à collecter des faits. Demain j'y retourne. Et le lendemain. Et encore après ça. Le livre prendra encore dix ans avant d'être achevé. C'est son grand travail.

«On dirait que c'est le cas», dis-je. 'De quoi ça parle?'

Il fit signe au serveur.

' *Garcon* , une autre eau-de-vie de liqueur. Le livre, monsieur, est une Histoire *du chat dans l'Egypte ancienne* . '

RUTH EN EXIL

L'horloge sonna cinq heures – vivement, comme si le temps c'était de l'argent. Ruth Warden se leva de son bureau et, après avoir mis son chapeau, sortit dans le bureau extérieur où M. Gandinot recevait les visiteurs. M. Gandinot, l'homme le plus laid de Roville -sur-Mer, présidait le *mont -de- piété local*, et Ruth le servait, de dix à cinq, comme une sorte de secrétaire-commis. Ses tâches, bien que monotones, étaient simples. Ils consistaient à s'asseoir, détachés et invisibles, derrière un écran en verre dépoli, et à inscrire les détails des prêts dans un gros livre. En règle générale, elle était occupée, car Roville possède deux casinos offrant chacun l'attrait des *petits chevaux*, et au coin de la rue se trouve Monte-Carlo. Les affaires de M. Gandinot, le prêteur sur gages, étaient très vives, et très fréquents les hochements de tête plaintifs et les claquements de langue de M. Gandinot, l'homme ; car, dans ses fonctions officieuses, l'employeur de Ruth avait une âme douce et grimaçait devant les preuves de la tragédie qui se présentaient à ses yeux officiels.

Il cligna des yeux en voyant Ruth lorsqu'elle apparaissait, et Ruth, tandis qu'elle le regardait, était consciente, comme d'habitude, d'un éclair de dépression qui, de nos jours, semblait s'être installée en permanence sur elle. La particularité de la physionomie extraordinaire de M. Gandinot était qu'elle provoquait la gaieté, non un rire moqueur, mais une sorte de bonheur souriant. Il possédait cette qualité indéfinissable qui caractérise le Billiken, due peut-être à l'optimisme inextinguible qui brillait à travers ses traits irréguliers ; car M. Gandinot, malgré sa vocation, croyait en son prochain.

« Vous y allez, mademoiselle ?

Comme Ruth portait son chapeau et se dirigeait vers la porte, et qu'elle partait toujours à cette heure-là, un puriste aurait pu considérer la question comme superflue ; mais M. Gandinot était un homme qui saisissait toutes les occasions de pratiquer son anglais.

— Vous n'attendrez pas le bon papa qui vous appelle si régulièrement ?

— Je pense que je ne le ferai pas aujourd'hui, M. Gandinot . Je veux sortir dans les airs. J'ai plutôt mal à la tête. Veux-tu dire à mon père que je suis allé à la Promenade ?

M. Gandinot soupira tandis que la porte se refermait derrière elle. La dépression de Ruth ne lui avait pas échappé. Il était désolé pour elle. Et ce n'était pas sans raison, car le destin n'avait pas été très gentil avec Ruth.

Cela aurait étonné M. Eugene Warden, ce vieux gentleman génial, si, dans une de ces occasions d'émotion virile où il avait l'habitude de remarquer qu'il n'avait été l'ennemi de personne d'autre que le sien, quelqu'un avait laissé entendre qu'il avait gâté la vie de sa fille. vie. Une telle pensée ne lui était jamais venue à l'esprit. Il faisait partie de ces personnes charmantes, irresponsables et erratiques dont les pensées de ce genre ne pénètrent pas dans la tête et qui sont à peu près aussi mortelles pour ceux dont la vie est liée à la leur qu'un arbre Upas.

Dans la mémoire de sa plus ancienne connaissance, le père de Ruth n'avait jamais fait autre chose que de vivre sa vie de manière amicale. Il fut un temps où il errait à Londres, se nourrissant joyeusement des mains d'un beau-frère qui souffrait depuis longtemps. Mais si le sang, comme il avait coutume de le remarquer en négociant ses emprunts périodiques, est plus épais que l'eau, l'affection d'un beau-frère a ses limites. Un jour vint où M. Warden constata avec douleur que son proche réagissait moins agilement au toucher. Et peu de temps après, l'autre lança son ultimatum. M. Warden devait quitter l'Angleterre et rester loin de l'Angleterre, se comporter comme si l'Angleterre n'existait plus sur la carte, et une allocation petite mais suffisante lui serait accordée. S'il refusait de le faire, il ne recevrait pas un centime supplémentaire de l'argent de l'orateur. Il pouvait choisir.

Il a choisi. Il quitta l'Angleterre, Ruth avec lui. Ils s'installent à Roville , ce havre de l'exilé qui vit des envois de fonds.

La connexion de Ruth avec le *mont -de- piété* s'était faite presque automatiquement. Très peu de temps après leur arrivée, il devint évident que, pour un homme du caractère de M. Warden, résidant à quelques pas de deux casinos, la petite allocation ne lui irait probablement pas très loin. Même si Ruth n'avait pas souhaité travailler, les circonstances auraient pu l'y contraindre. En fait, elle avait envie de quelque chose pour l'occuper, et, la place vacante au *Mont -de- Piété* étant arrivée, elle l'avait saisi. Il y avait une certaine forme physique dans son travail là-bas. Les transactions commerciales avec cette institution utile avaient toujours été menées par elle, la théorie de M. Warden selon laquelle la femme peut extraire dans ces crises juste ce ou deux francs supplémentaires qui sont refusés au simple homme. A force de tourner, de traverser, d'enjamber et de descendre au *mont -de- piete* , elle avait établi un droit presque légal sur tout poste qui pouvait y être vacant.

Et depuis, elle servait sous la bannière de M. Gandinot .

Cinq minutes de marche la conduisirent à la Promenade des Anglais , cette artère apparemment sans fin qui fait la fierté de Roville . La soirée était belle et chaude. Le soleil brillait gaiement sur les maisons aux murs blancs, les jardins lumineux et les deux casinos étincelants. Mais Ruth marchait avec indifférence, aveugle au scintillement de tout cela.

Les visiteurs qui viennent passer quelques semaines à Roville en hiver ont tendance à parler de l'endroit, à leur retour, d'une manière qui donne l'impression que c'est un paradis sur terre, avec des installations de jeux en plus. sont des visiteurs. Leur séjour touche à sa fin. Ce n'est pas le cas de Ruth.

Une voix prononça son nom. Elle se tourna et vit son père, toujours aussi pimpant, debout à côté d'elle.

« Quelle soirée, ma chérie ! dit M. Warden. « Quelle soirée ! Sentez la mer ! »

M. Warden semblait de bonne humeur. Il fredonnait un air et faisait tournoyer sa canne. Il gazouillait fréquemment à Bill, le compagnon de ses promenades à l'étranger, un fox-terrier nerveux au comportement , comme celui de son maître, à la fois désinvolte et légèrement peu recommandable. Un air de gaieté imprégnait son allure.

« Je suis passé au *mont -de- piété* mais tu étais parti. Gandinot m'a dit que vous étiez venu ici. Quel laid garçon que Gandinot ! Mais une bonne sorte. Je l'aime. J'ai eu une conversation avec lui.

La bonne humeur a été expliquée. Ruth connaissait son père. Elle devinait avec raison que M. Gandinot , le plus aimable des prêteurs sur gages, avait obligé, à titre officieux, un emprunt minime.

— Gandinot devrait monter sur scène, reprit M. Warden poursuivant son thème. « Avec ce visage, il ferait fortune. Vous ne pouvez pas vous empêcher de rire quand vous le voyez. Un de ces jours-'

Il s'est interrompu. Des choses émouvantes avaient commencé à se produire au voisinage de ses chevilles, où Bill, le fox-terrier, avait rencontré une connaissance et, accompagné d'un bruit fort de gargarisme, essayait de lui arracher la tête. La connaissance, un gentleman de race incertaine, tout aussi disposé, mâchait la patte de Bill avec l'enthousiasme d'un gourmet. Un terrier irlandais, sans parti pris personnel envers aucun des deux camps, dansait en rond et attaquait chacun à son tour alors qu'il arrivait au-dessus. Et deux caniches sautaient follement dans la mêlée en aboyant des encouragements.

Il faut un homme meilleur que M. Warden pour disperser une réunion de ce genre. Le vieux monsieur était abasourdi. Il ajouta sa voix au Babel et frappa gravement Bill à deux reprises avec sa canne avec des coups destinés à cette connaissance, mais au-delà de cela, il n'effectua rien. Il semblait probable que l'engagement durerait jusqu'à ce que les combattants se soient consumés, à la manière des chats de Kilkenny, lorsqu'apparut soudain de nulle part un jeune homme en gris.

Le monde est divisé entre ceux qui peuvent arrêter les combats de chiens et ceux qui ne le peuvent pas. Le jeune homme en gris appartenait à l'ancienne classe. Une minute après son entrée sur les lieux, les caniches et le terrier irlandais avaient disparu ; le chien de race douteuse remontait la colline en jappant, avec la rapidité de quelqu'un qui se souvient d'un rendez-vous important, et Bill, miraculeusement calmé, était assis au centre de la Promenade, léchant des blessures honorables .

M. Warden était disposé à faire preuve de gratitude. La scène l'avait secoué, et il y avait eu des moments où il avait cru que ses chevilles étaient perdues.

« N'en parlez pas », dit le jeune homme. « J'aime arbitrer ces petits différends. Les chiens semblent m'aimer et faire confiance à mon jugement. Je me considère comme une sorte de chien d'honneur.

« Eh bien, je dois dire, monsieur … ? »

« Vince... George Vince. »

'Je m'appelle Gardien. Ma fille.'

Ruth inclina la tête et fut consciente d'une paire d'yeux bruns très pénétrants qui regardaient avec impatience les siens d'une manière qui lui était profondément irritée. Elle n'était pas habituée à ce que l'autre sexe croise son regard et le maintienne comme s'il était sûr d'un accueil amical. Elle a décidé à cet instant qu'il s'agissait d'un jeune homme qui avait besoin d'être supprimé.

«Je vous ai vue plusieurs fois ici depuis mon arrivée, Miss Warden», dit M. Vince. « Quatre en tout », ajouta-t-il précisément.

'Vraiment?' dit Ruth.

Elle détourna le regard. Son attitude semblait suggérer qu'elle en avait fini avec lui et qu'elle serait obligée si quelqu'un venait le balayer.

Alors qu'ils approchaient du casino, l'agitation s'est glissée dans les manières de M. Warden. A la porte, il s'arrêta et regarda Ruth.

«Je pense, ma chère…» dit-il.

« Tu vas faire un tour chez les *petits chevaux* ? "», s'est enquis M. Vince. « J'étais là tout à l'heure. J'ai un système infaillible.

M. Warden sursauta comme un cheval de guerre au son de la trompette.

— Seulement c'est infaillible dans le mauvais sens, reprit le jeune homme. « Eh bien, je vous souhaite bonne chance. Je raccompagnerai Miss Warden à la maison.

« S'il vous plaît, ne vous inquiétez pas », dit Ruth, avec l'air hautain qui avait souvent flétri dans leur élan de malheureux compagnons d'exil.

Cela n'a eu aucun effet sur M. Vince.

«Ça me plaira», dit-il.

Ruth serra les dents. Elle verrait s'il l'apprécierait.

Ils quittèrent M. Warden, qui entra à la porte du casino comme un lapin voyageur, et marchèrent en silence, ce qui dura jusqu'à ce que Ruth, prenant soudain conscience que les yeux de son compagnon étaient fixés sur son visage, tourna la tête pour rencontrer un regard de une admiration totale, pour ne pas dire aimante. Elle rougit. Elle avait l'habitude d'être regardée avec admiration, mais il y avait dans ce regard particulier une qualité subtile qui le distinguait de l'ordinaire, quelque chose de propriétaire.

M. Vince semblait être un jeune homme qui ne perdait pas de temps en ouvertures de conversation conventionnelles.

« Croyez-vous aux affinités, Miss Warden ? il a dit,

«Non», dit Ruth.

«Vous le ferez avant que nous ayons fini», dit M. Vince avec confiance. « Pourquoi as-tu essayé de me snober tout à l'heure ?

'Ai-je?'

« Vous ne devriez plus le faire. Cela me fait mal. Je suis un homme sensible. Timide. Timide. Miss Warden, voulez-vous m'épouser ?

Ruth avait décidé que rien ne devrait la faire sortir de son détachement glacial, mais c'est ce qui s'est produit. Elle s'arrêta avec un hoquet et le regarda.

M. Vince la rassura.

"Je ne m'attends pas à ce que vous disiez "Oui". Ce n'était qu'un début : le coup de feu tiré à travers les arcs en guise d'avertissement. En vous, Miss Warden, j'ai trouvé mon affinité. Avez-vous déjà réfléchi à cette question d'affinités ? Les affinités sont les… les… Attendez un instant.

Il fit une pause, réfléchissant.

«Je…» commença Ruth.

" Chut !' dit le jeune homme en levant la main.

Les yeux de Ruth brillèrent. Elle n'était pas habituée à avoir des « Chut ! » » lui disaient les jeunes hommes, et elle s'en voulait.

«Je l'ai», déclara-t-il avec soulagement. « Je savais que je devrais le faire, mais ces bonnes choses prennent du temps. Les affinités sont le zéro sur la roulette de la vie. Tout comme nous sélectionnons un numéro sur lequel miser notre argent, nous sélectionnons également un type de fille que nous pensons aimerions épouser. Et de même que zéro apparaît à la place du chiffre, notre affinité surgit et bouleverse toutes nos idées préconçues sur le type de fille que nous aimerions épouser.

«Je...» commença encore Ruth.

« L'analogie est à l'état brut à l'heure actuelle. Je n'ai pas eu le temps de le condenser et de le peaufiner. Mais vous voyez l'idée. Prenons mon cas, par exemple. Quand je t'ai vu il y a quelques jours, j'ai su en un instant que tu étais mon affinité. Mais depuis des années, je cherchais une femme presque exactement le contraire. Vous êtes sombre. Il y a trois jours, je n'aurais pas pu m'imaginer épouser quelqu'un qui n'était pas juste. Vos yeux sont gris. Il y a trois jours , ma préférence pour les yeux bleus était un synonyme. Vous avez un caractère choquant. Il y a trois jours-'

« M. Vince ! »

'Là!' dit ce philosophe avec complaisance. « Vous avez tamponné. La douce blonde aux yeux bleus que je cherchais il y a trois jours se serait timidement effondrée. Il y a trois jours , ma passion pour les timides s'est transformée en obsession.

Ruth ne répondit pas. Il était inutile d'échanger des mots avec quelqu'un qui montrait si clairement qu'il sortait du commun des bandits de mots . Aucune attaque verbale ne pourrait écraser ce jeune homme hors du commun. Elle continua son chemin, tout en silence et profil de pierre, inconfortablement consciente que son compagnon n'était en aucune façon intimidé par le premier et regardait le second avec cette franche admiration qui lui était devenue si odieuse auparavant, jusqu'à ce qu'ils atteignent leur destination. Pendant ce temps, M. Vince bavardait gaiement et montrait les objets intéressants au bord du chemin.

A la porte, Ruth s'autorisa un mot d'adieu.

« Au revoir, dit-elle.

«À demain soir», dit M. Vince. «Je viendrai dîner.»

M. Warden rentra chez lui, très heureux et content, deux heures plus tard, avec un demi-franc en poche, cette richesse relative étant due au fait que la mise minimale autorisée par le casino de Roville est tout juste le double de cette somme. Il regrettait de ne pas avoir gagné, mais son esprit était trop plein de rêves roses pour s'autoriser des remords. Le vœu le plus cher de l'estimable vieillard était que sa fille épouse un homme riche et ouvert qui le maintiendrait dans l'aisance pour le reste de ses jours, et à cette fin il avait l'habitude de lui présenter tout ce qui lui plaisait. est venu vers lui. Il n'était pas question de contraindre Ruth. Il était trop tendre pour ça. En plus, il ne le pouvait pas. Ruth n'était pas le genre de fille à se laisser facilement contraindre. Il se contenta de lui donner l'occasion d'inspecter ses objets exposés. Roville est un endroit sociable, et il n'était pas rare qu'il se fasse des amis au casino et les ramène à la maison, une fois faits, pour un cigare. Jusqu'à présent, il devait l'admettre, ses efforts n'avaient pas été particulièrement couronnés de succès. Ruth, pensa-t-il tristement, était une fille curieuse. Elle n'a pas montré son meilleur côté à ces visiteurs. Il n'y avait aucun encouragement dans ses manières. Elle avait tendance à effrayer les malheureux exposés. Mais il avait de meilleurs espoirs en ce jeune homme, Vince. Il était riche. Cela a été prouvé par la manière très élégante dont il s'était comporté dans une affaire de petit prêt lorsque, visitant le casino après s'être séparé de Ruth, il avait trouvé M. Warden dans une situation difficile faute d'un peu de capital pour soutenir une marque. -nouveau système qu'il avait conçu en observant attentivement le déroulement de la pièce. Il était aussi visiblement attiré par Ruth. Et comme il était remarquablement présentable – en fait, un jeune homme d'une beauté inhabituelle – il ne semblait pas y avoir de raison pour que Ruth ne soit pas également attirée par lui. Le monde paraissait beau à M. Warden lorsqu'il s'endormit cette nuit-là.

Ruth ne s'est pas endormie si facilement. L'épisode l'avait perturbée. Un nouvel élément était entré dans sa vie, et il promettait de produire d'étranges sous-produits.

Lorsque, le lendemain soir, Ruth revint de la promenade sur la Promenade qu'elle faisait toujours après avoir quitté le *mont -de- piété* , avec un sentiment d'irritation envers les choses en général, ce sentiment ne fut pas diminué par la vue de M. Vince, très à son aise, debout contre la cheminée du petit salon .

'Comment vas-tu?' il a dit. « Par une extraordinaire coïncidence, je me trouvais tout à l'heure devant cette maison lorsque ton père est arrivé et m'a invité à dîner. Avez-vous déjà beaucoup réfléchi aux coïncidences, Miss Warden ? À mon avis, ils peuvent être décrits comme le zéro sur la roulette de la vie.

Il la regardait avec tendresse.

« Pour un homme timide, conscient que la fille qu'il aime l'examine de près et se décide à son sujet, poursuit-il, ces rencontres inattendues sont des épreuves très éprouvantes. Il ne faut pas me juger trop hâtivement. Vous me voyez maintenant, nerveux, embarrassé, muet. Mais je ne suis pas toujours comme ça. Sous cette croûte de défiance se cachent des choses remarquables,

Miss Warden. Les gens qui me connaissent ont parlé de moi comme d'un petit rayon de soleil. Mais voici ton père.

M. Warden était plus que d'habitude déçu par Ruth pendant le dîner. C'était la même vieille histoire. Loin de se rendre agréable à cet étranger séduisant, elle semblait positivement ne pas l'aimer. Elle était à peine polie avec lui. Avec un soupir, M. Warden se dit qu'il ne comprenait pas Ruth, et les rêves roses qu'il avait formés commencèrent à s'estomper.

Les idées de Ruth au sujet de M. Vince au fil des jours étaient chaotiques. Même si elle se disait qu'elle lui était profondément opposée, il commençait néanmoins à éprouver une attirance indéniable pour elle. En quoi consistait cette attirance, elle ne pouvait le dire. Lorsqu'elle essaya de l'analyser , elle arriva à la conclusion que c'était dû au fait qu'il était le seul élément de sa vie qui provoquait son excitation. Depuis son avènement, les jours avaient certainement passé plus vite pour elle. Le niveau mort de monotonie avait été brisé. Il y avait une certaine fascination à s'efforcer de le réprimer, qui augmentait chaque jour à mesure que chaque tentative échouait.

M. Vince a exprimé ce sentiment pour elle. Il avait la fâcheuse habitude de discuter des progrès de ses fréquentations à la manière d'un conférencier impartial.

«Je progresse», observa-t-il. « Le fait que nous ne pouvons pas nous rencontrer sans que vous essayiez de planter un coup gauche capricieux sur mon plexus solaire spirituel m'encourage à penser que vous commencez enfin à comprendre que nous sommes des affinités. Pour les personnes spirituelles comme nous, le seul mariage heureux est celui qui repose sur une base solide de querelles presque incessantes. Le plus beau vers de la poésie anglaise, à mon avis, est : « Nous nous sommes brouillés, ma femme et moi ». Vous seriez malheureuse avec un mari qui n'aimerait pas que vous vous disputiez avec lui. La situation actuelle est que je vous suis devenu nécessaire. Si je quittais ta vie maintenant, je laisserais un vide douloureux. Vous auriez toujours votre beau punch, et il n'y aurait personne sur qui l'exercer. Vous dépéririez. A partir de maintenant, les choses devraient, je pense, avancer rapidement. Au cours de la semaine prochaine , je m'efforcerai de vous apaiser avec des cadeaux. Voici le premier d'entre eux.

Il sortit un morceau de papier de sa poche et le lui tendit. C'était un croquis au crayon, brut et inachevé, mais merveilleusement intelligent. Même Ruth pouvait comprendre cela – et elle était une observatrice prévenue, car le croquis était une caricature d'elle-même. Il la représentait, dressée de toute sa taille, avec des yeux énormes et méprisants et des lèvres retroussées, et l'artiste avait réussi à combiner une excellente ressemblance tout en accentuant tout ce qui était marqué dans ce qu'elle savait être devenu son expression normale de mépris et de mépris. mécontentement.

«Je ne savais pas que vous étiez un artiste, M. Vince», dit-elle en le rendant.

« Un pauvre amateur. Rien de plus. Vous pouvez le garder.

"Je n'ai pas la moindre envie de le garder."

« Vous ne l'avez pas fait ? »

« Ce n'est pas du tout astucieux, et c'est très impertinent de votre part de me le montrer. Le dessin n'est pas drôle. C'est tout simplement impoli.

« Encore un peu, » dit M. Vince, « et je commencerai à penser que vous n'aimez pas ça. Aimez-vous les chocolats ?

Ruth ne répondit pas.

«Je vous en envoie demain.»

«Je les rendrai.»

« Alors j'en enverrai encore et des fruits. Cadeaux!' » soliloqua M. Vince. 'Cadeaux! C'est le secret. Continuez à envoyer des cadeaux. Si les hommes s'en tenaient seulement aux cadeaux et aux querelles, il y aurait moins de célibataires.

Le lendemain, comme promis, les chocolats arrivèrent, plusieurs kilos dans une boîte seigneuriale. Le matraquage du destin n'avait pas complètement anéanti chez Ruth une faiblesse humaine pour les sucreries, et ce fut avec un effort distinct qu'elle emballa à nouveau la boîte et la rendit à l'expéditeur. Elle se rendit à son travail au *Mont -de- Piété* avec un sentiment de satisfaction qui vient à ceux qui font preuve d'une volonté de fer dans des circonstances difficiles.

Et au *Mont -de- Piété* se produisit un incident surprenant.

Les incidents surprenants, comme l' aurait dit M. Vince, sont le zéro sur le tableau de la roulette de la vie. Ils apparaissent de manière inquiétante au moment où on s'y attend le moins, semant la confusion dans l'esprit et modifiant les opinions préconçues. Et c'était vraiment un incident très surprenant.

Ruth, comme cela a été dit, était assise pendant ses heures de travail derrière un écran en verre dépoli, invisible et aveugle. Pour elle, les patrons de l'établissement n'étaient que des voix désincarnées – des voix câlines, des voix pathétiques, des voix qui protestaient, des voix qui harcelaient, des voix qui gémissaient, gémissaient, brisaient, faisaient appel aux saints et s'efforçaient de diverses autres manières d' inculquer à M. Gandinot avait des vues plus spacieuses et princières au sujet des avances d'argent sur les biens mis en gage. Elle était assise ce matin derrière son paravent, griffonnant négligemment sur le buvard, car il y avait eu une accalmie dans les affaires, lorsque la porte s'ouvrit et que le poli « Bonjour, monsieur » de M. Gandinot annonça l'arrivée de un autre malheureux.

Et puis, la secouant comme un choc électrique, retentit une voix qu'elle connaissait : la voix agréable de M. Vince.

Les dialogues qui se déroulaient de l'autre côté de l'écran étaient souvent longs et toujours sordides, mais aucun n'avait paru à Ruth aussi interminable, aussi hideusement sordide que celui-ci.

Autour de son misérable centre – un étui à cigarettes en argent – tournait la triste dispute. Le jeune homme plaida ; M. Gandinot , inflexible dans son rôle officiel, était inébranlable.

Ruth n'en pouvait plus. Elle posa ses mains sur ses oreilles brûlantes et les voix cessèrent de la déranger.

Et avec le silence vint la pensée, et un éclair de compréhension qui l'envahit et rendit tout clair. Elle comprenait maintenant pourquoi elle avait bouché ses oreilles.

La pauvreté est un acide qui réagit différemment selon les natures. Cela avait réduit au minimum le respect de soi de M. Eugene Warden. Chez Ruth, il avait atteint une croissance anormale. Sa fierté était devenue une mauvaise herbe qui se déchaînait dans son âme, l'assombrissant et étouffant les émotions les plus fines. Peut-être était-ce les stratagèmes naïfs de son père pour s'en prendre à un mari riche qui avaient finalement produit en elle une antipathie morbide à l'idée de jouer le rôle de mendiante auprès du roi Cophetua de n'importe quel homme . L'état d'esprit est intelligible. La légende de Cophetua n'a jamais été racontée du point de vue de la mendiante, et il a dû y avoir des moments où, si elle était une femme d'esprit, elle en voulait à l'attitude quelque peu condescendante de ce monarque et sentait que, sûr de sa richesse et de sa magnificence, il avait pris son acquiescement reconnaissant pour acquis.

C'était, elle le voyait maintenant, ce qui l'avait prévenue contre George Vince. Elle avait supposé qu'il était riche. Il avait donné l'impression d'être riche. Et elle s'était donc mise sur la défensive contre lui. Maintenant, pour la première fois, elle semblait le connaître. Une barrière avait été brisée. Les robes royales n'étaient plus que des clinquants et ne déguisaient plus l'homme qu'elle aimait.

Un contact sur son bras l'excita. M. Gandinot était à ses côtés. Les conditions avaient apparemment été convenues et l'entretien terminé, car il tenait à la main un étui à cigarettes en argent.

« Vous rêvez, mademoiselle ? Je n'ai pas pu te faire entendre. Plus je t'appelle, plus tu ne réponds pas. Il faut contracter cet emprunt.

Il a récité les détails et Ruth les a inscrits dans son grand livre. Cela fait, M. Gandinot , se dépouillant de son air officiel, soupira.

— C'est un lieu très triste, mademoiselle, ce bureau. Comme il n'accepterait pas un non comme réponse, ce jeune homme récemment parti. Un de vos compatriotes, mademoiselle. Vous diriez : « Que fait ce jeune homme si bien mis dans un *mont -de- piété* ? Mais je sais mieux, moi, Gandinot . Vous avez une expression, vous Anglais — je l'ai entendue à Paris dans un café et j'ai demandé sa signification — quand vous dites d'un homme qu'il se branle. Combien de jeunes hommes ai-je vu ici, admirablement vêtus, riches, dirait-on. Non non. Le *mont -de- piete* n'a aucun secret. Se branler, mademoiselle, qu'est-ce que c'est ? Pour tromper le monde, oui. Mais pas le *mont -de- piete* . Hier aussi, quand vous étiez parti, était-il là, ce jeune homme. Et pourtant, le voilà une fois de plus aujourd'hui. Il dépense son argent vite, hélas ! ce pauvre jeune branleur.

Lorsque Ruth rentra chez elle ce soir-là , elle trouva son père dans le salon, en train de fumer une cigarette. Il l'accueillit avec effusion, mais avec une certaine inquiétude, car le vieux monsieur s'était donné du courage pour une tâche délicate. Il avait décidé ce soir de parler sérieusement à Ruth au sujet de son comportement insatisfaisant envers M. Vince. Plus il voyait ce jeune homme, plus il était convaincu qu'il s'agissait là de la mine d'or humaine qu'il avait cherché toutes ces années lasses. En conséquence, il jeta sa cigarette, embrassa Ruth sur le front et commença à parler.

M. Warden pensait depuis longtemps que si sa fille avait un défaut, c'était une tendance à une franchise tout à fait inutile et très gênante. Elle n'avait pas le tact qu'il eût voulu qu'une de ses filles possédât. Elle ne voulait pas esquiver, ignorer, accepter de ne pas voir. Elle était parfois douloureusement directe.

C'est arrivé maintenant. Il s'intéressait à son sujet lorsqu'elle l'interrompit avec une question.

« Qu'est-ce qui vous fait penser que M. Vince est riche, père ? » elle a demandé.

M. Warden était embarrassé. Le sujet de l'opulence de M. Vince n'était pas entré dans son discours. Il l'avait soigneusement évité. Le fait qu'il y pensait et que Ruth savait qu'il y pensait, et qu'il savait que Ruth savait, n'avait rien à voir avec l'affaire. La question n'était pas recevable et cela l'embarrassait.

« Je… eh bien… je ne… je n'ai jamais dit qu'il était riche, ma chère. Je n'ai aucun doute qu'il a amplement…'

«Il est assez pauvre.»

M. Warden tomba légèrement.

'Pauvre? Mais, ma chère, c'est absurde ! il pleure. "Eh bien, seulement ce soir..."

Il s'interrompit brusquement, mais il était trop tard.

« Père, tu lui empruntes de l'argent ! »

M. Warden inspira, se préparant à un déni indigné, mais il changea d'avis et resta silencieux. En tant qu'emprunteur d' argent, il possédait toutes les qualités sauf une. Il en était venu à considérer sa perspicacité en la matière comme une sorte de seconde vue. Cela avait souvent été loin de lui gâcher le triomphe du succès.

« Et il doit mettre des choses en gage pour vivre ! Sa voix tremblait. « Il était au *mont -de- piété* aujourd'hui. Et hier aussi. Je l'ai entendu. Il discutait avec M. Gandinot ... en marchandant...

Sa voix se brisa. Elle sanglotait, impuissante. Le souvenir était trop brut et trop vif.

M. Warden resta immobile. De nombreuses émotions lui traversèrent l'esprit, mais la principale d'entre elles était la pensée que cette révélation était arrivée à un moment très heureux. Une évasion extrêmement chanceuse, pensait-il. Il sentait aussi une certaine indignation contre ce jeune homme fourbe qui avait frauduleusement imité une mine d'or avec des résultats qui auraient pu être désastreux.

La porte s'ouvrit et Jeanne, la femme de ménage à tout faire, annonça M. Vince.

Il entra vivement dans la pièce.

'Bonne soirée!' il a dit. « Je vous ai apporté d'autres chocolats, Miss Warden, et des fruits. Super Scott! Quel est le problème?'

Il s'arrêta, mais seulement un instant. Le lendemain, il s'était précipité à travers la pièce et, sous les yeux horrifiés de M. Warden, il tenait Ruth dans ses bras. Elle s'accrochait à lui.

Bill, le fox-terrier, sur lequel M. Vince avait trébuché, fut le premier à parler. Presque simultanément , M. Warden se joignit à nous, et il y avait une similitude frappante entre les deux voix, car M. Warden, cherchant ses mots, leur émit en guise de préliminaire une sorte de cri passionné.

M. Vince retira la main qui tapotait l'épaule de Ruth et la lui fit signe d'un ton rassurant.

«Tout va bien», dit-il.

'D'accord! D' *accord* !'

"Affinités", expliqua M. Vince par-dessus son épaule. "Deux cœurs qui battent comme un seul. Nous allons nous marier. Quel est le problème chéri? Ne vous inquiétez pas ; tu vas bien.

'Je refuse!' » a crié M. Warden. "Je refuse catégoriquement."

M. Vince déposa doucement Ruth sur une chaise et, lui tenant la main, inspecta gravement le vieux monsieur en fermentation.

'Tu refuses?' il a dit. « Eh bien, je pensais que tu m'aimais. »

M. Warden s'était calmée. C'était quelque chose d'étranger à sa nature. Il l'a regretté. Il fallait gérer ces choses avec retenue.

« Mes goûts et dégoûts personnels, dit-il, n'ont rien à voir avec l'affaire, M. Vince. Ils sont hors de propos. J'ai ma fille à considérer. Je ne peux pas lui permettre d'épouser un homme sans un sou.

"Tout à fait vrai", dit M. Vince avec approbation. « Je n'ai rien à voir avec ce type. S'il essaie de s'immiscer, faites venir la police.

M. Warden hésita. Il avait toujours eu un peu honte du métier de Ruth. Mais la nécessité l'obligeait.

« Monsieur Vince, ma fille est employée au *Mont -de- Piété et* a été témoin de tout ce qui s'est passé cet après-midi.

M. Vince était véritablement agité. Il regarda Ruth, le visage plein d'inquiétude.

« Vous ne voulez pas dire que vous avez trimé dans ce… Great Scott étouffant ! Je vais vous sortir de ça rapidement. Il ne faut plus y retourner.

Il se baissa et l'embrassa.

«Peut-être feriez-vous mieux de me laisser vous expliquer», dit-il. « Les explications, je pense toujours, sont le zéro sur la roulette de la vie. Ils sont toujours quelque part, attendant d'apparaître. Avez-vous déjà entendu parler des Vince's Stores, M. Warden ? Peut-être qu'ils le sont depuis votre époque. Eh bien, mon père est le propriétaire. L'une de nos spécialités est celle des jouets pour enfants, mais nous n'avons pas choisi de véritable gagnant depuis des années et, la dernière fois que je l'ai vu, mon père semblait si bouleversé que j'ai dit que je verrais si je ne pouvais pas trouver une idée pour quelque chose. Quelque chose dans la lignée du Billiken, mais en mieux, c'était ce dont il pensait avoir besoin. Je ne suis pas habitué au travail cérébral et après un certain temps, j'ai senti que j'avais envie de me reposer. Je suis venu ici pour récupérer et dès le premier matin, j'ai eu une inspiration. Vous avez peut-être remarqué que le gérant du *mont -de- piete* ici n'est pas fort en matière de beauté conventionnelle. Je l'ai vu au casino et ça m'a frappé. Il croit qu'il s'appelle Gandinot , mais ce n'est pas le cas. C'est Oncle Zip, le guérisseur de bosses, l'homme qui vous fait sourire.

Il serra affectueusement la main de Ruth.

« J'ai perdu sa trace et ce n'est qu'avant-hier que j'ai découvert qui il était et où il se trouvait. Eh bien, vous ne pouvez pas aller voir un homme et lui demander de poser comme modèle pour Oncle Zip, le Hump-Curer. La seule façon d'obtenir des séances était de l'approcher par le biais des affaires. J'ai donc rassemblé mes biens et je suis entré. C'est toute l'histoire. Est-ce que je réussis ?

L'attitude glaciale de M. Warden s'était progressivement atténuée au cours de ce récit, et maintenant le soleil de son sourire brillait chaleureusement. Il serra la main de M. Vince avec toutes les marques d'estime, et après cela il fit ce qui était certainement la meilleure chose, en quittant doucement la pièce. Sur son visage, alors qu'il avançait, il y avait un air tel que Moïse aurait pu le porter au sommet du Pisgah.

C'est une vingtaine de minutes plus tard que Ruth fit une remarque.

«Je veux que tu me promettes quelque chose», dit-elle. « Promets-moi que tu ne continueras pas avec ce dessin d'Oncle Zip. Je sais que cela représente beaucoup d'argent, mais cela pourrait blesser le pauvre M. Gandinot , et il a été très bon avec moi.

"C'est réglé", a déclaré M. Vince. «C'est dur pour les enfants de Grande-Bretagne, mais n'en dites pas plus. Pas d'oncle Zip pour eux.

Ruth le regarda, presque avec admiration.

« Tu ne veux vraiment pas continuer ? Malgré tout l'argent que vous gagneriez ? Allez-vous toujours faire exactement ce que je vous demande, peu importe ce que cela vous coûte ?

Il hocha tristement la tête.

« Vous avez esquissé en quelques mots toute la politique de ma vie conjugale. Je ressens une terrible fraude. Et je vous avais encouragé à espérer des années de querelles incessantes. Pensez-vous pouvoir vous en passer ? J'ai peur que cela soit incroyablement ennuyeux pour vous », dit M. Vince avec regret.

AVANTAGE D'ARCHIBALD

ARCHIBALD MEALING faisait partie de ces golfeurs chez qui le désir dépasse la performance. Personne n'aurait pu être plus disposé qu'Archibald. Il a essayé, et a essayé dur. Chaque matin, avant de prendre son bain, il se tenait devant son miroir et pratiquait ses balançoires. Chaque soir, avant de se coucher, il lisait les paroles dorées de quelque maître sur le thème de la mise, de la conduite ou de l'approche. Pourtant, sur les liens, la plupart de son temps était consacré à récupérer des balles perdues ou à remplacer l'Amérique. Que ce soit parce qu'Archibald a appuyé trop ou pas assez, ou bien parce que son club s'est écarté de la ligne pointillée qui reliait les deux points A et B dans la planche illustrée de l'homme effectuant le coup cuivré dans le livre *Hints on Golf*, ou si c'était parce qu'il était poursuivi par quelque sort malin, je ne le sais pas. Archibald était plutôt favorable à cette dernière théorie.

Le point important est qu'au cours de sa trente et unième année, après six saisons d'efforts inlassables, Archibald s'est lancé dans la conquête d'un championnat et l'a remporté.

Archibald, remarquez-vous, dont le golf était une sorte de mélange de hockey, d'exercice suédois et de danse du mâle et de l'aile.

Je sais à quelle épreuve je dois faire face lorsque je fais une telle déclaration. Je vois clairement devant moi la solide phalange des hommes du Missouri, les uns me pressant de le dire au roi du Danemark, les autres insistant pour que je lui présente mes Esquimaux. Néanmoins, je ne recule pas. Je déclare une fois de plus qu'au cours de sa trente et unième année, Archibald Mealing a participé à un championnat de golf et l'a remporté.

Archibald appartenait à un petit club de golf sélect dont les membres vivaient et travaillaient à New York, mais jouaient à Jersey. Hommes riches, tant financièrement que physiquement, ils avaient combiné leur argent superflu et acheté avec cela une bande de terre proche de la mer. Ce terrain avait été asséché, au grand inconfort d'une colonie de moustiques qui en était venue à considérer les lieux comme leur propriété privée, et transformé en links, devenus une sorte de refuge pour golfeurs incompétents. Les membres du Cape Pleasant Club étaient des réfugiés décontractés venus d'autres clubs plus exigeants, des hommes qui bricolaient plutôt que couraient autour des parcours ; des hommes, en bref, qui en avaient assez de devoir arrêter leur jeu et se tenir à l'écart pour laisser passer des experts en sueur. Les golfeurs de Cape Pleasant ne se sont pas rendus esclaves du jeu. Leur langage, lorsqu'ils s'égaraient, était gentiment regrettable plutôt que sulfureux . Le moment de la journée qu'ils ont le plus apprécié était celui où ils disaient : « Eh bien, voilà, bonne chance ! au club-house.

On comprendra donc facilement que l'incapacité d'Archibald à réaliser un trou en un seul chiffre ne l'a pas handicapé à Cape Pleasant comme cela aurait pu le faire à St. Andrews. Ses aimables camarades de club le prirent dans leurs bras auprès d'un homme et le considérèrent comme un frère. Archibald était une de ces natures admirables qui poussent souvent leur propriétaire à dire : « C'est sur moi ! et ses collègues golfeurs n'ont pas tardé à l'apprécier. Ils aimaient tous Archibald.

Archibald était sur le sol de sa chambre un après-midi, ramassant les fragments de son miroir – un ami lui avait conseillé de s'entraîner à la prise de vue en hauteur de Walter J. Travis – lorsque la cloche du téléphone a sonné. Il décrocha le combiné et fut salué par la voix confortable de McCay , le secrétaire du club.

'Est-ce que c'est un repas ?' » demanda McCay . « Dis, Archie, j'inscris ton nom pour notre compétition de championnat. C'est vrai, n'est-ce pas ?

"Bien sûr," dit Archibald. 'Ça commence quand?'

'Samedi prochain.'

'C'est moi.'

'Bien pour vous. Oh, Archie.

'Bonjour?'

« Un homme que j'ai rencontré aujourd'hui m'a dit que vous étiez fiancée. Est-ce un fait ?

"Bien sûr," murmura Archibald en rougissant .

Le fil bourdonnait des félicitations de McCay .

«Merci», dit Archibald. « Merci, vieil homme. Quoi? Oh oui. Milsom est son nom. À propos, sa famille a loué un chalet à Cape Pleasant pour l'été. Une certaine distance des liens. Oui, très pratique, n'est-ce pas ? Au revoir.'

Il raccrocha le combiné et reprit sa tâche de ramasser les fragments. Il se trouve que McCay était de nature romantique et sentimentale. Il était comptable agréé de profession et avait tendance à être gros ; et tous les comptables agréés, un peu gros, sont sentimentaux. McCay était le genre d'homme qui garde de vieux programmes de bal et des paquets de lettres attachés avec un ruban lilas. Dans les maisons de campagne, où ils s'attardaient sous le porche après le dîner pour regarder le clair de lune inonder le jardin tranquille, c'était McCay et son collègue qui s'attardaient le plus longtemps. McCay connaissait Ella Wheeler Wilcox par cœur et pouvait prendre Browning sans anesthésie . Il n'est donc pas étonnant que la remarque d'Archibald au sujet de sa fiancée venant vivre à Cape Pleasant lui donne matière à réflexion. Cela lui plaisait.

Il y réfléchit beaucoup pendant la journée et, traversant Sigsbee, un compatriote de Cape Pleasanter, après le dîner ce soir-là au Sybarites' Club, il lui parla de la question. Il se trouvait que tous deux avaient excellemment dîné et regardaient le monde avec une sorte de bienveillance douillette . Ils étaient d'humeur lorsque les hommes tapotaient la tête des petits garçons et leur demandaient s'ils avaient l'intention de devenir président quand ils seraient grands.

"J'ai appelé Archie Mealing aujourd'hui", a déclaré McCay . « Saviez-vous qu'il était fiancé ? »

« J'en ai entendu parler. Une fille du nom de Wilson, ou…

'Milsom. Elle va passer l'été à Cape Pleasant, me dit Archie.

"Elle aura alors la chance de le voir jouer dans la compétition de championnat."

McCay suça son cigare en silence pendant un moment, observant avec des yeux rêveurs la fumée bleue qui s'enroulait vers le plafond. Quand il parlait, sa voix était singulièrement douce.

« Savez-vous, Sigsbee, dit-il en sirotant son marasquin avec une douce mélancolie, savez-vous qu'il y a pour moi quelque chose de merveilleusement pathétique dans cette affaire. Je vois tout cela si clairement. Il y avait une sorte de frémissement dans la voix du pauvre vieux quand il disait : « Elle arrive à Cape Pleasant », ce qui m'en disait plus que n'importe quel mot. C'est une tragédie à sa manière, Sigsbee. Nous pouvons en sourire, penser que cela est trivial ; mais ce n'en est pas moins une tragédie. Cette fille chaleureuse et enthousiaste, impatiente de voir l'homme qu'elle aime réussir – Archie, le pauvre vieil Archie, tout en feu pour lui prouver que sa confiance en lui n'est pas déplacée, et la fin – Désillusion – Déception – Malheur .'

"Il devrait garder un œil sur le ballon", a déclaré Sigsbee, plus pratique.

"Très probablement", a poursuivi McCay , "il lui a dit qu'il gagnerait ce championnat."

"Si Archie est assez stupide pour lui avoir dit ça", dit Sigsbee décidément, "il mérite tout ce qu'il obtient. Garçon, deux highballs écossais.

McCay n'était pas d'humeur à souscrire à ce point de vue au cœur de pierre.

« Je vous le dis, dit -il , je suis *désolé* pour Archie ! Je suis *désolé* pour le pauvre vieux. Et je suis plus que désolé pour la fille.

"Eh bien, je ne vois pas ce que nous pouvons faire", a déclaré Sigsbee. "On ne peut pas s'attendre à ce que nous fassions exprès, juste pour laisser Archie se montrer devant sa copine."

McCay s'arrêta au moment d'allumer son cigare, comme s'il était frappé par une grande pensée.

'Pourquoi pas?' il a dit. « Pourquoi pas, Sigsbee ? Sigsbee, tu as réussi.

« Hein ? »

'Tu as! Je te le dis, Sigsbee, tu as tout résolu. Archie est vraiment un brave garçon, pourquoi ne pas lui accorder un avantage ? Pourquoi ne pas le laisser remporter ce championnat ? Vous n'allez pas me dire que vous vous souciez de savoir si vous gagnerez ou non une médaille d'étain ?

La bienveillance de Sigsbee se développait sous l'influence du highball écossais et de son cigare. De petits actes de gentillesse de la part d'Archie, ici un cigare, là un déjeuner, à d'autres moments des sièges pour le théâtre, commencèrent à remonter à la surface de sa mémoire comme des bulles aux couleurs de l'arc-en-ciel . Il hésita.

« Oui, mais qu'en est-il du reste des hommes ? il a dit. "Il y en aura une douzaine ou plus pour la médaille."

"Nous pouvons les concilier", a déclaré McCay avec confiance. « Nous leur en parlerons lors d'une série de dîners dont nous serons les hôtes communs. Ce sont des hommes blancs qui seront charmés de faire une petite chose comme ça pour un sport comme Archie.

« Et Gossett ? dit Sigsbee.

de McCay s'assombrit. Gossett était un sujet impopulaire auprès des membres du Cape Pleasant Golf Club. Il était le serpent dans leur Eden. Personne ne semblait vraiment savoir comment il était entré, mais malheureusement, il était là. Gossett avait introduit dans le golf de Cape Pleasant une atmosphère triste de rigueur du jeu. C'est pour leur permettre d'éviter des golfeurs comme Gossett que les Cape Pleasanters avaient fondé leur club. Une courtoisie géniale plutôt qu'une stricte attention aux règles avaient été les principales caractéristiques de leur jeu jusqu'à son arrivée. Jusqu'alors, on considérait comme une mauvaise manière d'exiger une pénalité. Un joyeux système de concessions mutuelles avait prévalu. Puis Gossett était arrivé, plein de règles étranges, et avait créé à peu près le même émoi dans la communauté qu'un faucon créerait dans un rassemblement de colombes d'âge moyen.

"Vous ne pouvez pas cadrer Gossett", a déclaré Sigsbee.

McCay avait l'air mécontent.

«Je l'ai oublié», dit-il. «Bien sûr, rien ne l'empêchera d'essayer de gagner. J'aimerais que nous puissions penser à quelque chose. Je le verrais presque perdre comme Archie gagner. Mais après tout, il a parfois des jours de repos.

"Tu dois avoir une journée très calme pour être aussi mauvais qu'Archie."

Ils s'assirent et fumèrent en silence.

«Je l'ai», dit soudain Sigsbee. « Gossett est un bon golfeur, mais nerveux. Si nous lui énervons suffisamment les nerfs, il abandonnera son attaque. Ne pourrions-nous pas trouver un moyen ?

McCay tendit la main vers son verre.

« Votre nature est noble, Sigsbee, dit-il.

« Oh, non », dit modestement le parangon. « Vous avez un autre cigare ? »

Afin que le lecteur puisse comprendre mentalement l'intrigue de ce récit si essentiel si une nouvelle doit charmer, élever et instruire, il est nécessaire maintenant, pour une occasion (mais seulement pour une occasion) , pour inspecter la vie passée d'Archibald.

Archibald, comme il l'avait déclaré à McCay , était fiancé à une Miss Milsom, Miss Margaret Milsom. Combien peu d'hommes, cher lecteur, sont fiancés à des filles aux formes *sveltes* , aux cheveux bruns et aux grands yeux bleus, tantôt pétillants et vifs, tantôt rêveurs et émouvants, mais toujours grands et bleus ! Combien peu, dis-je. Vous l'êtes, cher lecteur, et moi aussi, mais qui d'autre ? Archibald était l'un des rares à l'être.

Il était heureux. Il est vrai que la mère de Margaret n'était pas pour ainsi dire absorbée par lui. Elle ne montrait rien de cette joie effervescente à son apparition que nous aimons voir chez nos belles-mères élues. Au contraire, elle pleurait généralement amèrement chaque fois qu'elle le voyait, et au bout de dix minutes elle se retirait en sanglotant dans sa chambre, où elle restait dans un état de semi-coma jusqu'à une heure avancée. Elle était en train d'être déclarée invalide, et quelque chose chez Archibald semblait s'immiscer dans ses centres nerveux , les réduisant pour le moment à un hachage compliqué. Elle n'aimait pas Archibald. Elle disait qu'elle aimait les hommes grands et virils. Derrière son dos, elle le traitait souvent de « gaby » ; parfois même comme ce « guffin ».

Elle n'a pas fait cela à Margaret, car Margaret, en plus d'avoir les yeux bleus, était aussi colérique. Chaque fois qu'elle parlait d'Archibald, c'était avec son fils Stuyvesant. Stuyvesant Milsom, qui trouvait Archibald un peu idiot, était toujours prêt à s'asseoir et à écouter sa mère sur le sujet, étant entendu cependant qu'à la fin de la séance, elle lui donnait un ou deux billets couleur safran. envers ses dettes de course. Car Stuyvesant, ayant pris l'habitude de soutenir des chevaux qui soit ne partaient pas du tout, soit s'asseyaient et réfléchissaient au milieu de la course, pouvait toujours se contenter d'une dizaine de dollars. Ses prix pour ces interviews s'élevaient en général à environ trois cents le mot.

Dans ces circonstances, il était peut-être naturel qu'Archibald et Margaret préféraient se rencontrer, lorsqu'ils se rencontraient, ailleurs que chez les Milsom. Cela leur convenait mieux à tous les deux qu'ils organisent un rendez-vous secret à ces occasions. Archibald préférait cela parce qu'être dans la même pièce que Mme Milsom lui donnait toujours l'impression d'être un meurtrier aux pieds particulièrement grands ; et Margaret préférait cela parce que, comme elle le disait à Archibald, ces réunions secrètes donnaient une touche de poésie à ce qui autrement aurait pu être un engagement banal.

Archibald trouvait cela charmant ; mais en même temps , il ne pouvait se dissimuler que la passion de Margaret pour la poésie allait, pour ainsi dire, dans les deux sens. Il admirait et aimait la hauteur de son âme, mais, d'un autre côté, c'était une tâche difficile de devoir être à la hauteur. Car Archibald était un jeune homme très ordinaire. Ils avaient essayé de lui inoculer l'amour de la poésie à l'école, mais cela n'avait pas abouti. Jusqu'à l'âge de trente ans , il s'était contenté de classer toute la poésie (sauf celle de M. George Cohan) sous la rubrique générale du punk. Puis il a rencontré Margaret et les ennuis ont commencé. Le jour où il l'avait rencontrée pour la première fois, lors d'un pique-nique, elle avait l'air si émouvante, si éloignée de ce monde, qu'il avait instinctivement senti qu'il s'agissait d'une fille qui attendait plus d'un homme qu'une simple déclaration selon laquelle il faisait beau. Il se trouve qu'il ne connaît qu'une seule citation des classiques, à savoir la critique de Tennyson sur l'île-vallée d' Avilion . Il le savait parce qu'il avait eu l'occasion d'écrire cent cinquante fois à l'école, à l'occasion d'avoir été surpris en train de fumer par un professeur qui se trouvait être un admirateur passionné des « Idylles du Roi ».

Une remarque de Margaret selon laquelle c'était une journée magnifique pour un pique-nique et que le pays avait l'air agréable lui en donna l'occasion.

« Cela me rappelle, dit-il, cela me rappelle fortement l'île-vallée d' Avilion , où ne tombe ni grêle, ni pluie, ni neige, et où jamais le vent ne souffle fort ; mais il se trouve dans des prairies profondes , heureuses, belles, avec des pelouses de vergers… »

Il s'est arrêté ici pour écraser un frelon ; mais Margaret en avait assez entendu. « Aimez-vous les poètes, Monsieur Un repas ? dit-elle avec un regard lointain.

'Moi?' dit Archibald avec ferveur. 'Moi? Eh bien, je les mange vivants ! »

Et c'est ainsi que tous les ennuis avaient commencé. Cela avait signifié un labeur incessant pour Archibald. Il sentait qu'il s'était fixé une norme dont il ne devait pas tomber. Il achetait chaque nouveau volume de poésie loué dans la presse et apprenait les critiques par cœur. Chaque soir, il lisait péniblement une partie des classiques. Il a parcouru péniblement les sections de poésie des *Citations familières de Bartlett*. La dévotion de Margaret envers les différents bardes était si enthousiaste et ses lectures si vastes qu'il y avait des moments où Archibald se demandait s'il pourrait supporter la tension. Mais il a persévéré héroïquement et, jusqu'à présent , on n'a pas manqué de lui faire défaut. Mais la tension était effrayante.

Les premières étapes du tournoi de golf de Cape Pleasant n'ont pas besoin d'être décrites en détail. Les règles du match play régissaient les compétitions et Archibald se débarrassa de ses trois premiers adversaires avant le douzième trou. Il s'était montré méfiant lorsqu'il avait affronté McCay au premier tour, mais, constatant qu'il avait facilement battu le secrétaire, il rencontra un certain Butler au deuxième tour avec plus de confiance. Butler aussi fut mis en déroute ; avec pour résultat qu'au moment où il affronta Sigsbee au troisième tour, il était pratiquement le héros conquérant. La fortune semblait rayonner sur lui avec une douceur presque fade. Lorsqu'il s'est retrouvé coincé dans le bunker du septième trou, Sigsbee s'est également retrouvé piégé. Lorsqu'il a tranché au sixième tee, Sigsbee a tiré. Et Archibald, frappant une veine brillante, fit les trois trous suivants en onze, neuf et douze ; et, rentrant chez eux, se sont qualifiés pour la finale.

Gossett, ce serpent, quant à lui, avait battu chacun de ses trois adversaires sans grande difficulté.

La finale était fixée au jeudi matin suivant. Gossett, qui était courtier, avait formulé quelques objections frivoles quant à la difficulté de s'absenter de Wall Street, mais cette objection avait été rejetée. Lorsque Sigsbee lui fit remarquer qu'il pourrait facilement vaincre Archibald et arriver en ville à l'heure du déjeuner s'il le souhaitait, et que de toute façon son partenaire s'occuperait des choses, il se laissa convaincre, bien qu'à contrecœur. Il était de notoriété publique que Gossett était alors au milieu de transactions assez importantes.

Le jeudi matin convenait admirablement à Archibald. Il lui était venu à l'esprit qu'il pourrait réaliser un double événement. Margaret était arrivée à Cape Pleasant la veille au soir et il s'était arrangé par téléphone pour la rencontrer au bout de la promenade, qui se trouvait à environ un mile des liaisons, à une heure, pour lui fournir un déjeuner et passer l'après-midi avec elle sur l'eau. S'il commençait son match contre Gossett à onze heures trente, il aurait tout le temps de jouer et d'être au bout du trottoir à l'heure dite. Il ne se faisait aucune illusion sur les mérites respectifs de Gossett et de lui-même en tant que golfeurs. Il savait que Gossett gagnerait les dix trous nécessaires sur le rouleau. C'était triste, mais c'était un fait scientifique. Il n'y avait aucun moyen de l'éviter. Il fallait simplement y faire face.

Ayant établi ces plans, il prit le train le jeudi matin avec le sentiment réconfortant que, si triste que puisse être la matinée, elle finirait forcément bien.

La journée était belle, le soleil chaud, mais tempéré par une légère brise. Un ou deux membres du club étaient venus assister au match, parmi lesquels Sigsbee.

Sigsbee tira Gossett à part.

« Tu dois me laisser faire ton caddie, vieil homme », dit-il. « Je connais très exactement votre tempérament. Je sais à quel point il en faut peu pour vous dissuader de votre AVC. Dans un jeu ordinaire, vous pourriez affronter un de ces garçons, je le sais, mais dans une occasion importante comme celle-ci, vous ne devez pas prendre de risques. Un garçon sale, probablement avec un loucheur, vous énerverait presque certainement. Il pourrait même faire des commentaires sur le jeu ou siffler. Mais je te comprend. Vous devez me laisser porter vos clubs.

«C'est très gentil de votre part», dit Gossett.

«Pas du tout», dit Sigsbee.

Archibald se préparait maintenant à partir dès le premier tee. Il l'a fait avec beaucoup de soin. Tous ceux qui ont vu Archibald Mealing jouer au golf savent que son coup de départ est l'un des spectacles les plus impressionnants jamais vus sur les parcours. Il inclina sa casquette sur ses yeux, remua un peu son club, bougea ses pieds, remua encore son club, regarda fixement l'horizon pendant un moment, remua de nouveau son club et finalement, avec l'air d'un homme fort soulevant une barre de fer, la souleva lentement au-dessus de sa tête. Puis, le faisant tomber d'un coup de balai, il enfonça le ballon d'un coup haut à une cinquantaine de mètres. Il était rare qu'il ne parvienne pas à trancher ou à tirer sa balle. Sa progression de trou en trou était généralement un zigzag majestueux.

Le drive de Gossett l'a bien mené sur le chemin du green. Il a réussi un trou en cinq. Archibald, triste mais pas surpris, se dirigea vers le deuxième tee.

Le deuxième trou était plus court. Gossett l'a gagné en trois. Le troisième, il en prit six, le quatrième, quatre. Archibald commença à penser qu'il valait mieux ne pas être là. Il était pratiquement un spectateur.

C'est alors qu'il fouilla dans sa poche sa blague à tabac, pour se consoler avec de la fumée. À sa grande consternation, il découvrit que ce n'était pas là. Il l'avait eu dans le train, mais maintenant il avait disparu. Cela ajoutait à sa tristesse, car la pochette lui avait été offerte par Margaret, et il avait toujours pensé que c'était une preuve supplémentaire de la façon dont sa nature dominait celle des autres filles qu'elle n'y avait pas tissé de monogramme par oubli. moi-pas. Cette pochette de disque manquait et Archibald pleura cette perte.

Ses chagrins n'ont pas été atténués par le fait que Gossett a remporté les cinquième et sixième trous.

Il était maintenant midi et quart, et Archibald réfléchit avec une satisfaction maussade que le massacre devait bientôt être terminé et qu'il pourrait alors l'oublier en compagnie de Margaret.

Alors que Gossett était sur le point de repartir du septième tee, un télégraphiste s'est approché du petit groupe.

« Monsieur Gossett, dit-il.

Gossett abaissa son chauffeur et fit volte-face, mais Sigsbee avait arraché l'enveloppe des mains du garçon.

« Tout va bien, mon vieux, dit-il. 'Allez-y. Je le garderai en sécurité pour toi.

«Donnez-le-moi», dit Gossett avec inquiétude. « Cela vient peut-être du bureau. Quelque chose est peut-être arrivé au marché. On aura peut-être besoin de moi.

«Non, non», dit Sigsbee d'une manière apaisante. 'Ne t'inquiète pas pour ça. Mieux vaut ne pas l'ouvrir. Il pourrait contenir quelque chose qui vous découragerait de votre AVC. Attendez la fin du jeu.'

'Donne le moi. Je veux le voir.'

Sigsbee était ferme.

«Non», dit-il. «Je suis ici pour vous voir remporter ce championnat et je ne vous laisserai prendre aucun risque. D'ailleurs, même si c'était important, quelques minutes ne feront aucune différence.

« Eh bien, en tout cas, ouvrez-le et lisez-le.

"C'est probablement en chiffre", a déclaré Sigsbee. «Je ne comprendrais pas. Continue à jouer, mon vieux. Il ne vous reste plus que quelques trous à gagner.

Gossett se retourna et s'adressa à nouveau à sa balle. Puis il a balancé. Le club a fait basculer le ballon et il a roulé lentement sur quelques mètres. Archibald s'approcha du tee. Il y avait maintenant des moments où Archibald pouvait conduire assez décemment. Il appliquait toujours une force musculaire considérable à ses efforts. C'est dans ce sens qu'il se trompait en général. Cette fois-ci, inspiré par l'échec de son rival ou simplement favorisé par le hasard, il a touché son ballon au bon moment. Il a volé du tee, droit, dur et bas, a heurté le sol près du green, a bondi et a finalement basculé jusqu'à moins d'un pied du trou. Aucune boule aussi longue n'avait été lancée sur les liaisons de Cape Pleasant depuis leur fondation.

Qu'il lui ait fallu trois coups pour sortir de cette position prometteuse était malheureux, mais pas fatal, car Gossett, qui semblait soudainement avoir perdu son jeu, n'atteignit le green qu'en sept coups. Un instant plus tard, un murmure d'approbation signifiait qu'Archibald avait gagné son premier trou.

« M. Gossett », dit une voix.

Ceux qui murmuraient leur approbation remarquèrent que le garçon du télégraphe était de nouveau parmi eux. Cette fois, il portait deux missives. Sigsbee a adroitement mis les deux en fourrière.

«Non», dit-il avec décision. «Je refuse absolument de vous laisser les regarder jusqu'à la fin du jeu. Je connais votre tempérament.

Gossett gesticula.

« Mais ils doivent être importants. Ils doivent venir de mon bureau. Où d'autre pourrais-je recevoir un flux de télégrammes ? Quelque chose ne va pas. J'ai un besoin urgent.

Sigsbee hocha gravement la tête.

«C'est ce que je crains», dit-il. « C'est pourquoi je ne peux pas risquer de vous contrarier. Assez de temps, Gossett, pour les mauvaises nouvelles après le match. Continuez à jouer, mec, et chassez-le de votre esprit. En plus, tu ne pouvais pas encore rentrer à New York, de toute façon. Il n'y a pas de trains. Oubliez tout cela de votre esprit et jouez simplement comme d'habitude, et vous êtes sûr de gagner.

Archibald était parti au cours de cette conversation, mais sans succès. Cette fois, il avait tiré sa balle dans des herbes hautes. La motivation de Gossett était cependant pire ; et le mouvement ultérieur du couple vers le trou ressemblait plus que toute autre chose aux manœuvres de deux hommes roulant des cacahuètes avec des cure-dents à la suite d'un pari électoral. Archibald a finalement pris le trou en douze après que Gossett ait joué son quatorzième.

Quand Archibald remporta le suivant en onze et le dixième en neuf, l'espoir commença à vaciller faiblement dans son sein. Mais quand il a remporté deux autres trous, ramenant le score à zéro, cela s'est enflammé en lui comme un phare.

Le golfeur ordinaire, dont les scores par trou dépassent rarement ceux du colonel Bogey, ne comprend pas le tourbillon de sensations mitigées qu'éprouve le joueur vraiment incompétent dans les rares occasions où il atteint une veine gagnante. Alors que les coups se succèdent et qu'il continue de retenir son adversaire, une exaltation sauvage l'envahit, suivie d'une sorte de crainte, comme s'il faisait quelque chose de mal, voire d'irréligieux. Puis toutes ces émotions de levure s'apaisent et se fondent en une glorieuse sensation de grandeur et de majesté, comme celle d'un géant parmi les pygmées.

Au moment où Archibald, éliminant avec soin une mouche effleurée une Vénus endormie, avait terminé et remporté la treizième, il était en pleine emprise de ce sentiment. Et alors qu'il se dirigeait vers le quinzième tee, après avoir remporté le quatorzième, il sentit que c'était la vie, que jusqu'à présent il n'avait été qu'un simple mollusque .

Juste à ce moment-là, il regarda sa montre et ce fut comme une douche d'eau froide. Les aiguilles étaient à une heure moins cinq.

Arrêtons-nous et réfléchissons un moment sur ce point. Ne l'écartons pas comme s'il s'agissait d'une simple difficulté triviale et quotidienne. Vous, cher lecteur, jouez à un jeu précis et scientifique et battez facilement votre adversaire à chaque fois que vous parcourez les liens, et moi aussi ; mais Archibald n'était pas comme nous. C'était la première fois qu'il sentait qu'il jouait suffisamment bien pour lui donner une chance de vaincre un homme vraiment bon. Il est vrai qu'il avait battu McCay , Sigsbee et Butler lors des tours précédents ; mais c'étaient d'ignobles rivaux comparés à Gossett. Cependant, vaincre Gossett signifiait le championnat. En revanche, il était passionnément dévoué à Margaret Milsom, qu'il devait rencontrer à une heure précise au bout du trottoir. Il était maintenant une heure moins cinq, et la fin du trottoir était encore à un kilomètre et demi.

La lutte mentale fut brève mais vive. Un pincement au cœur, et sa décision était prise. Coûte que coûte, il doit rester sur les liens. Si Margaret rompait les fiançailles, eh bien, il se pourrait que le Temps panse la blessure et qu'après de nombreuses années, il trouve une autre fille dont il pourrait prendre soin d'une manière détruite et brisée. Mais une telle opportunité ne pourrait jamais se reproduire. Qu'est-ce que l'Amour comparé au fait de se tenir devant son adversaire ?

L'excitation était devenue si intense qu'un petit garçon, suivi de la foule, avala son chewing-gum ; car une légère amélioration était devenue perceptible dans la pièce de Gossett, et une légère amélioration dans la pièce de presque tout le monde signifiait qu'elle devenait largement supérieure à celle d'Archibald. Au trou suivant, l'amélioration n'était pas assez marquée pour produire son plein effet, et Archibald parvint à réduire de moitié. Cela lui faisait deux et trois à jouer. Ce que le golfeur moyen considérerait comme une avance considérable. Mais Archibald n'était pas un golfeur moyen. Une avance décisive pour lui aurait été deux et un à jouer.

Pour donner le meilleur de lui-même au public, votre golfeur doit avoir l'esprit calme et concentré sur le jeu. Dans la mesure où Gossett s'inquiétait des télégrammes, tandis qu'Archibald, s'efforçant de les ignorer, était hanté par la vision de Margaret seule et abandonnée sur le trottoir, le jeu devenait pour ainsi dire irrégulier. Un bon putting a permis à Gossett de faire le seizième trou sur douze, et quand, remportant le dix-septième sur neuf, il a amené son score à égalité avec celui d'Archibald, le match semblait terminé. Mais juste à ce moment-là...

« Monsieur Gossett ! dit une voix familière.

Une fois de plus, le garçon du télégraphe, très endurant, se trouvait parmi les personnes présentes.

« Il est temps !» il a observé.

Gossett sauta, mais encore une fois, Sigsbee, vigilant, fut trop rapide.

« Soyez courageux, Gossett, soyez courageux », dit-il. «C'est une crise dans le jeu. Gardez votre sang-froid. Jouez comme si rien n'existait en dehors des liens. Regarder ces télégrammes maintenant serait fatal.

Des témoins oculaires de cette grande rencontre raconteront l'histoire du dernier trou jusqu'à leur dernier jour. C'était une de ces luttes titanesques que le temps ne peut effacer de la mémoire. Archibald a eu la chance de prendre un bon départ. Il n'a raté que deux fois avant de frapper sa balle sur le tee. Gossett a réussi quatre coups avant de réaliser l'exploit. La chance d'Archibald ne l'a pas non plus abandonné lors de son voyage vers le green. Il était sorti du bunker au bout de onze heures.

Gossett n'est apparu qu'après seize ans. Finalement, lorsque le vingt et unième coup d'Archibald envoya la balle couler dans le trou, Gossett avait joué son trentième.

A peine la balle était-elle posée au fond du trou que Gossett commençait à arracher les télégrammes de leurs enveloppes. Pendant qu'il lisait, ses yeux étaient exorbités.

"Ce n'est pas une mauvaise nouvelle, j'espère", a déclaré un passant sympathique.

Sigsbee prit la liasse de télégrammes.

Le premier disait : « Bonne chance. J'espère que tu gagneras. McCay . Le second disait également : « Bonne chance. J'espère que tu gagneras. McCay . Il en a été de même pour les troisième, quatrième, cinquième, sixième et septième.

« Super Scott ! » dit Sigsbee. « Il semble avoir été très soucieux de ne courir aucun risque de te manquer, Gossett.

Pendant qu'il parlait, Archibald, tout près de lui, regardait sa montre. Les aiguilles étaient à deux heures moins le quart.

Margaret et sa mère étaient assises dans le salon quand Archibald arriva. Mme Milsom, qui avait fait remarquer qu'Archibald n'avait pas respecté son rendez-vous, disait « Je vous l'avais bien dit » depuis un certain temps, ce qui n'avait pas amélioré l'humeur de Margaret. Quand donc Archibald, humide et échevelé , fut introduit, le froid de l'air faillit lui donner des engelures. Mme Milsom faisait sa célèbre imitation de la Gorgone, tandis que Margaret, fredonnant légèrement un air, prenait un hebdomadaire et s'y absorbait.

"Margaret, laisse-moi t'expliquer", haleta Archibald. Mme Milsom aurait fait remarquer qu'elle avait osé le dire. L'attention de Margaret était attirée par une gravure de mode.

« En conduisant avec un taximètre jusqu'au ferry ce matin, reprit Archibald, j'ai eu un accident.

C'était le résultat d'un travail cérébral plutôt fébrile sur le chemin entre les liens et le chalet.

Le périodique est tombé par terre.

« Oh, Archie, es-tu blessé ? »

« Quelques égratignures, rien de plus ; mais ça m'a fait rater mon train.

« Quel train as-tu pris ? » demanda sépulcralement Mme Milsom .

« Il est une heure. Je suis arrivé directement de la gare.

«Eh bien, dit Margaret, Stuyvesant rentrait chez lui par le train d'une heure. L'avez-vous vu?'

La mâchoire d'Archibald tomba légèrement.

«Euh… non», dit-il.

"Comme c'est curieux", dit Margaret.

"Très curieux", dit Archibald.

«Très curieux», dit Mme Milsom.

On réfléchissait encore à la singularité de ce fait, lorsque la porte s'ouvrit et que le fils de la maison entra en personne.

«Je pensais que je devrais te trouver ici, Mealing », dit-il. « Ils m'ont donné ça à la gare pour vous le donner ; tu l'as laissé tomber ce matin en descendant du train.

Il tendit à Archibald la pochette manquante.

« Merci, dit ce dernier d'une voix rauque. « Quand vous dites ce matin, bien sûr, vous voulez dire cet après-midi, mais merci quand même... merci... merci.

"Non, Archibald Mealing , il ne veut *pas* dire cet après-midi", a déclaré Mme Milsom. « Stuyvesant, parle ! De quel train est venu ce guf - est-ce que M. Le repas s'est enflammé quand il a laissé tomber la blague à tabac ?

« Dix heures, m'a dit le type. Il a dit qu'il le lui aurait rendu, mais il s'est enfui en courant en toute hâte.

Six yeux se fixèrent sur Archibald.

« Margaret, dit-il, je n'essaierai pas de vous tromper… »

« Vous pouvez essayer, observa Mme Milsom, mais vous ne réussirez pas.

« Eh bien, Archibald ? »

Archibald toucha son col.

"Il n'y a pas eu d'accident de taximètre."

«Ah!» dit Mme Milsom.

"Le fait est que j'ai participé à un tournoi de golf."

Margaret poussa une exclamation de surprise.

'Jouer au golf!'

Archibald baissa la tête avec une résignation virile.

'Pourquoi tu ne me l'as pas dit ? Pourquoi n'avez-vous pas organisé une rencontre sur les liens ? J'aurais dû adorer ça.

Archibald était étonné.

« Tu t'intéresses au golf, Margaret ? Toi! Je pensais que tu le méprisais, que tu le considérais comme un jeu non intellectuel. Je croyais que vous considériez tous les jeux comme non intellectuels.

« Eh bien, je joue au golf moi-même. Pas très bien.'

« Marguerite ! Pourquoi ne me l'as-tu pas dit ?

«Je pensais que ça ne te plairait peut-être pas. Tu étais si spirituel, si poétique. J'avais peur que vous me méprisiez.

Archibald fit un pas en avant. Sa voix était tendue et tremblante.

« Margaret, dit-il, l'heure n'est pas aux malentendus. Nous devons être ouverts les uns aux autres. Notre bonheur est en jeu. Dites-moi honnêtement, aimez-vous vraiment la poésie ?

Margaret hésita, puis répondit courageusement :

« Non, Archibald, dit-elle, c'est comme vous le soupçonnez. Je ne suis pas digne de toi. Je n'aime *pas* la poésie. Ah, tu frémis ! Vous vous détournez ! Votre visage devient dur et méprisant !

'Je ne sais pas!' cria Archibald. « Ce n'est pas le cas ! Cela ne fait rien de tel ! Vous avez fait de moi un autre homme !

Elle le regarda, les yeux hagards, étonnée.

'Quoi! Voulez-vous dire que vous aussi...

«Je devrais juste dire que oui. Je vous dis que je déteste les trucs bestiaux. J'ai seulement fait semblant d'aimer ça parce que je pensais que tu l'aimais. Les heures que j'ai passées à l'apprendre ! Je me demande si je n'ai pas de fièvre cérébrale.

'Archie ! Avez-vous l'habitude de le lire aussi ? Oh, si seulement j'avais su !

« Et tu me pardonne, ce matin, je veux dire ?

'Bien sûr. Vous ne pouviez pas quitter un tournoi de golf. Au fait, comment ça s'est passé ?

Archibald toussa.

« Plutôt bien, » dit-il modestement. « Assez décemment. En fait, pas mal. En fait, j'ai gagné le championnat.

"Le championnat!" murmura Margaret. 'D'Amérique?'

"Eh bien, pas *absolument* américain", dit Archibald. "Mais quand même, un championnat."

'Mon héros.'

« Tu ne voudras plus de moi pendant un moment, je suppose ? » dit nonchalamment Stuyvesant. «Je pense que je vais fumer une cigarette sur le porche.»

Et les sanglots dans les escaliers indiquaient que Mme Milsom était déjà en route vers sa chambre.

L'HOMME, LA FEMME ET LE MIASME

BIEN que cette histoire concerne principalement l'homme et la servante, le miasme l'imprègne à tel point que je me sens justifié d'inscrire son nom sur les factures. Le dictionnaire Webster donne la signification du mot « miasme » comme « une infection flottant dans l'air ; une expiration mortelle » ; et, de l'avis de M. Robert Ferguson, son défunt employeur, cette description, bien que peut-être un peu trop flatteuse, résumait dans l'ensemble de manière assez satisfaisante Maître Roland Bean. Jusqu'à la veille, il avait servi M. Ferguson en qualité de garçon de bureau ; mais il y avait quelque chose chez Maître Bean qui rendait pratiquement impossible à quiconque de l'employer longtemps. Un syndicat composé de Galahad, Parsifal et Marc Aurèle aurait pu le faire, mais pour un homme égaré ordinaire, conscient de choses faites qui n'auraient pas dû être faites, et d'autres choses tout aussi nombreuses laissées en suspens, il était trop oppressif. Une seule conscience suffit à tout homme. L'employeur de Maître Bean a dû grincer des dents avant deux heures. Personne ne peut tenir longtemps contre un garçon de bureau dont les yeux brillent d'un reproche calme et respectueux à travers des lunettes cerclées d'or, dont les manières sont celles d'un saint d'âge moyen, et qui connaît évidemment tous les livres de Plod et de Ponctualité par cœur et ordonne sa vie. par leurs préceptes. Master Bean était une édition ambulante de *Tremplins vers le succès*, *Millionnaires qui n'ont jamais fumé* et *Jeune homme, lève-toi tôt* . Galahad, Parsifal et Marc Aurèle, comme je l'ai dit, auraient pu rester tranquilles en sa présence, mais Robert Ferguson trouvait le contrat trop ambitieux. Au bout d'un mois, il s'était préparé et avait renvoyé le Punctual Plodder.

Et pourtant, il était maintenant assis dans son bureau, longtemps après le départ du dernier employé, bien après l'heure à laquelle lui-même avait l'habitude de partir, l'esprit plein de son défunt employé.

Était-ce des remords ? Aspirait-il au contact de la main disparue, à l'éclat des lunettes disparues ? Il netait pas. Son esprit était plein de Maître Bean parce que Maître Bean l'attendait dans le bureau extérieur ; et il s'attardait à son bureau, une fois la journée de travail terminée, pour la même raison. Plus tôt dans la soirée, on lui avait appris que Maître Roland Bean aimerait le voir. La réponse était simple : « Dites-lui que je suis occupé. » La réponse admirablement digne de maître Bean fut qu'il comprenait la pression du travail de M. Ferguson et qu'il attendrait d'être libre. Liberté! Parlez de la liberté de l'opossum arboré, mais n'utilisez pas ce mot à propos d'un homme enfermé dans un bureau, dont Roland Bean gardait la seule sortie.

M. Ferguson a sauvagement donné un coup de pied dans la corbeille à papier. L'injustice de la chose l'a blessé. Un employé de bureau licencié devrait rester licencié. Il n'avait pas à réapparaître comme le fantôme de Banquo. Ce n'était pas jouer au jeu.

Le lecteur peut se demander quel était le problème : pourquoi M. Ferguson n'a pas pu s'en aller et se débarrasser brusquement de son ennemi ; mais le lecteur n'a pas employé Master Bean depuis un mois. M. Ferguson l'avait fait, et son courage était brisé.

Une légère toux pénétra par la porte entre les deux bureaux. M. Ferguson se leva et attrapa son chapeau. Peut-être une précipitation soudaine — lança-t-il avec la concentration tendue de celui qui se dirige vers la buvette d'une gare où le train s'arrête trois minutes.

'Bonsoir Monsieur!' était le point de vue de l'observateur-bonjour.

« Ah, Bean, » dit M. Ferguson en s'agitant rapidement, « vous êtes toujours là ? Je pensais que tu étais parti. J'ai peur de ne pas pouvoir m'arrêter maintenant. Une autre fois-'

Il avait presque fini.

« Je crains, monsieur, que vous ne puissiez pas sortir, » dit maître Bean avec sympathie. «Le bâtiment est fermé à clé.»

Les hommes qui ont été touchés par des balles disent que la première sensation n'est qu'une sorte de choc sourd. Il en était de même pour M. Ferguson. Il s'arrêta net et regarda.

« Le portier ferme la porte à sept heures ponctuellement, monsieur. Il est maintenant presque vingt minutes après l'heure.

M. Ferguson était encore au stade d'engourdissement.

« Ferme la porte ? » il a dit.

'Oui Monsieur.'

« Alors, comment allons-nous sortir ?

« Je crains que nous ne puissions pas sortir, monsieur.

M. Ferguson a digéré cela.

« Je ne suis plus à votre emploi, monsieur, » dit respectueusement maître Bean, « mais j'espère que dans les circonstances vous me permettrez de rester ici pendant la nuit.

'Au cours de la nuit!'

"Cela me permettrait de dormir plus confortablement que dans les escaliers."

«Mais nous ne pouvons pas rester ici toute la nuit», dit faiblement M. Ferguson.

Il s'était attendu à passer cinq minutes désagréables en compagnie de Maître Bean. L'imagination était abasourdie à l'idée de treize heures désagréables.

Il s'est effondré sur une chaise.

« J'ai appelé, » dit Maître Bean, mettant de côté le sujet trivial de la future veillée, « dans l'espoir de pouvoir vous persuader, monsieur, de reconsidérer votre décision concernant mon licenciement. Je peux vous assurer, monsieur, que je suis extrêmement désireux de vous donner satisfaction. Si vous me reprenez et m'expliquez pourquoi j'ai échoué, je m'efforcerais de m'améliorer, je… »

"Nous ne pouvons pas rester ici toute la nuit", interrompit M. Ferguson, bondissant de sa chaise et commençant à arpenter la pièce.

« Sans présomption, monsieur, je pense que si vous me donniez une autre chance, je devrais travailler à votre satisfaction. Je devrais m'efforcer …

M. Ferguson le regarda avec une horreur muette. Il eut la vision momentanée d'une nuit blanche passée à écouter un discours de la défense bien soigné . Il fut pris d'une folle envie de fuite. Il ne pouvait pas quitter le bâtiment, mais il devait s'enfuir quelque part et réfléchir.

Il sortit précipitamment de la pièce et monta les escaliers sombres. Et alors qu'il arrivait à l'étage suivant, son regard fut attiré par un mince crayon de lumière qui provenait d'une porte de gauche.

Aucun marin naufragé sur une île déserte n'aurait pu accueillir avec plus d'enthousiasme l'apparition d'une voile. Il bondit vers la porte. Il savait à qui appartenait cette pièce. C'était le bureau d'un certain Blaythwayt ; et Blaythwayt n'était pas seulement une connaissance, mais un chasseur. Il est fort possible que Blaythwayt porte un jeu de cartes pour l'aider à passer les longues heures. Et sinon, au moins il serait une compagnie et son bureau un refuge. Il ouvrit la porte sans passer par la formalité de frapper. L'étiquette n'est pas pour les abandonnés.

« Je dis, Blaythwayt … » commença-t-il avant de s'arrêter brusquement.

Le seul occupant de la chambre était une fille.

«Je vous demande pardon», dit-il, «je pensais…»

Il s'arrêta encore. Ses yeux, éblouis par la lumière, n'avaient pas vu clair. Ils l'ont fait maintenant.

'Toi!' il pleure.

La jeune fille le regarda, d'abord avec surprise, puis avec une froide hostilité. Il y avait une longue pause. Dix-huit mois s'étaient écoulés depuis leur séparation, et la conversation ne coule pas facilement après dix-huit mois de silence, surtout si la séparation a été amère et orageuse.

Il fut le premier à parler.

'Que faites-vous ici?' il a dit.

« Je pensais que mes actions ne vous intéressaient plus », dit-elle. 'Je suis M. Secrétaire de Blaythwayt , je suis ici depuis quinze jours. Je me suis demandé si nous devions nous rencontrer. Je te voyais parfois dans la rue.

'Je ne vous ai vu.'

'Non?' dit-elle avec indifférence.

Il passa sa main dans ses cheveux d'un air hébété.

« Savez-vous que nous sommes enfermés ? il a dit.

Il s'était attendu à une surprise et à une consternation folles. Elle fit simplement claquer sa langue d'une manière agacée.

'Encore!' dit-elle. « Quelle nuisance ! J'ai été enfermé il y a seulement une semaine.

Il la regardait avec un respect involontaire, le respect du novice pour le vétéran. Elle n'était plus rien pour lui maintenant, bien sûr. Elle avait disparu de sa vie. Mais il ne pouvait s'empêcher de se rappeler qu'il y a bien longtemps — dix-huit mois auparavant — ce qu'il avait le plus admiré chez elle avait été ce même esprit, ce refus ludique de se laisser déranger par les coups du Destin. Cela l'a renforcé.

Il s'assit et la regarda avec curiosité.

« Alors tu as quitté la scène ? il a dit.

— Je croyais que nous étions convenus, en nous séparant, de ne pas nous parler, dit-elle froidement.

'Avons-nous? Je pensais que c'était uniquement pour se rencontrer en tant qu'étrangers.

'C'est la même chose.'

'Vraiment ? Je parle souvent à des inconnus.

« Quel ennui, ils doivent vous trouver ! » dit-elle en cachant un huitième de bâillement du bout de deux doigts. « Je suppose, poursuivit-elle avec un léger intérêt, que vous leur parlez dans les trains lorsqu'ils essaient de lire leur journal ?

«Je n'impose ma conversation à personne.»

« N'est-ce pas ? » dit-elle en haussant les sourcils avec une douce surprise. « Seulement votre entreprise, c'est ça ? »

« Faites-vous allusion à l'occasion présente ?

"Eh bien, vous avez votre propre bureau dans ce bâtiment, je crois."

'J'ai.'

'Alors pourquoi-'

« Je suis parfaitement libre, dit-il avec dignité, de m'asseoir dans le bureau de mon ami Blaythwayt si je le souhaite. Je souhaite voir M. Blaythwayt .

« Pour affaires ? »

Il prouva qu'elle n'avait pas établi de coin dans ses sourcils haussés.

« Je crains, dit-il, de ne pouvoir discuter de mes affaires avec M. Les employés de Blaythwayt . Je dois le voir personnellement.

' M Blaythwayt n'est pas là.

'J'attendrai.'

« Il ne sera pas là avant treize heures.

J'attendrai.'

« Très bien, s'écria-t-elle ; « C'est vous qui en êtes responsable. Vous n'êtes responsable que de vous-même. Si tu avais été gentil et que tu étais retourné à ton bureau, je t'aurais apporté du gâteau et du cacao.

« Gâteau et cacao ! » dit-il avec mépris.

«Oui, du gâteau et du cacao», dit-elle sèchement. « C'est très bien pour vous de leur faire du nez maintenant, mais attendez. Vous en avez treize heures devant vous. Je sais ce que c'est. La dernière fois que j'ai dû passer la nuit ici, je n'ai pas pu dormir pendant des heures, et quand je l' ai fait , j'ai rêvé que je courais après *des éclairs au chocolat* partout à Trafalgar Square. Et je ne les ai jamais attrapés non plus. Bien avant la fin de la nuit , j'aurais donné *n'importe quoi* , même pour un biscuit sec. J'ai décidé de toujours garder quelque chose ici au cas où je serais à nouveau enfermé — oui, souriez. Tu ferais mieux tant que tu le peux.

Il souriait, mais faiblement. Personne d'autre qu'un jeûneur professionnel n'aurait pu rester indifférent à l'enfer qu'elle avait imaginé. Puis il s'est rallié.

'Gâteau!' dit-il avec mépris.

Elle acquiesça sombrement.

'Cacao!'

Encore ce signe de tête, ineffablement sinistre.

«J'ai bien peur de ne pas m'en soucier non plus», dit-il.

« Si vous voulez bien m'excuser, dit-elle avec indifférence, j'ai un petit travail à terminer.

Elle se tourna vers son bureau, le laissant à ses pensées. Ils n'étaient pas exaltants. Il avait fait preuve de courage, mais intérieurement, il hésitait. Élevé à la campagne, il avait développé dès son plus jeune âge un bel et sain appétit. Un jour, peu après son arrivée à Londres, il s'était laissé persuader par un dangereux fanatique que le secret de la santé était de se passer de petit-déjeuner.

Ce jour-là, son déjeuner lui avait coûté huit shillings, et seule une honte décente avait permis de maintenir ce chiffre aussi bas. Il savait parfaitement que bien avant l'aube, son âme entière réclamerait du gâteau, crierait frénétiquement pour du cacao. Ne vaudrait-il pas mieux… non, mille fois non ! La mort, mais pas l'abandon. Son estime de soi était en jeu. Avec le recul, il réalisa que toutes ses relations avec cette fille avaient été une série de combats de volonté. Jusqu'à présent, même s'il n'avait certainement pas gagné, il n'avait pas été vaincu. Il ne faut pas le vaincre maintenant.

Il croisa les jambes et chanta un air gai dans sa barbe.

« Si cela ne vous dérange pas », dit la jeune fille en levant les yeux.

'Je vous demande pardon?'

"Vos gémissements interrompent mon travail."

«Je ne gémissais pas. Je chantais.'

'Oh je suis désolé!'

'Pas du tout.'

Huit barres reposent.

M. Ferguson, privé du réconfort de la chanson, remplissait le temps en regardant les cheveux du travailleur. Cela a déclenché une réflexion, un train express à destination du Pays d'Hier. Cela rappelait les journées dans les bois, les soirées sur la pelouse. Cela rappelait le soleil, la tempête. Beaucoup de tempête. Des tempêtes mineures qui éclatent d'un ciel clair, apparemment sans cause, et la grande tornade finale. Il y avait suffisamment de raisons pour cela. Pourquoi, se demanda M. Ferguson, toutes les filles de chaque ville de campagne de chaque comté d'Angleterre qui avaient déjà récité « Le couvre-feu ne sonnera pas ce soir » assez bien pour échapper au lynchage par un public rustique ont-elles été saisies du désir de venir ? aller à Londres et monter sur scène ?

Il soupira.

"S'il vous plaît, ne reniflez pas", dit une voix froide derrière les cheveux.

Il y a eu un accident de train au Pays d'Hier. M. Ferguson, le seul survivant, est revenu en boitant dans le présent.

Le Présent avait peu de charme, mais au moins il valait mieux que le Futur sans gâteau . Il y fixa ses pensées. Il se demandait comment Maître Bean passait le temps. Probablement en faisant des exercices de respiration profonde ou en lisant un Aristote de poche. La jeune fille repoussa sa chaise et se leva.

Elle se dirigea vers un petit placard dans un coin de la pièce et y produisit en plusieurs fois tout ce qui sert à faire des gâteaux et du cacao. Elle n'a pas parlé. Bientôt, remplissant l'Espace, une Odeur surgit ; et quand il l'atteignit, M. Ferguson se raidit sur sa chaise, se préparant comme pour un combat à mort. C'était plus qu'une odeur . C'était l'âme du cacao qui lui chantait. Ses doigts agrippèrent les accoudoirs du fauteuil. C'était le test.

La jeune fille a séparé une tranche de gâteau du corps de ses parents. Elle a attiré son attention.

«Tu ferais mieux d'y aller», dit-elle. « Si tu y vas maintenant, il est tout à fait possible que je le fasse – mais j'ai oublié, tu n'aimes pas le cacao.

« Non, dit-il résolument, je ne le fais pas. »

Elle semblait maintenant d'humeur à discuter.

«Je me demande pourquoi vous êtes venu ici», dit-elle.

« Il n'y a aucune raison pour que vous ne le sachiez pas. Je suis venu ici parce que mon défunt employé de bureau est en bas.

« Pourquoi cela devrait-il vous faire monter ? »

« Vous ne l'avez jamais rencontré, sinon vous ne le demanderiez pas. Avez-vous déjà eu à affronter quelqu'un qui incarne simplement la sainteté et la désapprobation, qui...'

« Est-ce que tu oublies que j'étais fiancée avec toi depuis plusieurs semaines ?

Il était trop surpris pour être blessé. L'idée de lui-même en tant que Roland Bean était trop nouvelle pour être assimilée immédiatement. Cela appelait à la méditation.

"Est-ce que j'étais comme ça?" » dit-il enfin, presque humblement.

« Vous savez que vous l'étiez. Oh, je ne pense pas seulement à vos opinions sur scène ! C'était tout. Quoi que j'aie fait, tu étais là pour le désapprouver comme une… comme une… comme une tante », conclut-elle triomphalement. « Tu étais trop bon pour quoi que ce soit. Si seulement tu avais fait quelque chose de mal, juste une fois. Je pense que j'aurais… Mais tu ne pouvais pas. Vous êtes tout simplement parfait.

Un homme restera calme et calme sous de nombreuses accusations. Laissez entendre que ses goûts sont criminels et il haussera les épaules. Mais accusez-le de bonté, et vous réveillerez le lion.

M. Ferguson s'assombrit.

« En effet, dit-il avec hauteur, je devais souper ce soir même avec une choriste.

« Comme c'est épouvantable ! » dit-elle nonchalamment.

Elle sirota son chocolat.

« Je suppose que vous considérez cela comme très terrible ? dit-elle.

« Pour un débutant. »

Elle a émietté son gâteau. Soudain, elle leva les yeux.

'Qui est-elle?' » demanda-t-elle avec férocité.

'Je vous demande pardon?' dit-il sortant d'une agréable rêverie.

'Qui est cette fille?'

« Elle… euh… son nom… son nom est Marie… Marie Templeton.

Elle parut réfléchir un instant.

« Cette chère vieille dame ? dit-elle.' Je la connais très bien.

'Quoi!'

« « Mère », nous l'appelions. Avez-vous rencontré son fils ?

'Son fils?'

« Un homme plutôt sympathique. Il joue des rôles lourds en tournée. Il est marié et père de deux enfants adorables. Leur grand-mère leur est dévouée. Ne vous en a-t-elle jamais parlé ?

Elle se versa une autre tasse de cacao. La conversation languissait à nouveau.

« Je suppose que vous l'aimez beaucoup ? dit-elle longuement.

«Je lui suis dévoué.» Il fit une pause. « Chère petite chose ! il ajouta.

Elle se leva et se dirigea vers la porte. Il y avait une vilaine lueur dans ses yeux.

« Vous n'y allez pas ? il a dit.

« Je serai de retour dans un instant. Je vais juste amener ton pauvre petit employé de bureau ici. Tu dois lui manquer.

Il s'est levé d'un bond, mais elle était partie. Penché sur la rampe, il entendit une porte s'ouvrir en contrebas, puis une courte conversation, et enfin des pas montant les escaliers.

Il faisait nuit noire sur le palier. Il s'écarta et ils passèrent sans le voir. Maître Bean parlait facilement du cacao, des procédés par lesquels il était fabriqué et des distances remarquables que les indigènes du Mexique avaient parcourues avec lui comme seule nourriture. La porte s'ouvrit, inondant le palier de lumière, et M. Ferguson, sortant d'une embuscade, commença à descendre les escaliers.

La jeune fille s'approcha de la rampe.

« Monsieur Ferguson !

Il a arreté.

« Tu me voulais ? » Il a demandé.

« Est-ce que vous retournez à votre bureau ?

'Je suis. J'espère que vous apprécierez la société de Bean. Il possède une mine d'informations utiles sur tous les sujets.

Il continua. Au bout d'un moment, elle revint dans la pièce et ferma la porte.

M. Ferguson entra dans son bureau et s'assit.

Il était une fois un homme du nom de Siméon Stylites, qui s'installa au sommet d'un pilier et y resta, sans autre engagement, pendant trente ans. M. Ferguson, qui avait lu le poème de Tennyson sur le sujet, avait jusqu'à ce soir considéré cela comme une plutôt bonne chose. Lecture des lignes :

...trois fois dix ans,
Trois fois multipliés par des douleurs surhumaines,
Dans la faim et la soif, les fièvres et les rhumes,
Dans la toux, les courbatures, les points de suture, les ulcères et les
crampes,...
Patient sur ce haut pilier que j'ai porté.
Pluie, vent, gel, chaleur, grêle, humidité, grésil et neige,

il avait compris grossièrement, pour ainsi dire, que Siméon n'était pas à l'aise.
Il l'avait plaint. Mais maintenant, assis sur sa chaise de bureau, il commençait
à se demander pourquoi cet homme avait fait tant d'histoires. Il le
soupçonnait d'avoir eu en lui une touche de plume blanche. Ce n'était pas
comme s'il n'avait pas mangé. Il parlait de « faim et soif », mais il devait avoir
quelque chose à manger, sinon il n'aurait pas pu maintenir le cap. Très
probablement, si la vérité était connue, il y avait quelqu'un en bas qui lui faisait
régulièrement passer des provisions de gâteaux et de cacao.

Il commença à considérer Siméon comme un amateur surfait.

Le sommeil refusait de venir à lui. Cela arrivait jusqu'à ses pieds, mais
pas plus loin. Il se leva et frappa pour rétablir la circulation.

C'est à ce moment-là qu'il condamna définitivement Siméon Stylites
comme un imposteur sybaritique.

Si c'était une de ces histoires réalistes de Zola , je décrirais la fissure
derrière… mais dépêchons-nous.

C'est environ six heures plus tard – il n'avait pas de montre, mais le
nombre de douleurs, de points de suture, sans parler de crampes, qu'il avait
ressentis n'aurait pu être condensé en une période plus courte – que son esprit
viril s'est brisé. Ne le jugeons pas trop sévèrement. La fille d'en haut lui avait
brisé le cœur, ruiné sa vie et l'avait pratiquement comparé à Roland Bean, et
sa fierté aurait dû ériger un mur infranchissable entre eux, mais... elle avait du
gâteau et du chocolat. Dans des circonstances similaires, le roi Arthur aurait
rampé devant Guenièvre.

Il s'est précipité vers la porte et l'a déchirée. Il y eut une exclamation de
surprise venant de l'obscurité extérieure.

«J'espère que je ne vous ai pas dérangé», dit une voix douce.

M. Ferguson n'a pas répondu. Ses narines tremblantes buvaient un
arôme familier.

'Tu dormais ? Puis-je entrer? Je t'ai apporté du gâteau et du cacao.

Il lui prit les riches cadeaux en silence. Il y a des moments dans la vie d'un homme trop sacrés pour être décrits. La merveille de la chose l'avait frappé de stupeur. Un instant auparavant, il n'avait eu qu'un espoir désespéré de lui conquérir ces choses inestimables au prix de toute sa dignité et de son amour-propre. Il s'était préparé à les sécuriser à travers une pluie de railleries mordantes, un blizzard de « Je vous l'avais bien dit » semblables à des rasoirs. Pourtant, il était là, vidant sa coupe, et toujours capable de tenir la tête haute, de regarder le monde en face et de se considérer comme un homme.

Son œil perçant détecta une miette sur la manche de son manteau. Celui-ci récupéré et consommé, il se tourna vers elle, cherchant une explication.

Elle a été changée. La lueur de bataille avait disparu de ses yeux. Elle semblait effrayée et maîtrisée. Ses manières étaient celles d'une personne avide de confort et de protection. « Cet horrible garçon ! » elle respirait.

'Haricot?' dit M. Ferguson en ramassant une miette sur le tapis.

« Il est effrayant.

« Je pensais que tu pourrais en avoir un peu marre de lui ! Qu'a-t-il fait ?

'Parler. Je me sens battu. Il est comme une de ces horribles encyclopédies qui vous donnent une sorte de sentiment de plomb et d'ennui dans la tête dès que vous les ouvrez. Savez-vous combien de tonnes d'eau déversent les chutes du Niagara chaque année ?

'Non.'

'Il fait.'

« Je vous ai dit qu'il disposait d'une mine d'informations utiles. Les livres Purpose et Tenacity y insistent. C'est ainsi que vous attirerez l'attention de votre employeur. Un matin, le patron veut soudain savoir combien de canapés en crin il y a à Brixton, combien d'épingles qui iraient du London Bridge à Waterloo. Vous lui dites et il vous emmène en partenariat. Plus tard, vous devenez millionnaire. Mais je ne t'ai pas remercié pour le cacao. C'était bien.'

Il attendit la réplique, mais elle ne vint pas. Un émerveillement heureux le remplit. Ces choses pourraient-elles vraiment être ainsi ?

— Et ce n'est pas seulement ce qu'il dit, poursuivit-elle. « Je sais ce que tu veux dire à son sujet maintenant. C'est son attitude accusatrice.

« J'ai essayé d' analyser de cette manière. Je crois que ce sont les lunettes.

« C'est effrayant quand il te regarde ; vous pensez à toutes les mauvaises choses que vous avez faites ou que vous avez toujours voulu faire.

« Est-ce qu'il a cet effet sur vous ? dit-il avec enthousiasme. "Eh bien, cela décrit exactement ce que je ressens."

Les affinités se regardaient.

Elle fut la première à parler.

« Nous avons toujours pensé de la même manière sur la plupart des choses, n'est-ce pas ? » dit-elle.

" Bien sûr que nous l'avons fait."

Il avança sa chaise.

«Tout était de ma faute», dit-il. 'Je veux dire, que s'est-il passé.'

«Ce n'était pas le cas. Il-'

'Oui c'était. Je veux te dire quelque chose. Je ne sais pas si cela fera une différence maintenant, mais j'aimerais que vous le sachiez. C'est ça. J'ai beaucoup changé depuis mon arrivée à Londres. Pour le mieux, je pense. Je suis encore un spécimen assez pauvre, mais au moins je n'imagine pas pouvoir mesurer la vie avec une règle à pied. Je ne juge plus le monde selon les standards d'une ville de campagne. Londres m'a fait tomber certains angles. Je ne pense pas que tu me trouveras plus du genre Bean. Je ne désapprouve plus beaucoup les autres maintenant. Pas comme une habitude. Je trouve que j'ai assez à faire pour rester à la hauteur.

«Je veux aussi te dire quelque chose», dit-elle. «Je pense qu'il est trop tard, mais tant pis. Je veux que tu l'entendes. J'ai aussi changé depuis mon arrivée à Londres. Je pensais que l'Univers avait été inventé juste pour me regarder et agiter son chapeau pendant que je faisais de grandes choses. Londres m'a mis un gros morceau de glace froide sur la tête et l'enflure a diminué. Je ne suis plus une fille ambitieuse. Je veux juste garder mon emploi et ne pas passer un trop mauvais moment une fois la journée de travail terminée.

Il arriva là où elle était assise.

" Nous avons dit que nous nous rencontrerions en tant qu'étrangers, et nous le faisons. Nous ne nous sommes jamais connus. Ne pensez-vous pas que nous ferions mieux de faire connaissance ? il a dit.

On frappa respectueusement à la porte.

'Entrez?' claqua M. Ferguson. 'Bien?' Derrière les lunettes cerclées d'or de Maître Bean brillait un regard plus doux que d'habitude, un regard plutôt complaisant que désapprobateur.

« Je dois m'excuser, monsieur, de m'être imposé sur vous. Je ne suis plus à votre service, mais j'espère que, dans les circonstances, vous me pardonnerez d'entrer dans votre bureau privé. En réfléchissant à notre situation tout à l'heure, une idée m'est venue grâce à laquelle, j'imagine, nous pourrions peut-être quitter le bâtiment.

'Quoi!'

« Il m'est venu à l'esprit, monsieur, qu'en téléphonant au commissariat le plus proche... »

'Bonté divine!' s'écria M. Ferguson.

Deux minutes plus tard, il a raccroché le combiné.

«Tout va bien», dit-il. «Je leur ai fait comprendre le problème. Ils apportent une échelle. Je me demande quelle heure est-il ? Il doit être environ quatre heures du matin.

Master Bean a produit une montre Waterbury.

« Il est presque exactement dix heures et demie, monsieur.

'Dix heures trente! Nous avons dû être ici depuis plus de trois heures. Votre montre est fausse.

« Non, monsieur, je fais très attention à ce que ce soit parfaitement exact. Je ne veux courir aucun risque d'être ponctuel.

'Dix heures trente!' s'écria M. Ferguson. « Eh bien, nous avons beaucoup de temps pour aller dîner au Savoy. C'est bien. Je vais leur téléphoner pour qu'ils gardent une table.

'Souper! Je pensais-'

Elle s'est arrêté.

'Qu'est ce que c'est? Tu pensais quoi ?

« N'aviez-vous pas rendez-vous pour un dîner ?

Il la regarda.

« Qu'est-ce qui t'a donné cette idée ? Bien sûr que non.'

« Je croyais que vous aviez dit que vous emmeniez Miss Templeton... »

« Miss Temp – Oh ! » Son visage s'éclaira. « Oh, une telle personne n'existe pas. Je l'ai inventée. J'ai dû le faire quand tu m'as accusé d'être comme notre ami le Miasma. Légitime défense .

« Je ne souhaite pas vous interrompre, monsieur, lorsque vous êtes occupé, » dit maître Bean, « mais... »

«Venez me voir demain matin», dit M. Ferguson.

« Bob », dit la jeune fille, alors que les premiers murmures menaçants de l'orchestre annonçaient une tempête mélodieuse imminente, « quand ce garçon viendra demain, que va-t-il faire ?

«Appelez la police.»

« Non, mais tu dois faire quelque chose. Nous n'aurions pas dû être ici sans lui.

'C'est vrai!' Il réfléchit. 'J'ai compris; Je vais lui trouver un emploi chez Raikes et Courtenay.

« Pourquoi Raikes et Courtenay ? »

« Parce que j'ai un faible pour eux. Mais principalement, dit M. Ferguson avec un sourire diabolique, parce qu'ils vivent à Édimbourg, qui, comme vous le savez sans doute, est très, très loin de Londres.

Il se pencha par-dessus la table.

« N'est-ce pas comme au bon vieux temps ? » il a dit. "Tu te souviens de la première fois que j'ai ki-"

C'est alors que l'orchestre éclata.

LE BON ANGE

TOUT homme de moins de trente ans qui vous dit qu'il n'a pas peur d'un majordome anglais ment. Il ne peut pas montrer sa peur. Extérieurement, il peut être courageux, voire même agressif, peut-être au point d'appeler le grand homme « Ici ! » ou "Salut !" Mais, dans son cœur, lorsqu'il rencontre cet œil froid, bleu et introspectif, il tremble.

L'effet que Keggs , le majordome des Keith , avait sur Martin Rossiter était de lui donner l'impression d'avoir été surpris en train de rire dans une cathédrale. Il luttait contre ce sentiment. De toute façon , il se demandait qui était Keggs ; et répondit avec défi que Keggs était un serviteur – et un serviteur suralimenté. Mais pendant tout ce temps, il savait que la logique était inutile.

Lorsque les Keith l'avaient invité dans leur maison de campagne, il avait été ravi. Ils faisaient partie de ses plus vieux amis. Il aimait bien M. Keith. Il aimait bien Mme Keith. Il aimait Elsa Keith, et ce depuis son enfance.

Mais les choses avaient mal tourné. Alors qu'il se penchait par la fenêtre de sa chambre à la fin de la première semaine, avant de s'habiller pour le dîner, il était plus qu'à moitié enclin à trouver une excuse et à quitter les lieux le lendemain. La fade dignité de Keggs lui avait ôté tout son cœur.

Ce n'était pas non plus Keggs seul qui avait poussé ses pensées vers la fuite. Keggs n'était qu'un mal passif, comme un mal de dents ou un jour de pluie. Ce qui avait activement commencé à rendre cet endroit impossible était un jeune homme parfaitement pestilentiel du nom de Barstowe .

La fête chez les Keith était à l'origine, du point de vue de Martin, presque idéale. Le reste des hommes étaient du genre muets et tirant sur les moustaches. Ils étaient venus tirer et ils ont tiré. Lorsqu'ils ne tiraient pas , ils se rassemblaient dans la salle de billard et consacraient leur puissant intellect exclusivement au billard, laissant Martin libre de parler tranquillement à Elsa. Il faisait cela depuis cinq jours avec une grande satisfaction quand Aubrey Barstowe arriva. Mme Keith avait développé tardivement un penchant pour la culture. Dans son hôtel particulier, une charge de petit coup, tirée dans toutes les directions, un jeudi après-midi, n'aurait pu manquer d'abattre un poète, un romancier ou un peintre. Aubrey Barstowe , auteur de *The Soul's Eclipse* et d'autres poèmes, était un membre constant de la foule. Jeune aux manières insinuantes, il avait séduit Mme Keith dès le début ; et malheureusement le virus s'était étendu à Elsa. De nombreux jeudis après-midi agréables et ensoleillés avaient été empoisonnés pour Martin par la vue d'Aubrey et d'Elsa ensemble sur un canapé éloigné, aux tempéraments assortis. Le reste est trop pénible. C'était une déroute. Le poète ne tirait pas, de sorte que lorsque Martin revenait d'une soirée, son rival avait environ cinq heures de conversation d'âme à âme et seulement deux heures à jouer. Et ces deux heures après le dîner, qui étaient autrefois les heures pendant lesquelles Martin avait vécu, étaient une pure torture.

Il était tellement absorbé par ses pensées que la première indication qu'il n'était pas seul dans la pièce fut une toux distinguée. Derrière lui, tenant une petite canette, se trouvait Keggs .

« Vous n'avez pas d'eau, monsieur », dit le majordome avec austérité mais pas méchanceté.

Keggs était un homme – il faut utiliser ce mot, bien qu'il semble tout à fait inapproprié – de taille moyenne, aux doigts de pigeon à la base, bombé à mi-hauteur et chauve au sommet. Son attitude était retenue et digne, sa voix douce et grave.

Mais c'est son œil qui a réprimé Martin. Cet œil froid et bleu que les ducs m'ont traité comme un frère aîné.

Il le fixa sur lui maintenant, ajouta-t-il en posant la canette sur le sol. « C'est le devoir de Frédéric, mais ce soir, je l' ai fait.

Martin n'avait pas de réponse. Il était abasourdi. Keggs avait parlé avec la fière humilité d'un empereur contraint par le malheur de cirer des chaussures.

« Puis-je vous parler, monsieur ?

«Ouais, oui», balbutia Martin. « Ne veux-tu pas prendre un... je veux dire, oui, certainement.

«C'est peut-être une liberté», commença Keggs . Il s'arrêta et fouilla Martin du regard qui s'était posé sur les ducs à table.

— Pas du tout, dit Martin précipitamment.

« Je voudrais, » continua Keggs en s'inclinant, « vous parler d'un sujet quelque peu intime : Miss Elsa.

Les yeux et la bouche de Martin s'ouvrirent lentement.

« Vous faites fausse route pour vous rendre au travail, si vous me permettez de le dire, monsieur.

La mâchoire de Martin s'abaissa encore d'un pouce.

' Qu'est -ce...'

« Les femmes, monsieur, poursuivit Keggs , les jeunes filles sont particulières. J'ai eu, si je puis dire, certaines occasions d'observer leurs voies.

Miss Elsa me rappelle à certains égards Lady Angelica Fendall , que j'ai eu l'honneur de connaître lorsque j'étais majordome de son père, Lord Stockleigh. Sa Seigneurie avait tendance à être romantique. Elle aimait la poésie, comme Miss Elsa. Elle restait assise toutes les heures, monsieur, écoutant le jeune M. Knox lire Tennyson, ce qui ne faisait pas partie de ses fonctions, étant employé par Sa Seigneurie pour enseigner le latin et le grec à Lord Bertie, etc. Vous avez peut-être remarqué, monsieur, que les jeunes filles sont souvent emmenées par Tennyson, surtout en été. M Barstowe lisait Tennyson à Miss Elsa dans le journal lorsque je suis passé tout à l'heure. *La princesse* , si je ne me trompe.

«Je ne sais pas ce que c'était», gémit Martin. "Elle semblait apprécier ça."

" Lady Angelica était très accro à *La Princesse* . Le jeune M. Knox lui lisait des extraits de ce poème lorsque Sa Seigneurie les surprit. Très imprudemment, Sa Seigneurie a fait une déclaration publique et a renvoyé M. Knox le lendemain. Ce n'était pas à moi de lui donner des conseils, mais j'aurais pu lui dire ce qui allait se passer. Deux jours plus tard, Madame s'enfuit tôt le matin pour Londres et ils se marient dans un bureau d'état civil. C'est pourquoi je dis que vous faites fausse route pour travailler avec Miss Elsa, monsieur. Avec certains types de jeunes femmes pleines d'entrain , l'opposition est inutile. Maintenant, quand M. Barstowe faisait la lecture à Miss Elsa à l'occasion à laquelle j'ai fait allusion , vous étiez assis à côté, essayant d'attirer son attention. Ce n'est pas comme ça, monsieur. Vous devriez les laisser seuls ensemble. Laissez-la voir tellement de lui, et personne d'autre que lui, qu'elle se lassera de lui. Le penchant pour la poésie, monsieur, ressemble beaucoup à l' abit du whisky . Vous ne pouvez pas guérir un homme qui a cela par opposition . Maintenant, si vous me permettez de vous donner un conseil, monsieur, dis-je, laissez Miss Elsa « avoir toute la poésie qu'elle veut ».

Martin était conscient d'un sentiment cohérent à la fin de ce discours, celui d'une gratitude émerveillée. Un homme de moindre importance qui serait entré dans sa chambre et aurait commencé à discuter de ses affaires privées aurait eu des raisons de se retirer assez rapidement ; mais que Keggs descende de son piédestal et s'intéresse à des choses aussi modestes, c'était une toute autre chose.

« Je suis très obligé... » balbutiait-il lorsque le majordome leva une main désapprobatrice.

« Mon intérêt pour la question, dit-il doucement, n'est pas entièrement haltruiste . En fait, depuis quelques années, depuis la sortie de Miss Elsa, nous organisons un tirage au sort matrimonial dans la salle des domestiques à chaque fête à la maison. Les noms des messieurs du groupe sont placés dans un chapeau et tirés au sort en temps voulu. Si Miss Elsa se fiance avec un membre du groupe, la cagnotte ira dans le tiroir à son nom. En cas d'absence d'engagement, l'argent reste à ma charge jusqu'à l'année suivante, date à laquelle il est ajouté au nouveau pool. Jusqu'à présent, j'ai eu le malheur de ne dessiner que des hommes mariés, mais cette fois- ci , je vous ai obtenu, monsieur. Et je puis vous dire, monsieur, ajouta-t-il avec une courtoisie majestueuse, que, de l'avis de la salle des domestiques, vos chances sont « très grandes ». imaginé, — très « ighement » . Le pool a maintenant atteint des proportions considérables, et, ayant eu très récemment certaines pertes sur le Turf, je suis extrêmement désireux de le gagner. Alors j'ai pensé que si je pouvais prendre la liberté, monsieur, je mettrais mes connaissances sur le sexe à votre disposition. Vous le trouverez sain à tous égards. C'est tout. Merci Monsieur.'

Les sentiments de Martin avaient subi une répulsion totale. Au cours des dernières minutes , le majordome avait perdu ses ailes et avait des cornes, des pieds fourchus et une queue fourchue. Sa rage le privait de mots. Il ne pouvait que gargouiller.

« Ne me remerciez pas, monsieur, dit le majordome avec indulgence. « Je ne demande pas merci. Nous travaillons ensemble pour un objectif commun , et toute petite « aide que je peux apporter est donnée gratuitement ».

« Espèce de vieux coquin ! cria Martin, sa colère prévalant même contre cet œil bleu. « Vous avez l'insolence de venir vers moi et… »

Il a arreté. La pensée de ces chiens, de ces démons, bavardant froidement et spéculant en bas des escaliers sur Elsa, lui faisant l'objet de petites voltigees sportives pour soulager la monotonie de la vie à la campagne, l'étouffait.

«Je vais le dire à M. Keith», dit-il.

Le majordome secoua gravement sa tête chauve.

« Je ne devrais pas, monsieur. C'est une « histoire extrêmement fantastique, et je ne pense pas qu'il y croirait ».

"Alors je vais... Oh, sors !"

Keggs s'inclina avec déférence.

« Si vous le souhaitez, monsieur, dit-il, je me retirerai. Si je peux vous faire cette suggestion, monsieur, je pense que vous devriez commencer à vous habiller. Le dîner sera servi dans quelques minutes. Merci Monsieur.'

Il sortit doucement de la pièce.

C'est plus par défi envers Keggs que parce qu'il espérait vraiment que quelque chose en résulterait que Martin s'approcha d'Elsa le lendemain matin après le petit-déjeuner. Elsa se promenait sur la terrasse devant la maison avec le barde, mais Martin intervint dans la conférence avec la détermination acharnée d'une perceuse à vapeur.

« Tu sors avec les armes aujourd'hui, Elsa ? » il a dit.

Elle leva les yeux. Il y avait en eux un regard absent.

'Les pistolets?' dit-elle. 'Oh non; Je déteste voir des hommes tirer.

« Tu aimais ça. »

« Avant, j'aimais les poupées », dit-elle avec impatience.

M Barstowe a donné de la langue. C'était un jeune homme mince, grand, d'une beauté écoeurante, avec de grands yeux sombres, pleins d'expression.

«Nous nous développons», a-t-il déclaré. « Les années passent et nous évoluons. Nos âmes se dilatent – timidement d'abord, comme de petits oiseaux à moitié sortis qui s'échappent du…

"Je ne sais pas si je suis si déterminé à tirer aujourd'hui, moi-même", a déclaré Martin. «Voulez-vous passer par les liens?»

"Je sors en moteur avec M. Barstowe , dit Elsa.

'Le moteur!' a pleuré M. Barstowe . « Ah, Rossiter, c'est la poésie même du mouvement. Je ne roule jamais en automobile sans que ces paroles de Shakespeare ne résonnent dans mon esprit : « Je mettrai une ceinture autour de la terre dans quarante minutes. »

«Je ne devrais pas céder à ce genre de choses si j'étais vous», dit Martin. "La police est plutôt en train de s'accaparer la route dans ces régions."

' M Barstowe parlait au sens figuré, dit Elsa avec dédain.

'Était-il?' grogna Martin, dont les chagrins tendaient à le rendre chaque jour davantage semblable à un écolier boudeur. "J'ai bien peur de ne pas avoir une âme poétique."

«Je crains que ce ne soit pas le cas», dit Elsa.

Il y eut un bref silence. Un oiseau se fit entendre dans un arbre voisin .

""Le gémissement des colombes dans les ormes immémoriaux", a cité M. Barstowe , doucement.

« Seulement, il se trouve que c'est un corbeau dans un hêtre », dit Martin alors que l'oiseau s'envolait.

Le menton d'Elsa se releva en signe de mépris. Martin tourna les talons et s'éloigna.

« Ce n'est pas la bonne voie, monsieur ; ce n'est pas la bonne voie, dit une voix. « Je vous observais depuis une fenêtre, monsieur. C'est encore Lady Angelica. Toute opposition est inutile, croyez-moi, monsieur.

Martin avait un visage rond, rouge et courroucé. Le majordome continua impassible : « Mademoiselle Elsa va faire un tour en voiture aujourd'hui, monsieur.

'Je sais que.'

« Des choses inhabituellement délicates, ces automobiles. Je le disais à Roberts, le chauffeur, dès que j'ai appris que Miss Elsa sortait avec M. Barstowe . J'ai dit: "Roberts, ces voitures sont délicates; tombez en panne quand vous êtes à trente kilomètres de nulle part dès que vous vous regardez. Roberts," dis-je en lui glissant un souverain, "" comme ce serait horrible si la voiture devait tombe en panne à vingt milles de nulle part aujourd'hui ! »

Martin le regarda.

« Vous avez soudoyé Roberts pour… »

'Monsieur! J'ai donné le souverain à Roberts parce que je suis désolé pour lui. C'est un homme pauvre, qui a une femme et une famille à charge.

« Très bien, » dit Martin sévèrement ; «Je vais aller prévenir Miss Keith.»

« Avertissez-la, monsieur ! »

« Je lui dirai que vous avez soudoyé Roberts pour que la voiture tombe en panne afin que… »

Keggs secoua la tête.

« Je crains qu'elle ne crédite guère cette déclaration, monsieur. Elle pourrait même penser que vous essayiez de l'empêcher de poursuivre vos propres objectifs pussonaux .

«Je crois que vous êtes le diable», dit Martin.

«Je suis sûr que vous viendrez me considérer, monsieur, dit Keggs avec onctuosité, comme votre bon hangel .»

Martin tira abominablement ce jour-là, et, rentrant le soir sombre et sauvage, monta directement dans sa chambre et ne reparut qu'à l'heure du dîner. Elsa avait été recueillie par l'un des tireurs de moustaches. Martin se retrouva assis de l'autre côté. C'était si agréable d'être près d'elle et de sentir que le barde était absent à l'autre bout de la table, que pour un moment son moral reprit vie.

« Eh bien, comment avez-vous aimé la balade ? » » demanda-t-il avec un sourire. « Avez-vous mis cette ceinture autour du monde ? »

Elle le regarda – une fois. L'instant d'après, il eut une vue ininterrompue de son épaule et entendit le son de sa voix alors qu'elle bavardait gaiement avec l'homme de l'autre côté.

Son cœur fit un bond soudain. Il comprenait maintenant. Le démon majordome avait fait ce qu'il voulait. Bonté divine! Elle avait cru qu'il la narguait ! Il doit s'expliquer immédiatement. Il-

« Jarret ou sherry, monsieur ?

Il leva les yeux vers les yeux inexpressifs de Kegg . Le majordome portait son masque de service. Il n'y avait aucun signe de triomphe sur son visage.

« Oh, Sherry. Je veux dire le jarret. Non, Sherry. Ni l'un ni l'autre.'

C'était horrible. Il doit arranger ça.

«Elsa», dit-il.

Elle était absorbée par sa conversation avec son voisin .

Du bas de la table, dans une soudaine accalmie dans la conversation, la voix de M. Barstowe . Il semblait être au milieu d'un récit.

« Heureusement, disait-il, j'avais avec moi un volume de Shelley et un de mes petits ouvrages. J'avais lu à Miss Keith l'intégralité de ce dernier et une grande partie du premier avant que le chauffeur n'annonce que c'était à nouveau possible...

« Elsa, dit le malheureux, je n'en avais aucune idée... tu ne penses pas... »

Elle se tourna vers lui.

'Je vous demande pardon?' dit-elle très gentiment.

« Je jure que je ne savais pas... je veux dire, j'avais oublié... je veux dire... »

Elle fronça le front.

«J'ai vraiment peur de ne pas comprendre.»

« Je veux dire, à propos de la voiture en panne.

'La voiture? Oh oui. Oui, c'est tombé en panne. Nous avons été assez retardés. M Barstowe m'a lu certains de ses poèmes. C'était parfaitement charmant. J'étais vraiment désolé quand Roberts nous a dit que nous pouvions continuer. Mais voulez-vous vraiment me dire, monsieur Lambert, que vous...

Et une fois de plus, le monde devint tout entier.

Lorsque les hommes se présentèrent en présence des dames pour cette brève séance sur laquelle l'étiquette insistait avant de permettre la ruée vers la salle de billard, Elsa n'était pas visible.

«Elsa?» » a déclaré Mme Keith en réponse à la question de Martin. « Elle s'est couchée. Le pauvre enfant a mal à la tête. J'ai peur qu'elle ait eu une journée fatigante.

Le lendemain matin, le tir partit tôt et comme Elsa ne parut pas au petit déjeuner, Martin dut partir sans la voir. Sa fusillade était encore pire que la veille.

Ce n'est que tard dans la soirée que le groupe est rentré à la maison. Martin, sur le chemin de sa chambre, rencontra Mme Keith dans les escaliers. Elle semblait quelque peu agitée.

«Oh, Martin», dit-elle. «Je suis tellement contente que tu sois de retour. Avez-vous vu quelque chose d'Elsa ?

«Elsa?»

« N'était-elle pas avec les armes ? »

"Avec les armes", dit Martin, perplexe. 'Non.'

« Je n'ai rien vu d'elle de la journée. Je commence à m'inquiéter. Je ne peux pas imaginer ce qui a pu lui arriver. Êtes-vous sûr qu'elle n'était pas avec les armes ?

'Absolument certain. Elle n'est pas venue déjeuner ?

'Non. Tom, dit-elle alors que M. Keith arrivait, je suis tellement inquiète pour Elsa. Je ne l'ai pas vue de la journée. Je pensais qu'elle devait sortir avec les armes.

M. Keith était un homme qui avait bâti une grande fortune principalement en refusant systématiquement que quoi que ce soit l'agite. Il a porté cette politique dans la vie privée.

« Elle n'était pas là au déjeuner ? » demanda-t-il placidement.

« Je vous le dis, je ne l'ai pas vue de la journée. Elle a déjeuné dans sa chambre...

'En retard?'

'Oui. Elle était fatiguée, la pauvre fille.

« Si elle prenait son petit déjeuner tard, dit M. Keith, elle n'aurait pas besoin de déjeuner. Elle est partie se promener quelque part.

« Voudriez-vous reporter le dîner, vous pensez ? » demanda Mme Keith avec inquiétude.

«Je ne suis pas doué pour les énigmes», dit confortablement M. Keith, «mais je peux répondre à celle-là. Je ne reporterais pas le dîner. Je ne retarderais pas le dîner du roi.

Elsa n'est pas revenue dîner. Et sa place n'était pas la seule vacante. M Barstowe avait également disparu. Même le calme de M. Keith fut momentanément ébranlé par cette découverte. Le poète n'était pas l' un de ses favoris : ce n'était qu'à contrecœur qu'il avait consenti à ce qu'il soit invité ; et l'hypothèse étant que lorsque deux membres d'une fête disparaissent simultanément, ils sont susceptibles de passer du temps en compagnie l'un de l'autre, il était ennuyé. Elsa n'était pas du genre à se ridiculiser, bien sûr, mais... Il était inhabituellement silencieux pendant le dîner.

Mme Keith s'est manifestée différemment. Elle était franchement inquiète et en a parlé. Au moment où le poisson fut atteint, la conversation à table s'était définitivement fixée sur un seul sujet.

"En tout cas, ce n'est pas la voiture cette fois", a déclaré M. Keith. "Il n'est pas sorti aujourd'hui."

«Je ne comprends pas», dit Mme Keith pour la vingtième fois. Et c'était là le point le plus avancé de l'enquête sur le mystère.

À la fin du dîner, un esprit d'agitation régnait. La compagnie était assise en groupes inquiets. Le snooker-pool a été, sinon oublié, du moins mis de côté. Quelqu'un suggéra des équipes de recherche, et un ou deux tireurs de moustaches erraient sans but dans l'obscurité.

Martin se tenait sous le porche avec M. Keith lorsque Keggs s'est approché. Alors que ses yeux se posaient sur lui, Martin fut conscient d'une soudaine solidification du vague soupçon qui s'était formé dans son esprit. Et pourtant, ces soupçons semblaient si farfelus. Comment Keggs , avec les pires intentions, aurait-il pu avoir quelque chose à voir avec cela ? Il n'aurait pas pu enlever de force les deux disparus et les garder sous clé. Il n'aurait pas pu les assommer et les laisser dans un fossé. Néanmoins, en le regardant debout dans son attitude de dignité déférente, avec la lumière de la porte ouverte brillant sur son crâne chauve, Martin était parfaitement certain qu'il avait, d'une manière mystérieuse, machiné tout cela.

« Puis-je vous dire un mot, monsieur, si vous êtes libre ?

"Eh bien, Keggs ?"

« Mlle Elsa, monsieur. »

'Oui?'

de Kegg prit une douceur sympathique.

« Ce n'était pas à moi, monsieur, de faire une remarque dans la salle à manger, mais je ne pouvais m'empêcher d' entendre la conversation. J'ai déduit des remarques qui ont été faites que vous étiez quelque peu perdu pour expliquer la non-apparition de Miss Elsa, monsieur.

M. Keith rit brièvement.

« Vous avez compris cela, hein ?

Keggs s'inclina.

« Je pense, monsieur, que je pourrai peut-être faire la lumière sur cette affaire.

'Quoi!' s'écria M. Keith. « Génial Scott, mec ! alors pourquoi ne l'as-tu pas dit à ce moment-là ? Où est-elle?'

« Ce n'était pas à moi, monsieur, d' entrer dans la conversation à table, » dit le majordome avec une touche de reproche. « Si je pouvais parler maintenant, monsieur ?

M. Keith se tenait le front.

« Ciel au-dessus ! Voulez-vous un permis signé pour me dire où se trouve ma fille ? Allez, mec, continuez !

"Je pense qu'il est très possible, monsieur, que Miss Elsa et M. Barstowe se trouve peut-être sur l' île du lac, monsieur. À environ un demi-mille de la maison se trouvait une bande d'eau pittoresque, d'environ quinze cents mètres de largeur et un peu moins de longueur, au centre de laquelle se trouvait une petite île densément boisée. C'était l'un des lieux de prédilection des visiteurs de la maison lorsqu'il n'y avait rien d'autre pour attirer leur attention, mais au cours de la semaine dernière, à cause des tournages qui remplissaient les journées, il avait été négligé.

'Sur l'Ile?' dit M. Keith. « Qu'est-ce qui vous a mis cette idée en tête ?

semblait que je ramais sur le lac ce matin, monsieur. Je rame souvent le matin, monsieur, lorsqu'il n'y a aucun devoir pour me retenir dans la maison . Je trouve l' exercice hadmirable pour la « santé » . Je marche d'un pas vif vers la maison du bateau , et...

'Oui oui. Je ne veux pas d'un programme de vos exercices quotidiens. Éliminons les réminiscences sportives et venons au fait.

« Alors que je ramais sur le lac ce matin, monsieur, j'ai eu peur de voir un bateau s'accrocher à un arbre sur l' île . Je pense que peut-être Miss Elsa et M. Barstowe aurait pu se disputer là-bas. M Barstowe souhaiterait voir l' Hisland , monsieur, devenir « romantique ».

— Mais vous dites que vous avez vu le bateau là-bas ce matin ?

'Oui Monsieur.'

« Eh bien, il ne faut pas toute la journée pour explorer une petite île. Qu'est-ce qui les a retenus pendant tout ce temps ?

« Il est possible, monsieur, que la corde n'ait pas tenu. M Barstowe , si je puis dire, monsieur, est l'un de ces imbéciles littéraires , et peut-être a-t-il manqué de veiller à ce que le nœud soit bien noué. Ou bien, son regard grave et impénétrable se posa un instant sur celui de Martin, il se pourrait qu'un groupe soit venu pour chasser. c'est un puppus .

« Vous l'avez délié exprès ? dit M. Keith. « Pourquoi diable ? »

Keggs secoua la tête avec dépréciation, comme quelqu'un qui, conscient de ses limites, refuse de tenter de sonder les sources cachées des actions humaines.

«J'ai pensé qu'il était bon, monsieur, de vous le faire savoir», dit-il.

'Droite? Je devrais le dire. Si Elsa est restée affamée toute la journée sur cette île à cause de ce cheveux longs… Tiens, viens, Martin.

Il s'enfuit avec enthousiasme dans la nuit. Martin resta un moment à regarder fixement le majordome.

« Je suis sûr , monsieur, » dit cordialement Keggs , « que mes informations se révéleront être une véritable hâte .

« Savez-vous ce que j'aimerais vous faire ? » dit lentement Martin.

«Je crois que j'entends M. Keith vous appeler, monsieur.»

« Je voudrais te prendre par la peau du cou et… »

« Voilà, monsieur ! Vous ne m'avez pas entendu alors ? C'était tout à fait distinct.

Martin a abandonné la lutte avec un sentiment de futilité. Que peux-tu faire avec un homme comme ça ? C'était comme se disputer avec l'abbaye de Westminster.

«Je devrais me dépêcher , monsieur», suggéra respectueusement Keggs
. "Je pense que M. Keith a dû rencontrer un accident ."

Sa supposition s'est avérée exacte. Lorsque Martin arriva, il trouva son
hôte assis par terre, souffrant visiblement.

«Je me suis tordu la cheville dans un trou», expliqua-t-il brièvement.
« Donne-moi un bras pour rentrer à la maison, c'est un brave garçon, et
ensuite cours jusqu'au lac et vois si ce que Keggs a dit est vrai. »

Martin fit ce qu'on lui demandait, c'est-à-dire en ce qui concernait la
première moitié de la commission. En ce qui concerne le second, il a pris sur
lui d'apporter certaines modifications. Après avoir accompagné M. Keith
dans sa chambre, il confia l'aménagement du navire de secours à un groupe
de ses convives qu'il découvrit sous le porche. Les sentiments d'Elsa envers
son sauveur pourraient être ceux d'une gratitude sans mélange ; mais il
pourrait s'agir, d'un autre côté, de ressentiment. Il ne souhaitait pas qu'elle le
relie dans son esprit à l'épisode de quelque manière que ce soit. Martin avait
un jour libéré un chien d'un piège et le chien l'avait mordu. Il avait fait une
mission de miséricorde, mais le chien l'avait relié à ses souffrances et avait agi
en conséquence. Il est venu à l'esprit de Martin que l'état d'esprit d'Elsa
ressemblerait inhabituellement à celui de ce chien .

L'équipe de sauvetage s'est mise en route. Martin alluma une cigarette
et attendit sous le porche.

Il lui sembla qu'il se passerait beaucoup de temps avant que quelque
chose n'arrive, mais enfin, alors qu'il allumait sa cinquième cigarette, des voix
vinrent de l'obscurité. Ils se rapprochèrent. Quelqu'un a crié :

'C'est bon. Nous les avons trouvés.

Martin jeta sa cigarette et rentra à l'intérieur.

Elsa Keith se redressa lorsque sa mère entra dans la pièce. Deux nuits
et un jour s'étaient écoulés depuis qu'elle s'était couchée.

« Comment te sens-tu aujourd'hui, chérie ?

« Est-il parti, mère ?

'OMS?'

' M Barstowe ?

'Oui chérie. Il est parti ce matin. Il a dit qu'il avait des affaires avec son
éditeur à Londres.

"Alors je pourrai me lever", dit Elsa, heureusement.

"Je pense que vous êtes un peu dur avec le pauvre Monsieur Barstowe
, Elsa. C'était juste un accident, tu sais. Ce n'était pas sa faute si le bateau
s'était éloigné.

'C'était, c'était, c'était *!* ' s'écria Elsa en frappant malicieusement
l'oreiller. « Je crois qu'il l'a fait exprès, pour pouvoir me lire son horrible
poésie sans que j'aie une chance de m'échapper. Je crois que c'est la seule
façon pour lui de faire en sorte que les gens l'écoutent.

«Mais tu aimais ça, chérie. Vous avez dit qu'il avait une voix tellement
musicale.

« Voix musicale ! » L'oreiller devint un tas informe. « Mère, c'était
comme un cauchemar ! Si je l'avais revu, j'aurais été hystérique. C'était *horrible*
! S'il avait été lui -même un peu contrarié, je pense que j'aurais pu supporter.
Mais il *a apprécié* ! Il s'en *délectait !* Il a dit que c'était comme Omar Khayyam
dans The Wilderness et *Epipsychidion de Shelley* , quoi que ce soit ; et il bavardait
encore et encore et lisait et lisait jusqu'à ce que ma tête commence à se briser.
Mère » (sa voix se transforma en un murmure) « Je l'ai frappé !

«Elsa!»

'Je l'ai fait!' continua-t-elle avec défi. « Je l'ai frappé aussi fort que j'ai pu,
et il... il... » elle s'interrompit dans un petit rire gargouillant - « il a trébuché
sur un buisson et est tombé tout de suite ; et je n'avais pas du tout honte. Je
ne pensais pas que cela ressemblait à une dame ou quoi que ce soit. J'étais
aussi fier que possible. Et ça l'a empêché de parler.

« Mais, Elsa, *chérie* ! Pourquoi?'

« Le soleil venait de se coucher ; et c'était un beau coucher de soleil, et
le ciel ressemblait à une belle et grande tranche de bœuf pas assez cuite ; et je
le lui ai dit, et il a dit, en reniflant, qu'il avait peur de ne pas voir la
ressemblance. Et je lui ai demandé s'il ne mourait pas de faim. Et il a dit non,
parce qu'en général il n'avait besoin que d'un petit fruit mûr. Et c'est à ce
moment-là que je l'ai frappé.

«Elsa!»

"Oh, je sais que c'était terriblement mal, mais je devais le faire. Et
maintenant je vais me lever. C'est joli dehors.

Martin n'était pas sorti avec les armes ce jour-là. Mme Keith lui avait
assuré qu'il n'y avait rien de mal avec Elsa, qu'elle était seulement fatiguée,
mais il était anxieux et était resté à la maison, où les bulletins pouvaient lui
parvenir. Alors qu'il revenait d'une promenade dans le parc , il entendit son
nom crier et aperçut Elsa allongée dans le hamac sous les arbres près de la
terrasse.

« Pourquoi, Martin, pourquoi ne sortez-vous pas avec les armes ? » dit-elle.

"Je voulais être sur place pour pouvoir entendre comment tu allais."

'Quelle gentillesse de ta part! Pourquoi ne t'assois-tu pas ?

'Puis-je?'

Elsa agitait les pages de son magazine.

« Tu sais, tu es une personne très reposante, Martin. Tu es si grand et si extérieur . Aimeriez-vous me lire un moment ? Je me sens tellement paresseux.

Martin a pris le magazine.

« Que dois-je lire ? Voici un poème de...

Elsa frémit.

«Oh, s'il vous plaît, non», cria-t-elle. «Je ne pouvais pas le supporter. Je vais vous dire ce que je devrais aimer : les publicités. Il y en a un sur les sardines. Je l'ai commencé et cela m'a semblé magnifique. C'est quelque part au fond.

« Est-ce que c'est ça : les sardines de Langley et Fielding ?

'C'est ça.'

Martin commença à lire.

""Sardines de Langley et Fielding. Lorsque vous voulez les sardines les plus délicates et les plus délicieuses, allez chez votre épicier et dites: "Langley et Fielding's, s'il vous plaît!" Vous serez alors assuré d'avoir les meilleures sardines fumées norvégiennes, conditionnées dans l'huile d'olive la plus pure."'

Elsa était assise, les yeux fermés et un doux sourire de plaisir courbant sa bouche.

« Continuez », dit-elle d'un air rêveur.

"Rien de plus agréable", reprit Martin avec une touche d'éloquence supplémentaire à mesure que le thème commençait à se développer, ""pour le petit-déjeuner, le déjeuner ou le dîner. Votre épicier les stocke probablement. Demandez-lui. S'il ne le fait pas, écrivez-nous. ". Prix cinq pence la boîte . Les meilleures sardines et la meilleure huile!"

'N'est-ce pas *charmant* ?' murmura-t-elle.

Sa main, en se balançant, toucha la sienne. Il l'a tenu. Elle ouvrit les yeux.

«N'arrêtez pas de lire», dit-elle. "Je n'ai jamais rien entendu d'aussi apaisant."

«Elsa!»

Il se pencha vers elle. Elle lui sourit. Ses yeux dansaient.

« Elsa, je… »

« M. Keith, dit une voix calme, désirait que je dise… »

Martin s'éloigna. Il le regarda furieusement. Keggs les regardait . Le visage du majordome brillait d'une douce bienveillance.

« M. Keith m'a demandé de lui dire qu'il serait heureux si Miss Elsa venait s'asseoir avec lui pendant un moment. »

«Je viendrai tout de suite», dit Elsa en sortant du hamac.

Le majordome s'inclina respectueusement et se détourna. Ils le regardèrent tandis qu'il traversait la terrasse.

"Quel vieux saint Keggs a l'air", dit Elsa. « Vous ne le pensez pas ? On dirait qu'il n'a jamais pensé à faire quelque chose qu'il ne devrait pas faire. Je me demande s'il l'a déjà fait ?

'Je me demande!' dit Martin.

« Il ressemble à un gros ange. Que disais-tu, Martin, quand il est arrivé ?

POTS O'MONEY

OWEN BENTLEY se sentait gêné. Il regarda M. Sheppherd , et se retint avec difficulté de se tenir sur une jambe et de se tourner les doigts. À une époque de sa carrière, avant que l'influence de son oncle Henry ne le place à la London and Suburban Bank, Owen avait été acteur. Fort d'une moyenne au bâton de trente-trois points sept heures zéro pour Middlesex, il avait été engagé par l'astucieux imprésario de comédie musicale à qui l'idée est venue pour la première fois que, s'il faut des jeunes hommes pour chanter "Nous sommes joyeux et gais, tra-la, car ici c'est la Bohême, » Dans la scène du Bal des Artistes, on pourrait tout aussi bien avoir des jeunes hommes dont les noms sont connus du public. Il n'était pas acteur depuis longtemps, car sa perte de forme l'avait exclu du cricket de première classe, et l'impresario avait donné sa place dans la pièce suivante à un joueur de quilles écarquillé qui avait bien réussi lors du dernier match universitaire ; mais il l'était depuis assez longtemps pour éprouver cette sensation de naufrage qu'on appelle le trac. Et maintenant, alors qu'il commençait à expliquer à M. Sheppherd qu'il souhaitait obtenir son consentement pour épouser sa fille Audrey, il s'est retrouvé à souffrir exactement des mêmes symptômes.

Dès le début, à partir du moment où il a révélé que ses revenus, salaire et moyens privés compris, s'élevaient à moins de deux cents livres, il avait compris que cela allait être l'un de ses échecs. C'est l'horrible caractère de l'époque victorienne qui lui a arraché le cœur. M Sheppherd lui avait toujours fait penser au père lourd d'un roman en trois volumes, mais, comparé à son attitude lorsqu'il écoutait maintenant, son attitude jusqu'alors avait été légère et fantaisiste. Jusqu'à présent, Owen n'avait pas imaginé que ce genre de choses se produisait de nos jours en dehors des journaux comiques. À la fin de la deuxième minute , il n'aurait pas été surpris de se retrouver à naviguer dans les airs, poussé par M. Botte de berger , son transit indiqué par une ligne pointillée et quelques étoiles.

M Les manières de Sheppherd étaient enclines à la tristesse.

«C'est très regrettable», a-t-il déclaré. « Très malheureux. Je dois penser au bonheur de ma fille. C'est mon devoir de père. Il fit une pause. « Vous dites que vous n'avez aucune perspective ? J'aurais dû supposer que votre oncle... ? Sûrement, avec son influence… ?

« Mon oncle a tiré son coup quand il m'a fait entrer dans la banque. Cela l'a fini, en ce qui me concerne. Je ne suis pas son seul neveu, tu sais. Il y en a une centaine d'autres, tous qui le suivent comme des limiers.

M Sheppherd toussa légèrement en signe de désapprobation. Il se sentait plus qu'un peu lésé.

Il avait rencontré Owen pour la première fois lors d'un dîner chez son oncle Henry, un homme d'une valeur incontestable, qui avait l'habitude d'inviter chacun de ses onze neveux à dîner une fois par an. Mais M. Shepherd ne le savait pas. Pour autant qu'il sache, Owen avait l'habitude de fréquenter le grand homme tous les soirs. Il ne pouvait pas dire exactement que c'était une habitude de la part d'Owen d'accepter son invitation à l'appeler et, après avoir appelé, de continuer à appeler assez longtemps pour rendre possible la situation déplorable actuelle ; mais il sentit qu'il eût été de meilleur goût que le jeune homme s'effaçât et se conduisît davantage en employé de banque qu'en héritier.

« Je suis extrêmement désolé pour cela, M. Bentley, dit-il, mais vous comprendrez que je ne peux pas… C'est bien sûr hors de question. Il vaudrait mieux, dans ces circonstances, je pense, que vous ne revoyiez pas ma fille… »

« Elle attend dans le passage à l'extérieur », dit simplement Owen.

'-après aujourd'hui. Au revoir.'

Owen quitta la pièce. Audrey planait à proximité de la porte. Elle s'approcha rapidement de lui, et son moral remonta, comme toujours, à sa vue.

'Bien?' dit-elle.

Il secoua la tête.

«Pas bon», dit-il.

Audrey réfléchit un instant au problème et fut récompensée par une idée.

« Dois-je entrer et pleurer ? »

"Cela ne servirait à rien."

« Dites-moi ce qui s'est passé. »

« Il a dit que je ne devais plus te revoir.

«Il ne le pensait pas.»

"Il pense que oui."

Audrey réfléchit.

« Nous devrons donc simplement continuer à écrire. Et nous pouvons parler au téléphone. Ce n'est pas se voir. Votre banque a-t-elle un téléphone ?

'Oui. Mais-'

« Tout va bien, alors. Je t'appellerai tous les jours.

«J'aimerais pouvoir gagner de l'argent», dit Owen pensivement. «Mais j'ai l'impression d'être un de ces types qui ne peuvent pas. Rien de ce que j'essaye ne fonctionne. Je n'ai jamais dessiné autre chose qu'un blanc d'un seul coup. J'ai dépensé environ deux livres en mandats postaux de six penny lors de l'engouement pour Limerick, et je n'ai rien gagné. Un jour, alors que j'étais en tournée , j'ai travaillé sur une ombre en dramatisant un roman. Cela non plus n'a rien donné.

« Quel roman ?

« Une chose appelée *White Roses*, par une femme nommée Edith Butler. »

Audrey leva rapidement les yeux.

« Je suppose que vous la connaissiez très bien ? Étiez-vous de bons amis ?

«Je ne la connaissais pas du tout. Je ne l'avais jamais rencontrée. Il m'est arrivé d'acheter ce truc dans un libraire et j'ai pensé que cela ferait une bonne pièce de théâtre. Je pense que c'était une assez mauvaise pourriture. D'ailleurs, elle n'a jamais pris la peine de le renvoyer, ni même d'en accuser réception.

« Peut-être qu'elle ne l'a jamais eu ?

«Je l'ai enregistré.»

«C'était un chat», dit Audrey décidément. Mais j'en suis content. Si une autre femme t'avait aidé à gagner beaucoup d'argent, je serais mort de jalousie.

La routine est la mort de l'héroïsme. Pendant les premiers jours après sa séparation avec M. Berger , Owen était d'humeur héroïque, plein de projets vaguement fringants, considérant le monde comme son huître et brûlant d'y parvenir, l'épée à la main. Mais la routine, avec ses grands livres, son encre à copier et ses clients, tombait comme un nuage gris à travers son horizon, effaçant les visions arc-en-ciel d'une richesse soudaine, dramatiquement gagnée. Jour après jour, la lueur s'estompait et le désespoir grandissait.

Si la lueur ne s'est pas entièrement éteinte, c'est grâce à Audrey, qui a plus que tenu sa promesse de l'appeler au téléphone. Elle l'a appelé au moins une fois, souvent plusieurs fois, chaque jour, ce qui a été noté et commenté dans un esprit âprement critique par le chef de son service, un homme sans âme et fortement réticent à faire le travail de ses subordonnés. pour eux.

En règle générale, sa conversation, bien que plaisante, était discursive et dépourvue de motif central, mais un matin, elle eut une véritable nouvelle à annoncer.

« Owen » (sa voix était excitée) « as-tu vu le journal aujourd'hui ? Alors écoute. Je vais le lire. Écoutes-tu? Voici ce qu'il est dit : "Le Piccadilly Theatre rouvrira prochainement avec une version dramatisée du roman populaire de Miss Edith Butler, *White Roses* , préparé par l'auteur elle-même. Un casting solide est engagé, comprenant..." Et puis beaucoup de noms. Que vas-tu faire à ce sujet, Owen ?

'Qu'est ce que je vais faire?'

« Vous ne voyez pas ce qui s'est passé ? Cette horrible femme a volé votre pièce. Elle a attendu toutes ces années, espérant que tu oublierais. Ce qui vous fait rire?'

«Je ne riais pas.»

« Oui, tu l'étais. Cela m'a chatouillé l'oreille. Je t'appelle si tu recommences. Vous ne me croyez pas. Eh bien, attendez et voyez si je ne suis pas…'

"Edith Butler est incapable d'une telle chose."

Il y eut une légère pause à l'autre bout du fil.

«Je pensais que tu avais dit que tu ne la connaissais pas», dit Audrey jalousement.

«Je ne… je ne sais pas», dit Owen à la hâte. «Mais j'ai lu ses livres. Ce ne sont que des morceaux de sentiments surgras. C'est une sorte d'oignon littéraire. Elle force les larmes. Une femme comme celle-là ne pourrait pas voler une pièce si elle essayait.

« On ne peut pas juger les auteurs à partir de leurs livres. Il faut aller voir la pièce quand elle commence. Alors tu verras que j'ai raison. Je suis absolument certain que cette femme essaie de vous escroquer. Ne riez pas de cette façon horrible. Très bien, je t'ai dit que je devrais téléphoner, et maintenant je vais le faire.

Au début du mois suivant, les vacances annuelles d'Owen arrivaient. Les autorités de la London and Suburban Bank n'étaient pas des nègres. Ils ont reconnu qu'un homme n'est pas une machine. Ils ont donné à leurs employés dix jours par an pour tonifier leurs systèmes en vue d'un travail supplémentaire de douze mois.

Owen passa son enfance dans le village du Shropshire dont son père avait été recteur, et c'est là qu'il se rendait quand ses vacances arrivaient, dans la ferme d'un certain Dorman. Il était heureux d'avoir la chance d'arriver dans le Shropshire. Il y a quelque chose dans le pays, avec ses champs verts et ses rivières miniatures, qui apaise l'esprit blessé et forme un fond agréable pour les réflexions sentimentales.

C'était confortable à la ferme. La maison était composée de M. Dorman, une vieille connaissance, de son fils George, âgé de dix ans, et de la mère de M. Dorman, une vieille dame jouissant d'une réputation locale considérable de femme sage. La rumeur courait que l'avenir n'avait pas de mystère pour elle, et on savait qu'elle pouvait guérir les verrues, les doigts meurtris et même les bottillons au moyen de sorts.

À part cela, Owen avait cru qu'il était seul dans la maison. Il semble pourtant que non. Il y avait un piano primitif dans son salon, et le deuxième matin, il convenait à son humeur de s'asseoir et de chanter « Asthore », dont le pathétique fruité lui plaisait fortement à ce moment-là, s'accompagnant d'un ingénieux piano. arrangement en trois accords. Mais à peine avait-il commencé que M. Dorman apparut, quelque peu agité.

« Si cela ne vous dérange pas, M. Owen, » dit-il. 'J'ai oublié de te dire. Il y a un homme de lettres qui embarque avec moi dans la chambre du dessus, et il ne supporte pas d'être dérangé.

Un piétinement sourd venant du plafond confirma ses paroles.

«Il est en train d'écrire un livre », a poursuivi M. Dorman. « Il a attrapé le jeune George hier avec une pince à l'oreille parce qu'il sonnait de la trompette dans les escaliers. Il lui a ensuite donné six pence et lui a dit qu'il l'écorcherait s'il récidivait. Alors, si cela ne vous dérange pas… »

«Oh, d'accord», dit Owen. 'Qui est-il?'

« Gentilhomme du nom de Prosser. »

Owen ne se souvenait pas d'avoir découvert une œuvre de quelqu'un de ce nom ; mais il n'était pas un grand lecteur ; et, que l'homme ci-dessus soit une célébrité ou non, il avait droit au silence.

« Je n'ai jamais entendu parler de lui, dit-il, mais ce n'est pas une raison pour que je le dérange. Laissez-le déchirer. Je supprimerai les effets musicaux à l'avenir.

Les journées s'écoulaient sans problème. L'homme de lettres restait invisible, bien que parfois audible, piétinant le sol dans la frénésie de la composition. Jusqu'au dernier jour de sa visite, Owen ne revit pas non plus la vieille Mme Dorman.

Qu'elle n'ignorait pas sa présence dans la maison, on l'a cependant indiqué le dernier matin. Il fumait une pipe après le petit-déjeuner à la fenêtre ouverte et attendait la charrette à chiens qui devait le conduire à la gare, lorsque George, le fils de la maison, entra.

George se tenait sur le seuil, sourit et dit :

' Farsezjerligranmatellyerforchbythecards ?'

« Hein ? » dit Owen.

Le jeune répéta le mot.

'Encore une fois.'

À la deuxième répétition, la lumière commença à s'infiltrer. Une enfance passée dans cet endroit, ajoutée à ce séjour de dix jours, avait fait d'Owen une sorte de linguiste.

« Père dit : est-ce que j'aimerais que grand-mère fasse quoi ? »

'Dis- toi forcé par leurs cartes.

'Où est-elle?'

' Arrière-cour .'

Owen le suivit dans la cuisine, où il trouva M. Dorman, le fermier, et, assis à table, fouillant avec un jeu de cartes, une vieille femme dont il se souvenait bien.

« Mère veut prédire votre avenir, » dit M. Dorman, d'un ton rauque. "Elle prédira toujours l'avenir des visiteurs" . Elle l'a dit à M. Prosser, et cela ne lui a pas du tout plu, car elle a dit qu'il serait fiancé dans deux mois et marié dans l'année. Il a dit que les chevaux sauvages ne l'y obligeraient pas.

« Elle peut me le dire si elle le souhaite. Je ne m'y opposerai pas.

« Mère, voici M. Owen. »

«Je l'ai semé assez vite», dit vivement la vieille femme. « Mélanger, et » couper trois fois. »

Elle effectua alors de mystérieuses manœuvres avec les cartes.

«Je vois des pots d'argent», annonça la sibylle.

"Si elle le dit, c'est bien là", a déclaré son fils.

"Elle parle de mon bonus", a déclaré Owen. « Mais cela ne fait que dix livres. Et je le perds si je suis encore deux fois en retard avant Noël.

«Ça viendra, c'est sûr.»

« Pots », dit la vieille femme, et elle marmonnait encore le mot d'encouragement quand Owen quitta la cuisine et retourna au salon.

Il rit plutôt tristement. À ce moment-là, il aurait pu trouver une utilité à ses pots d'argent.

Il se dirigea vers la fenêtre et regarda dehors. C'était une matinée glorieuse. La brume chaude dansait sur la prairie au-delà du ruisseau, et de la basse-cour arrivaient les charawks liquides des volailles insouciantes. Cela semblait méchant de quitter ces lieux de paix pour Londres un tel jour.

Une mélancolie aiguë le saisit. Distraitement, il s'assit au piano. Les préjugés littéraires de M. Prosser avaient disparu de son esprit. Doucement d' abord, puis de plus en plus fort à mesure que l'esprit de la chanson le saisit, il commença à chanter « Asthore ». Il est devenu absorbé.

Il venait juste, pour la sixième fois, de remporter « Iyam -ah wait for-er theeee-yass-thorre », et il était en train d'effectuer un travail complexe à trois accords en préparation pour recommencer, lorsqu'une miche de pain siffla devant lui. oreille. Il l'a raté de quelques centimètres et s'est écrasé contre une statuette en plâtre de l'enfant Samuel sur le dessus du piano.

C'était un pain standard, contenant quatre-vingts pour cent de semoule, et il a pratiquement anéanti l'existence de l'Enfant Samuel. Au même instant, dans son dos, retentit un grognement fort et courroucé.

Il se retourna. La porte était ouverte, et de l'autre côté de la table se tenait un grand homme à la barbe noire, en manches de chemise, dans une attitude qui rappelait assez celle d'Ajax défiant la foudre. Ses mains tremblaient. Sa barbe se hérissait. Ses yeux brillaient férocement sous d'énormes sourcils. Alors qu'Owen se retournait, il tira la langue d'une voix semblable à la décharge d'une bordée.

'Arrête ça!'

L'esprit d'Owen, arraché trop brusquement d'un avenir onirique à un présent vivant, n'était pas encore complètement sous contrôle. Il resta bouche bée.

« Arrêtez... ce... bruit... infernal ! rugit l'homme.

Il passa la porte en trombe, la frappa après lui et monta les escaliers à toute vitesse.

Owen était ennuyé. Le tempérament artistique était très bien, mais il y avait des limites. Il était absurde que des auteurs obscurs se comportent ainsi. Prosser! Qui diable était Prosser ? Quelqu'un avait-il déjà entendu parler de lui ? Non! Et pourtant, il parcourait la campagne, coupant les petits garçons par le trou de l'oreille et jetant des miches de pain aux employés de banque comme s'il était Henry James ou Marie Corelli. Owen se reprocha amèrement sa perte momentanée de présence d'esprit. S'il avait seulement gardé la tête, il aurait pu tirer sur l'homme au pot de marmelade. C'était à portée de main. Au lieu de cela, il s'était simplement tenu debout et restait bouche bée. De tous les mots tristes prononcés dans la langue ou dans la plume, les plus tristes sont ceux-ci : « Cela aurait pu être le cas ».

Ses regrets virils furent interrompus par l'entrée de M. Dorman avec l'information que la charrette à chiens était à la porte.

Audrey n'était pas en ville quand Owen est arrivé à Londres, mais elle est revenue une semaine plus tard. Le son de sa voix au téléphone contribua grandement à guérir l'agitation dont il souffrait depuis la fin de ses vacances. Mais la pensée qu'elle était si proche et si inaccessible produisait en lui une mélancolie méditative qui l'enveloppait comme un nuage qui ne voulait pas se dissiper. Ses manières devinrent distraites. Il a perdu du poids.

Si les clients n'étaient pas vaguement peinés par son visage triste et pâle, c'est uniquement parce que l'agitation effrénée de la vie commerciale moderne laisse peu de temps à votre homme d'affaires pour observer la pâleur des employés de banque. Ce qui les peinait, c'était la douce rêverie avec laquelle il accomplissait ses fonctions. Il se trouvait au service des billets d'entrée, dont l'une des caractéristiques était l'afflux soudain, vers la fin de chaque après-midi, de jeunes hommes énergiques, sans chapeau, avec des sacs de cuir attachés au bras gauche, réclamant à grands cris de mystérieux documents crépitants, bien fermés avec des attaches. épingles. Owen n'avait jamais vraiment compris ce que voulaient ces jeunes hommes, et maintenant son esprit détaché refusait encore plus catégoriquement de s'attaquer au problème. Il distribuait les documents au hasard avec l'air d'un monarque préoccupé distribuant des largesses à la foule, et le chaos qui s'ensuivit dut être géré par un chef de département courroucé en personne.

La capacité d'endurance de l'homme est limitée. À la fin de la deuxième semaine, la tête surmenée demanda passionnément du soulagement, et Owen fut transféré au service des postes, où, lorsqu'il eut le loisir de répondre aux appels téléphoniques d'Audrey, il inscrivit les adresses des lettres dans un grand livre et les apporta à la poste. Il était censé aussi les tamponner, mais un homme amoureux ne peut pas penser à tout, et il lui arrivait parfois de négliger cette formalité.

Un matin, recevant d'un des messagers de la banque l'annonce habituelle qu'une dame désirait lui parler au téléphone, il se dirigea vers la cabine et décrocha le combiné.

« C'est toi, Owen ? Owen, je suis allé au *White Roses* hier soir. L'êtes-vous déjà allé ?

'Pas encore.'

« Alors tu dois y aller ce soir. Owen, je suis *certain* que tu l'as écrit. C'est parfaitement charmant. J'ai pleuré à chaudes larmes. Si tu n'y vas pas ce soir, je ne te parlerai plus jamais, même au téléphone. Promesse.'

'Dois je?'

'Oui, vous devez. Eh bien, supposons que ce *soit* le vôtre ! Cela peut signifier une fortune. Les stands étaient tout simplement bondés. Je vais appeler le théâtre maintenant, vous réserver une place et payer moi-mêmes.

« Non, je dis » protesta Owen.

'Oui je le ferai. Je ne peux pas te faire confiance pour y aller si je ne le fais pas. Et j'appellerai tôt demain pour tout savoir. Au revoir.'

Owen quitta la boîte quelque peu déprimé. La vie était assez sombre comme elle l'était, sans qu'on se donne la peine de pleurer à chaudes larmes devant des pièces sentimentales.

Sa dépression fut accrue par la réception, à son retour dans son service, d'un message du directeur lui indiquant qu'il aimerait voir M. Bentley un instant dans sa chambre privée. Owen n'a jamais apprécié ces petites discussions avec Authority. En dehors des heures de bureau, dans le cercle de ses amis, il n'avait aucun doute que le directeur était un compagnon charmant et divertissant ; mais dans son salon privé, sa conversation était moins agréable.

Le directeur était assis à sa table, regardant pensivement le plafond. Sa ressemblance avec une truite farcie, toujours frappante, était subtilement accentuée, et Owen, expert en la matière, estimait que ses craintes étaient fondées : il y avait du trouble dans l'air. Quelqu'un s'était plaint de lui, et il était maintenant sur le point, comme le disait l'expression, d'être « rodé ».

Un homme de grande taille, assis dos à la porte, se tourna en entrant, et Owen reconnut les traits bien connus de M. Prosser, le frondeur littéraire.

Owen le regarda sans ressentiment. Depuis son retour à Londres, il avait pris la peine de chercher son nom dans *le Who's Who* et avait constaté qu'il n'était pas aussi insignifiant qu'il l'avait supposé. Il était, semble-t-il, professeur Regius et auteur d'une demi-douzaine d'ouvrages sur la sociologie – un palmarès, selon Owen, qui justifiait presque les coups de pain et les coupures d'oreilles dans les moments d'irritation.

Le directeur commença à parler, mais l'homme de lettres l'anticipa.

"Est-ce que c'est un imbécile ?" » rugit-il. « Jeune homme, je n'ai aucune envie d'être dur avec un idiot congénital qui n'est pas responsable de ses actes, mais je dois insister pour obtenir une explication. Je comprends que vous êtes en charge de la correspondance dans ce bureau. Eh bien, au cours de la semaine dernière, vous avez envoyé trois fois des lettres non affranchies à ma fiancée , Miss Vera Delane , Woodlands, Southbourne, Hants. Quel est ton problème? Pensez-vous qu'elle aime payer deux pence à la fois, ou qu'est-ce que c'est ?

L'esprit d'Owen revint en arrière à ces mots. Ils lui ont rappelé quelque chose. Puis il se souvint.

Il éprouvait un frisson pas désagréable. Il ne savait pas qu'il était superstitieux, mais pour une raison quelconque, il n'avait pas réussi à se sortir de son esprit ces paroles absurdes de la mère de M. Dorman. Et voici une autre de ses prédictions, tout aussi improbable, qui s'est réalisée à la lettre.

« Super Scott ! » il pleure. «Vas-tu te marier?»

M. Prosser et le gérant démarrèrent simultanément.

« Mme Dorman a dit que vous le seriez», dit Owen. « Vous ne vous en souvenez pas ?

M. Prosser le regarda attentivement.

«Eh bien, je vous ai déjà vu», dit-il. « Vous êtes le jeune coquin à tête de navet de la ferme. »

«C'est vrai», dit Owen.

« J'avais envie de te revoir. J'ai réfléchi à tout cela et j'ai été frappé, dit M. Prosser avec générosité, que j'ai peut-être paru un peu brusque lors de notre dernière rencontre.

'Non non.'

« Le fait est que j'étais ce matin-là au milieu d'un passage incroyablement difficile de mon livre, et quand vous avez commencé… »

«C'était entièrement de ma faute. Je comprends très bien.

M. Prosser a sorti un porte-cartes.

"Nous devons nous voir davantage", a-t-il déclaré. « Viens dîner un peu un soir. Viens ce soir.'

'Je suis vraiment désolé. Je dois aller au théâtre ce soir.

« Alors viens dîner un peu après. Excellent. Retrouvez-moi au Savoy à onze heures quinze. Je suis content de ne pas t'avoir frappé avec ce pain. La brusquerie a été mon échec tout au long de la vie. Mon père était pareil. Alors onze heures quinze au Savoy.

Le directeur, qui avait écouté la conversation avec une certaine inquiétude, intervint alors. C'était un homme doté du sens des choses et il s'opposait à ce que sa chambre privée soit le théâtre de ce qui semblait être une réunion de vieux copains d'université. Il l'a laissé entendre.

'Ha! Prrumph !' observa-t-il avec désapprobation. «Euh… Monsieur Bentley, c'est tout. Vous pouvez retourner à votre travail— ah'mmm ! Veuillez être plus prudent une autre fois en tamponnant les lettres.

« Oui, par Jupiter, » dit M. Prosser, soudain rappelé à ses torts, « c'est vrai. Faites preuve d'un peu de prudence ordinaire, jeune fils de fusil au crâne d'ivoire. Pensez-vous que Miss Delane est *faite* de deux pence ? Gardez un œil sur lui », a-t-il exhorté le directeur. « Ces jeunes gens d'aujourd'hui veulent toujours quelqu'un qui les surveille avec un knout. Soyez plus prudent une autre fois, jeune homme. Onze heures quinze, souviens-toi. Prenez-en note, sinon vous allez *l' oublier* .

Le siège qu'Audrey lui avait acheté au Piccadilly Theatre s'est avéré être au centre de la sixième rangée de stalles – pratiquement un piège mortel. Quelles que soient ses souffrances, la fuite était impossible. Il était bien calé.

Les parties les moins chères de la maison étaient peu occupées, mais les étals étaient pleins. Owen, désapprouvant toute cette affaire, refusa d'acheter un programme et s'installa à son siège, préparé au pire. Il avait un souvenir très vif du roman *Roses Blanches* , et il n'en espérait pas tirer un vif plaisir sous sa forme dramatisée. Il avait depuis longtemps cessé de faire partie de ce vaste public auquel s'adressait Miss Edith Butler. Les aventures sentimentales des gouvernantes des maisons ducales — l'héroïne des *Roses Blanches* était gouvernante — ne satisfaisaient plus son âme.

Il y a toujours une atmosphère curieusement onirique autour d'une pièce fondée sur un livre. Il semble qu'on ait déjà tout vu. Pendant tout le premier acte, Owen attribuait à cela son sentiment de familiarité avec ce qui se passait sur scène. Au début du deuxième acte , il se surprit à anticiper les événements. Mais ce n'est qu'au troisième acte que la vérité s'est imposée.

Le troisième était le seul acte dans lequel, dans sa dramatisation, il avait pris de réelles libertés avec le texte du roman. Mais dans cet acte , il avait introduit un personnage qui n'apparaissait pas dans le roman, une créature de sa propre imagination. Et maintenant, les yeux exorbités, il observait cette créature sortir des ailes, et l'entendait prononcer des lignes qu'il se rappelait maintenant clairement avoir écrites.

Audrey avait raison ! Serpent Edith Butler lui avait volé sa pièce.

Son esprit, pendant le reste de la pièce, était actif. Au moment où le dernier rideau tomba et où il s'évanouit en plein air, il avait perçu certaines des difficultés de l'affaire. Prouver qu'on est l'auteur d'une pièce originale est difficile, mais pas impossible. Les amis à qui on avait esquissé le complot peuvent se présenter comme témoins. On a peut-être conservé des notes brutes. Mais la dramatisation d'un roman est une autre affaire. Toutes les dramatisations d'un roman donné doivent nécessairement être très semblables.

Il commença à marcher le long de Piccadilly et arriva à Hyde Park Corner avant de se rappeler qu'il avait rendez-vous pour dîner avec M. Prosser à l'hôtel Savoy. Il a hélé un taxi.

« Vous êtes en retard », grogna l'auteur de traités sociologiques en apparaissant. « Vous êtes diablement en retard. Je suppose qu'à votre manière de laine , vous avez tout oublié. Venez. Nous aurons juste le temps de prendre une olive et un verre de quelque chose avant qu'ils n'éteignent la lumière.

Owen réfléchissait encore profondément alors qu'il commençait son dîner. Il y avait sûrement un moyen par lequel il pourrait prouver ses affirmations. Qu'avait-il fait du manuscrit original ? Il s'en souvenait maintenant. Il l'avait brûlé. Cela semblait alors n'être qu'un déchet inutile. Probablement, ressentait-il amèrement, la femme que Butler avait compté sur cela.

M. Prosser termina une conversation animée avec un garçon au sujet des vins de France, se pencha en avant et, après s'être servi vivement d'anchois, se mit à causer. Il parlait fort et rapidement. Owen, les pensées lointaines, écoutait à peine.

Actuellement, le serveur revint avec la marque sélectionnée. Il remplit le verre d'Owen, et Owen but et se sentit mieux. Retrouvant son verre comme par magie plein, il le vida à nouveau. Et puis soudain, il se retrouva à regarder son hôte de l'autre côté de la table, et à ressentir un sentiment de conviction absolue que c'était le seul homme parmi tous les autres qu'il aurait choisi comme confident. Comme son visage était doux, quoique quelque peu brumeux ! Comme sa voix est apaisante, même si elle est un peu indistincte !

« Prosser, dit-il, vous êtes un homme du monde et j'aimerais avoir votre avis. Que feriez-vous dans un cas comme celui-ci ? Je vais au théâtre pour voir une pièce de théâtre, et qu'est-ce que je trouve ?

Il fit une pause et regarda son hôte de manière impressionnante.

« Quel est cet air qu'ils jouent ? » dit M. Prosser. « On l'entend partout. Une de ces choses viennoises, je suppose.

Owen était ennuyé. Il commença à se demander si, après tout, les qualités de confident de M. Prosser n'étaient pas plus apparentes que réelles.

« Je trouve, par Jupiter, continua-t-il, que c'est moi qui ai écrit cette chose.

"Ce n'est pas un patch sur *The Merry Widow* ", a déclaré M. Prosser.

Owen frappa la table.

« Je vous le dis, je trouve que c'est moi qui ai écrit ce truc. »

'Quelle chose?'

« Cette pièce dont je vous parle. Cette histoire *de roses blanches* .

Il découvrit qu'il avait enfin l'oreille de son hôte. M. Prosser semblait sincèrement intéressé.

'Que veux-tu dire?'

Owen poursuivit son histoire. Il est parti de ses sombres débuts, de l'époque où il avait acheté le roman lors de son voyage de Bath à Cheltenham. Il a décrit ses méthodes de travail, son enregistrement du paquet, son suspense, sa résignation grandissante. Il a esquissé le déroulement de sa vie. Il a parlé d'Audrey et a donné une esquisse croustillante du personnage de M. Berger . Il emmenait son auditeur jusqu'au moment où la vérité lui était parvenue.

Vers la fin de son récit, les lumières s'éteignirent et il termina son récit dans la cour de l'hôtel. Dans l'air frais, il se sentit revigoré. Les contours de M. Prosser redevinrent nets et distincts.

Le sociologue a admirablement écouté. Il semblait absorbé et ne l'interrompit pas une seule fois.

« Qu'est-ce qui vous rend si certain que c'était votre version ? » demanda-t-il alors qu'ils entraient dans le Strand.

Owen lui a parlé de la créature de son imagination dans l'acte III.

— Mais vous avez perdu votre manuscrit ?

'Oui; Je l'ai brûlé.

« Exactement ce qu'on aurait pu s'attendre à ce que vous fassiez », dit méchamment M. Prosser. « Jeune homme, je commence à croire qu'il peut y avoir quelque chose là-dedans. Vous n'avez bien sûr pas l'ombre d'une preuve qui tiendrait la route devant un tribunal ; mais j'ai quand même tendance à te croire. D'abord, vous n'avez pas l'intelligence nécessaire pour inventer une telle histoire.

Owen l'a remercié.

"En fait, si vous pouvez me répondre à une question, je serai satisfait."

Il semblait à Owen que M. Prosser avait tendance à s'élever un peu au-dessus de lui-même. En tant qu'auditeur intelligent, il avait rendu service, mais cela ne semblait pas être une raison pour qu'il se constitue une sorte de juge et de maître des cérémonies.

« C'est très gentil de votre part, dit-il ; « mais Edith Butler sera-t-elle satisfaite ? C'est plus pertinent.

«Je *m'appelle* Edith Butler», a déclaré M. Prosser.

Owen s'arrêta. 'Toi?'

« Vous n'avez pas besoin d'en bavarder sur les toits des maisons. Vous êtes la seule personne à part mon agent à le savoir, et je ne vous l'aurais pas dit si j'avais pu l'aider. Ce n'est pas quelque chose que je veux savoir. Super Scott, mec, ne me regarde pas comme un poisson ! N'avez-vous jamais entendu parler des pseudonymes auparavant ?

'Oui mais-'

'Bref, oublie ça. Croyez-moi, je *suis* Edith Butler. Maintenant, écoute-moi. Ce manuscrit m'est parvenu lorsque j'étais à la campagne. Il n'y avait aucun nom dessus. Cela en soi indique fortement que vous en êtes l'auteur. C'était précisément le genre de chose insensée que vous auriez fait, ne pas mettre de nom sur la chose.

— J'ai quand même joint une lettre.

« Il y avait une lettre ci-jointe. J'ai ouvert le colis à l'extérieur. Une brise fraîche soufflait à ce moment-là. Il a attrapé la lettre, et ce fut la dernière fois que je l'ai vue. J'avais lu jusqu'à "Chère Madame". Mais une chose dont je me souviens, c'est qu'il avait été envoyé depuis un hôtel de Cheltenham, et je pourrais m'en souvenir si je l'entendais. Maintenant?'

«Je peux vous le dire. C'était celui de Wilbraham. Je m'arrêtais là.

«Vous réussissez», dit M. Prosser. «C'était celui de Wilbraham.»

Le cœur d'Owen fit un bond. Pendant un instant, il marcha dans les airs.

« Alors, voulez-vous dire que tout va bien… que vous croyez… »

«Oui», a déclaré M. Prosser. « À propos, dit-il, l'avis de *White Roses* a été publié hier soir.

Le cœur d'Owen se tourna vers le plomb.

« Mais… mais… » balbutia-t-il. « Mais ce soir, la maison était pleine. »

'C'était. Emballé avec du papier. Tous les joyeux morts-vivants de Londres étaient là. C'est le pire échec de cette saison. Et, par George, s'écriat-il avec une véhémence soudaine, servez- les bien. Si je leur ai dit une fois que cela échouerait en Angleterre, je le leur ai dit cent fois. Le public londonien ne supportera pas ce genre de bavardages.

Owen s'arrêta et regarda autour de lui. Un taxi se tenait de l'autre côté de la route. Il lui fit signe . Il se sentait incapable de rentrer chez lui à pied. Aucun coup physique n'aurait pu le déstabiliser plus complètement que cette hideuse déception au moment où, par miracle, tout semblait aller dans son sens.

« Il vaut mieux rouler que marcher », dit M. Prosser en passant la tête par la fenêtre ouverte. « La paresse, le relâchement, c'est la malédiction du jeune homme moderne. Où dois-je lui dire d'aller en voiture ?

Owen a mentionné son adresse. Il fut frappé de constater qu'il n'avait pas remercié son hôte pour son hospitalité.

«C'était vraiment gentil de votre part de me donner à dîner, monsieur Prosser», dit-il. «Je l'ai énormément apprécié.»

«Revenez», dit M. Prosser. « J'ai bien peur que vous soyez déçu par la pièce ?

Owen se força à sourire.

«Oh non, ça va», dit-il. "On n'y peut rien."

M. Prosser se retourna à moitié, puis passa de nouveau la tête par la fenêtre.

"Je savais qu'il y avait quelque chose que j'avais oublié de dire", a-t-il déclaré. « J'aurais dû vous dire que la pièce avait été montée en Amérique avant d'arriver à Londres. Il a duré deux saisons à New York et une à Chicago, et trois sociétés le jouent encore sur la route. Voici ma carte. Venez me voir demain. Je ne peux pas vous donner les chiffres réels, mais tout ira bien. Vous aurez des tonnes d'argent.

EN DEHORS DE L'ÉCOLE

MARQUEZ-vous, je ne défends pas James Dachett . Je n'ai aucun mandat pour James. Au contraire, je suis fermement d'avis qu'il n'aurait pas dû le faire. Je dis simplement qu'il y avait des circonstances atténuantes. Juste ça. Poste circ. Rien de plus.

Examinons l'affaire avec calme et jugement, sans condamner James d'emblée, mais plutôt en sondant toute l'affaire jusqu'au fond, pour voir si nous pouvons confirmer mon point de vue selon lequel il est possible de lui trouver des excuses.

Nous commencerons à l'époque où le sujet des colonies montra pour la première fois une tendance à s'insinuer de manière menaçante dans les bavardages quotidiens de son oncle Frédéric.

L'oncle de James, Frederick, parlait toujours plus ou moins des colonies, ayant fait une fortune substantielle en Australie occidentale, mais ce n'est que lorsque James descendit d'Oxford que la chose devint vraiment menaçante. Jusqu'alors, l'oncle avait simplement parlé des colonies *comme* de colonies. Il commença alors à en parler avec une allusion sinistre à son neveu. Il a joué James. Il s'agissait alors de « Frederick Knott présente James Datchett dans "The Colonies" » et il semblait tout à fait probable que la production serait précoce ; car s'il y avait une partie du public que M. Knott détestait plus qu'une autre, c'était bien les jeunes hommes qui devraient gagner leur vie dehors au lieu de rester sans rien faire à la maison. Il exprimait son point de vue sur le sujet avec une certaine éloquence chaque fois qu'il visitait la maison de sa sœur. Mme Datchett était veuve et, depuis la mort de son mari, elle avait pris l'habitude d'accepter chaque parole de son frère Frederick comme un morceau de véritable sagesse de pure laine ; cependant, en fait, l'oncle de James avait à peu près assez de cerveau pour faire voler un geai de travers, et rien de plus. Il avait gagné son argent en élevant des moutons. Et n'importe quel imbécile peut élever des moutons. Cependant, il avait cette réputation de sagesse, et ce qu'il disait était tenu. Il ne fallut donc pas longtemps avant qu'il devienne évident que les rangs du YMWOTBOETLIOIAH étaient sur le point de perdre un membre.

James, pour sa part, était totalement contre les colonies. Comme écrin de sa carrière, c'est-à-dire. Il n'était pas un petit Anglais. Il n'avait aucune objection à ce que la Grande-Bretagne *ait des colonies*. Ayez certainement des colonies. Ils pouvaient compter sur lui pour leur soutien moral. Mais quand il s'agissait de se rendre en Australie occidentale pour servir de valet de chambre aux moutons bestiaux de l'oncle Frederick, non. Pas pour James. Pour lui la vie littéraire. Oui, c'était le rêve de James : tenter sa chance dans la vie littéraire. À Oxford, il avait contribué à l' *Isis* et, depuis sa chute, il s'était efforcé de faire de même avec les journaux de la Métropole. Il n'avait eu aucun succès jusqu'à présent. Mais une voix intérieure semblait lui dire : (Continuez à lire. Continuez à lire. Ce n'est pas une histoire sur les difficultés du jeune débutant à Londres. Nous ne nous approchons pas à moins de cinquante miles de Fleet Street.)

Un compromis temporaire fut conclu entre les deux parties en obtenant à James un poste de maître adjoint à Harrow House, l'école privée d'un certain Blatherwick , MA, étant entendu que s'il pouvait occuper ce poste, il pourrait rester en Angleterre et écrire, si cela lui plaît, pendant son temps libre. Mais s'il échouait d'une manière ou d'une autre en tant que maître-chien de petits garçons , il devait descendre un échelon dans le règne animal et se mesurer aux moutons d'Australie occidentale. Il ne devait y avoir aucune seconde chance en cas d'échec. À la façon dont oncle Frederick parlait, James eut presque l'impression qu'il attachait une importance spirituelle à une relation avec les moutons. Il semblait s'efforcer, avec une sorte de frénésie religieuse, de convertir James en Australie occidentale. James se rendit donc à Harrow House avec à peu près les mêmes émotions que la vieille garde avait dû ressentir en gravissant la colline de Waterloo.

Harrow House était un sinistre manoir situé à la périphérie de Douvres. Il vaut bien sûr mieux être à la périphérie de Douvres que de s'y trouver réellement, mais quand vous avez dit cela, vous avez tout dit. Les impressions de James sur cette partie de sa vie étaient presque entièrement constituées de craie. De la craie dans les salles de classe, de la craie dans toute la campagne, de la craie dans le lait. Dans cet univers de craie , il enseignait aux garçons qui s'ennuyaient les rudiments du latin, de la géographie et de l'arithmétique, et le soir, après une majestueuse tasse de café avec M. Blatherwick dans son bureau, se rendit dans sa chambre et écrivait des histoires. La vie avait l'avantage d'offrir peu de distractions. Sauf pour M. Blatherwick et un monstre bizarre qui venait de Douvres les mardis et vendredis pour enseigner le français, il n'a vu personne.

C'était environ cinq semaines après le début du trimestre que le fleuve de la vie à Harrow House fut agité pour le nouveau maître adjoint.

Je veux que vous me suiviez de très près ici. En ce qui concerne l'excuse de la conduite de James, c'est maintenant ou jamais. Si je ne parviens pas à vous toucher à ce stade, j'ai tiré mon éclair.

Rassemblons les faits.

En premier lieu, c'était une matinée parfaitement déchirante.

De plus, il avait reçu au petit-déjeuner une lettre du rédacteur en chef d'un magazine mensuel acceptant une nouvelle.

Cela ne lui était jamais arrivé auparavant.

Il avait vingt-deux ans.

Et, juste au moment où il contournait l'angle de la maison, il tomba sur Violet, prenant l'air comme lui.

Violet était l'une des femmes de ménage, une petite personne soignée et énergique avec des yeux bleus ronds et un sourire amical. Elle souriait à James maintenant. James s'arrêta.

«Bonjour, monsieur», dit Violet.

Dans ma liste de causes contributives, je constate que j'ai omis un élément, à savoir qu'il ne semblait y avoir personne d'autre.

James regarda Violet d'un air méditatif. Violet regarda James en souriant. La matinée était tout aussi déchirante qu'elle l'avait été un instant auparavant. James avait encore vingt-deux ans. Et la lettre de l'éditeur n'avait cessé de crépiter dans sa poche de poitrine.

En conséquence , James se baissa et, d'une manière purement fraternelle, embrassa Violet.

Bien entendu, c'était une erreur. Cela ne faisait pas partie des fonctions de James en tant qu'assistant-maître à Harrow House de se promener et d'accorder des baisers fraternels aux servantes. D'un autre côté, il n'y a pas eu de grand mal. Dans les cercles où Violette évoluait, le baiser équivalait à une poignée de main d'une société plus élevée. Tous ceux qui sont venus à la porte arrière ont embrassé Violet. Le transporteur l'a fait ; ainsi que l'épicier, le boulanger, le boucher, le jardinier, le facteur, le policier et le poissonnier. C'étaient des hommes dont les opinions étaient très différentes sur la plupart des points. Sur la religion, la politique et les perspectives des participants à la course de 15 heures, leurs opinions s'opposaient. Mais sur un point, ils étaient unanimes. Chaque fois qu'ils arrivaient devant la porte arrière de Harrow House , ils embrassaient tous Violet.

«J'ai eu une histoire acceptée par le *magazine Universal*», dit James avec désinvolture.

« L'avez-vous fait, monsieur ? » dit Violette.

«C'est un très bon magazine. Je ferai probablement beaucoup pour cela de temps en temps. Le rédacteur en chef a l'air d'être un type honnête.

« Vraiment, monsieur ?

« Bien sûr, je ne m'attacherai d'aucune façon, à moins d'obtenir de très bonnes conditions. Mais je lui ferai certainement voir une bonne partie de mes affaires. Bonne matinée, n'est-ce pas ?

Il continua son chemin ; et Violette, après avoir reniflé quelques minutes encore l'air avec son nez levé, rentra chez elle pour vaquer à son travail.

Cinq minutes plus tard, James, de retour dans l'atmosphère de la craie, écrivait au tableau certaines phrases que sa classe devait transformer en prose latine. Une note un peu d'actualité les parcourait. Comme ainsi :

'L'oncle de Balbus souhaitait qu'il s'occupe des moutons dans les Colonies (*Provincia*).'

" Balbus a dit que l'Angleterre était assez bien pour lui (*placeo*). "

" Balbus a envoyé une histoire (contre) à Mécène, qui a répondu qu'il espérait l'utiliser en temps voulu. "

Son esprit s'éloigna de la salle de classe lorsqu'une voix aiguë le ramena.

« Monsieur, s'il vous plaît, monsieur, que signifie « en temps voulu » ?

James réfléchit. « Remplacez-le par « immédiatement », a-t-il déclaré.

« Balbus est un grand homme », écrit-il au tableau.

Deux minutes plus tard, il se trouvait dans le bureau d'un magazine important, et il y avait un air de soulagement sur le visage du rédacteur, car James avait pratiquement promis de faire une série de douze nouvelles pour lui.

Il a été bien observé que lorsqu'un écrivain voit une histoire rejetée , il doit envoyer cette histoire à un autre éditeur, mais que lorsqu'il en a une acceptée, il doit envoyer une autre histoire à cet éditeur. Agissant selon cet excellent plan, James, étant en congé pendant une heure après le thé, fuma la pipe dans sa chambre et s'installa pour travailler sur un deuxième effort pour l'Universal.

Il s'entendait plutôt bien quand son flux d'idées fut interrompu par un coup frappé à la porte.

«Entrez», cria James. (Votre auteur est notoirement irritable.)

Le nouveau venu était Adolf. Adolf faisait partie de ce groupe nombreux de jeunes Suisses et Allemands qui viennent dans ce pays prêts à offrir leurs services à un prix ridiculement bas en échange de la possibilité d'apprendre la langue anglaise. M Blatherwick estimait que pour une école privée, un homme qui ouvre la porte d'entrée était supérieur à une femme, arguant que les parents des futurs élèves seraient impressionnés par la vue d'un homme en livrée. Il aurait aimé quelque chose d'un peu plus imposant qu'Adolf, mais ce dernier était la chose la plus voyante que l'on puisse obtenir pour cet argent, alors il en a tiré le meilleur parti et l'a engagé. Après tout, un parent astigmate, voyant Adolf sous un faible éclairage, pourrait être impressionné par lui. On ne pourrait jamais le dire.

'Bien?' » dit James, le regard furieux.

' N'importe quoi vrom dze remplissage , sare ?'

La majeure partie des avantages sociaux d'Adolf consistait en pourboires qu'il recevait pour se rendre au magasin général du coin pour acheter du tabac, des timbres, etc. 'Non. Sortez, grogna James en se tournant vers son travail.

Il fut surpris de constater qu'Adolf, loin de sortir, entra et ferma la porte.

« Zst ! » dit Adolf avec un doigt sur les lèvres.

James le regarda.

'En ce moment jardin C'est ce matin, poursuivit son visiteur en souriant comme une gargouille, je t'ai bien vu, bisous. Violé . Zo!'

Le cœur de James manqua un battement. Considérée uniquement comme une situation, sa situation actuelle n'était pas idéale. Il devait travailler dur et il n'y avait pas beaucoup d'argent attaché à ce travail. Mais c'était la situation qui comptait. C'était son petit rocher de sécurité au milieu d'un océan déferlant de moutons d'Australie occidentale. Une fois, laissez-le lâcher prise, et il n'y avait aucune chance pour lui. Il serait emporté sans espoir de retour.

'Que veux-tu dire?' dit-il d'une voix rauque.

'En ce moment jardin . Je t'ai vu par une fenêtre. Vous et violé . Zo!' Et Adolf, du pire goût, a donné une imitation réaliste de la scène, soutenant lui-même le rôle de James.

James ne dit rien. Le monde entier semblait rempli d'un vaste baa- ing , comme d'innombrables troupeaux.

« Lizzun ! » dit Adolphe. " Peut-être que c'est moi, Herr Blazzervig Dell. Peut-être que non. Zo!'

James se réveilla. Il doit à tout prix apaiser ce ver. M Blatherwick était un homme austère. Il ne passerait pas sous silence un tel crime.

Il faisait appel à la chevalerie de l'autre.

« Et Violette ? » il a dit. « Vous ne voulez sûrement pas perdre son emploi à cette pauvre fille ? Ils seraient obligés de la renvoyer aussi.

Les yeux d'Adolf brillaient.

'Zo ? Lizzun ! Quand je pars virst ici, je fais moi-même du gisement Violé vunce vish . Mais elle pousse dze zide de mon visage, et mon lof est condamné à haïr.

James a écouté attentivement cette tragédie du tabloïd, mais n'a fait aucun commentaire.

' N'importe quoi vrom dze remplissage , sare ?'

La voix d'Adolf était significative. James sortit une demi-couronne.

« Voilà, alors. Procurez-moi une demi-douzaine de timbres et gardez la monnaie.

' Zdamps ? Oui, c'est vrai . À tout moment .

La dernière impression que James eut de celui qui partait fut celle d'un sourire vaste et graisseux, s'étendant sur la majeure partie de son visage.

Adolf, en tant que maître chanteur, rôle dans lequel il se montrait désormais, différait à certains égards du maître chanteur conventionnel de la fiction. Il se peut qu'il doutait de la résistance de James, ou peut-être que son âme, en règle générale, était au-dessus de l'argent. En tout cas, en espèces réelles, il a pris très peu de chose à sa victime. Il semblait souhaiter être envoyé au village plus souvent qu'auparavant, mais c'était tout. Une demi-couronne par semaine aurait couvert la perte financière de James.

Mais il s'est affirmé d'une autre manière. Dans ses moments les plus légers, Adolf n'oubliait jamais la raison qui l'avait amené en Angleterre. Il était venu dans ce pays pour apprendre la langue, et il avait l'intention de le faire. La difficulté qui l'avait toujours handicapé jusqu'alors, à savoir la pauvreté du vocabulaire des gens des quartiers des domestiques, était désormais levée. Il nomma James précepteur en chef de la langue anglaise et veilla à ce qu'il entre immédiatement en fonctions.

La première fois qu'il a abordé James dans le passage à l'extérieur de la salle de classe et lui a demandé d'expliquer certains mots difficiles dans un article de fond du journal d'hier, James était content. Adolf, pensa-t-il, considérait cet épisode douloureux comme clos. Il avait accepté la demi-couronne comme prix du silence et s'efforçait maintenant de se montrer amical pour se faire pardonner.

Cette conduite sensée gratifiait James. Il se sentait bien disposé envers Adolf. Il a lu l'article principal et a ensuite donné une explication complète et aimable des mots difficiles. Il s'en est donné du mal. Il est entré dans les dérivations des mots. Il en a abordé certains sous-sens plutôt délicats. Adolf est reparti avec tous les doutes qu'il aurait pu avoir sur les capacités de James en tant que professeur d'anglais. Il sentait qu'il avait trouvé la bonne personne.

Il y avait une nuance de gentillesse en moins dans les manières de James lorsque la même chose se produisit le lendemain matin. Mais il n'a pas refusé d'aider l'étranger sans instruction. La conférence fut moins exhaustive que celle de la matinée précédente, mais nous devons supposer qu'elle satisfit Adolf, car il revint le lendemain, sa foi en son professeur intacte.

James essayait d'écrire une histoire. Il s'en est pris à l'élève.

'Sortir!' il a hurlé. « Et enlève ce papier bestial. Tu ne vois pas que je suis occupé ? Pensez-vous que je peux passer tout mon temps à vous apprendre à lire ? Sortir!'

" C'est un mot dur vos , dit patiemment Adolf, dont je ne sais pas ce sens.'

James maudit brièvement le mot dur .

"Mais", poursuivit Adolf, "d'un seul mot , dze mot " giss ", je veux dire savoir. Zo!'

James le regarda. Il y eut une pause.

Deux minutes plus tard, le cours d'anglais battait son plein.

Tout ce que James avait entendu ou lu sur le merveilleux dévouement à l'étude du jeune homme allemand moderne lui revint à l'esprit au cours des deux semaines suivantes. Notre jeunesse anglaise gaspille son temps dans l'oisiveté et la recherche du plaisir. L'Allemand se concentre. Adolf se concentrait comme un plâtre poreux. Chaque jour, après le petit-déjeuner, alors que le succès de la carrière littéraire de James dépendait d'un isolement absolu, il venait au trot pour son cours. L'écriture de James a pratiquement cessé.

Ce genre de chose ne peut pas durer. Il y a une limite, et Adolf l'a atteinte lorsqu'il a tenté d'ajouter des cours du soir au programme existant.

James, comme on l'avait dit, avait l'habitude de prendre un café avec M. Blatherwick dans son bureau après avoir vu les garçons se coucher. C'est alors qu'il se rendait à ce rendez-vous, quinze jours après son premier entretien avec Adolf, que le jeune étudiant l'a assailli par le journal du soir.

Quelque chose aurait dû avertir Adolf que le moment n'était pas bien choisi. Au début, James avait mal à la tête, résultat d'une dure journée avec les garçons. Puis la leçon d'anglais du matin lui avait fait oublier complètement une idée qui promettait d'être le noyau d'une excellente intrigue. Et enfin, traversant le couloir un instant auparavant, il avait rencontré Violette, portant le café et le courrier du soir au bureau, et elle lui avait remis deux longues enveloppes adressées de sa propre écriture. Il les méditait, se préparant à les ouvrir, au moment même où Adolf s'adressait à lui.

« Eggscuse », dit Adolf en ouvrant le journal.

Les yeux de James brillaient d'un air menaçant.

« Il y a ici, continua Adolf sans les voir, des mots durs au-delà de la gombarison . ce que je comprends . Pour un échantillon d'œufs … »

C'est à ce moment-là que James lui a donné un coup de pied.

Adolf bondit comme un chamois frappé.

' Voter est-ce ?' il pleure.

Avec ces longues enveloppes à la main, James ne se souciait de rien. Il a encore donné un coup de pied à Adolf.

« Zo ! » » dit l'étudiant après s'être éloigné. Il ajouta quelques mots dans sa langue maternelle et continua. « Attends ! Lizzun ! Je te dis , vait ! Brezendly , même si j'en ai besoin dze argent bolished et mes plus étranges mecs zo nombreux berformed , je le fais Herr Blazzervig méchant avec von lidddle szdory et tu sais y aller. Zo!'

Il s'est enfui vers son antre.

James se détourna et descendit le couloir pour restaurer ses tissus nerveux avec du café.

Pendant ce temps, dans le bureau, appuyé contre la cheminée, dans une réflexion maussade, M. Blatherwick réfléchissait tristement aux difficultés de la vie du maître d'école. Le propriétaire de Harrow House était un homme long et sérieux, l'un des derniers à résister à la croisade anti-moustaches. Il avait des yeux noisette sans expression et un air général présent de corps mais absent d'esprit. Les mères qui visitaient l'école pour présenter leurs fils attribuaient son flou à l'activité mentale. « Ce cerveau occupé, pensaient-ils, n'est jamais au repos. Pendant même qu'il nous parle, quelque point abstrus des classiques occupe son esprit.

Ce qui l'occupait en ce moment, c'était la conduite tout à fait insatisfaisante du frère de sa femme, Bertie Baxter. Plus il méditait avec tension sur les points saillants de l'histoire de la vie du frère de sa femme, Bertie Baxter, plus le fer s'enfonçait profondément dans son âme. Bertie était

l'un des toucheurs de la nature. C'est l'ère du spécialiste, la spécialité de Bertie
était d'emprunter de l'argent. C'était un homme d'une polyvalence presque
étrange dans cette direction. Le temps ne pouvait pas flétrir ni la coutume
altérer son infinie variété. Il pouvait emprunter avec un bluff désinvolte qui
faisait pratiquement de l'affaire un hold-up. Et bientôt, lorsque sa victime
s'était endurcie contre cette méthode, il pouvait extraire un autre billet de cinq
livres de son petit trésor avec la délicatesse d'un joueur de jeu de hasard . M
Blatherwick était pour lui une mine d'or depuis des années. En règle générale,
le propriétaire de Harrow House détachait sa ceinture sans se plaindre, car
Bertie, comme tout bon emprunteur devrait le faire, avait le don de donner à
sa victime l'impression, au moment même de payer, comme s'il venait de faire
un assez bon investissement. Mais libéré du charme du magnétisme
personnel de son beau-frère, M. Blatherwick avait tendance à ruminer. Il
ruminait maintenant. Pourquoi, se demandait-il morose, devait-il se laisser
harceler par ce Bertie ? Ce n'était pas comme si Bertie était sans le sou. Il
avait un petit revenu personnel. Non, c'était un pur manque de considération.
Qui était Bertie pour qu'il...

À ce stade de ses méditations, Violette entra avec le café d'après-dîner
et le courrier du soir.

M Blatherwick a pris les lettres. Il y en avait deux, et l'un d'eux qu'il vit,
avec un élan d'indignation, était écrit de la main de son beau-frère. M Le sang
de Blatherwick frémit. Donc ce type pensait pouvoir emprunter par la poste,
n'est-ce pas ? Même pas la peine de rendre visite, hein ? Il déchira la lettre et
la première chose qu'il vit fut un chèque de cinq livres.

M Blatherwick était stupéfait. Qu'une lettre de son beau-frère ne
contienne pas de demande d'argent était surprenant ; qu'il contienne un
chèque, même de cinq livres, était miraculeux.

Il ouvrit la deuxième lettre. C'était court, mais plein des sentiments les
plus beaux et les plus nobles ; à savoir que l'écrivain Charles J. Pickersgill ,
ayant entendu parler de l'école avec tant d'éloges par son ami, M. Herbert
Baxter, serait heureux si M. Blatherwick pourrait accueillir ses trois fils, âgés
respectivement de sept, neuf et onze ans, le plus tôt possible.

M Le premier sentiment de Blatherwick fut celui du remords, car même
en pensée, il aurait dû être dur envers Bertie au cœur d'or. Son prochain fut
un moment d'exaltation.

Violet, quant à elle, se tenait patiemment devant lui avec le café. M
Blatherwick s'est servi. Son regard tomba sur Violette.

Violette était une petite chose sympathique et chaleureuse. Elle a vu
que M. Blatherwick avait eu de bonnes nouvelles ; et, en tant que porteuse

des lettres qui l'avaient contenu, elle se sentait presque responsable. Elle sourit gentiment à M. Blatherwick .

M L'œil noisette rêveur de Blatherwick se posait pensivement sur elle. La majeure partie de son esprit était lointaine, tournée vers le futur, occupée par des visions d'une école devenue colossale et fréquentée par des millionnaires. La partie qui fonctionnait encore dans le présent était juste assez grande pour lui permettre de comprendre qu'il se sentait gentil, et même presque reconnaissant, envers Violet. Malheureusement , il était trop petit pour lui faire comprendre à quel point il était mal de l'embrasser d'une manière vague et paternelle sur le plateau à café au moment même où James Datchett entrait dans la pièce.

James fit une pause. M Blatherwick toussa. Violet, absolument impassible, a fourni du café à James et s'est précipitée hors de la pièce.

Elle laissa derrière elle un silence un peu massif.

M Blatherwick toussa de nouveau.

«On dirait qu'il pleut», dit James négligemment.

« Ah ? » dit M. Blatherwick .

« Ça ressemble beaucoup à la pluie, dit James.

'En effet!' dit M. Blatherwick .

Une pause.

"Dommage s'il pleut", dit James.

"C'est vrai", dit M. Blatherwick .

Une autre pause.

«Euh… Datchett », dit M. Blatherwick .

«Oui», dit James.

« Je… euh… j'ai l'impression que peut-être… »

James attendit attentivement.

« Avez-vous du sucre ? »

"Beaucoup, merci", dit James.

"Je serai désolé s'il pleut", a déclaré M. Blatherwick .

La conversation languissait.

James posa sa tasse.

«J'ai un peu d'écriture à faire», dit-il. "Je pense que je vais monter à l'étage maintenant."

"Euh, c'est juste", dit M. Blatherwick , avec soulagement. « Exactement. Une excellente idée.

«Euh… Datchett », dit M. Blatherwick le lendemain, après le petit déjeuner.

'Oui?' » dit James.

Un sentiment de contentement l'envahit ce matin. Le soleil avait percé les nuages. L'une des longues enveloppes qu'il avait reçues la nuit précédente s'était révélée, après examen, contenir une lettre du rédacteur acceptant l'histoire s'il voulait reconstituer certains passages indiqués en marge.

«J'ai… ah… malheureusement été obligé de renvoyer Adolf», dit M. Blatherwick .

'Oui?' » dit James. Le visage brillant du matin d'Adolf lui avait manqué.

'Oui. Après que vous m'ayez quitté hier soir, il est venu dans mon bureau avec une… euh… invention malveillante à votre égard que je n'ai pas besoin… ah… de détailler.

James avait l'air peiné. C'est affreux, ces vipères nourrissantes dans le sein.

« Eh bien, j'ai donné des cours d'anglais à Adolf presque tous les jours ces derniers temps. Aucun sentiment de gratitude, ces étrangers, dit-il tristement.

« J'ai donc été obligé», a poursuivi M. Blatherwick , 'à... en fait, juste ainsi.'

James hocha la tête avec sympathie.

« Savez-vous quelque chose sur l'Australie occidentale ? » » demanda-t-il en changeant de sujet. « C'est un beau pays, je crois. J'avais pensé y aller à un moment donné.

'En effet?' dit M. Blatherwick .

"Mais j'ai abandonné l'idée maintenant", a déclaré James.

TROIS DE DUNSTERVILLE

Il était une fois érigée sur Longacre Square, à New York, une grande statue blanche, intitulée « Notre ville », représentant une femme en robe grecque tenant en l'air un bouclier. Les citoyens critiques s'y sont opposés pour diverses raisons, mais le véritable défaut était que son symbolisme était défectueux. Le sculpteur aurait dû représenter New York comme un prestidigitateur en tenue de soirée, souriant doucement en transformant un lapin en bol de poisson rouge. Car c'est avant tout la spécialité de New York . Ça change.

Entre le 1er mai, lorsqu'elle descendit du train, et le 16 mai, lorsqu'elle reçut la lettre d'Eddy Moore contenant l'information selon laquelle il lui avait trouvé un poste de sténographe dans le bureau de Joe Rendal , cela avait remarquablement changé Mary Hill.

Mary était originaire de Dunsterville , qui se trouve au Canada. Les émigrations de Dunsterville étaient rares. C'est une ville somnolente ; et, en règle générale, les jeunes hommes qui y sont nés suivent les traces de leur père, travaillant dans la ferme paternelle ou aidant dans le magasin paternel. Parfois, un esprit audacieux se détache, mais rarement au-delà de Montréal. Deux seulement de la jeune génération, Joe Rendal et Eddy Moore, étaient partis faire fortune à New York ; et tous deux, malgré les sombres prophéties des sages du village, avaient prospéré.

Marie, troisième et dernière émigrée, n'aspirait pas à de tels sommets. Tout ce qu'elle exigeait de New York pour le moment, c'était qu'on lui verse un salaire décent, et à cette fin, après avoir étudié la dactylographie et la sténographie furtive, elle s'était lancée, frémissante d'excitation et de romantisme des choses ; et New York l'avait regardée, haussé les sourcils et détourné de nouveau le regard. Si chaque ville a une voix, celle de New York à ce moment-là avait dit « Huh ! » Cela avait refroidi Mary. Elle a vu qu'il y aurait des obstacles. D'une part, elle avait tellement dépendu d'Eddy Moore, et il l'avait laissé tomber. Trois ans auparavant, lors d'une fête religieuse, il avait déclaré expressément qu'il mourrait pour elle. Peut-être qu'il était toujours prêt à le faire — elle ne l'avait pas demandé — mais, en tout cas, il ne voyait pas comment l'employer comme secrétaire. Il avait été très gentil à ce sujet. Il avait souri gentiment, pris son adresse et dit qu'il ferait ce qu'il pourrait, puis s'était dépêché de rencontrer un homme au déjeuner. Mais il ne lui avait pas donné de poste. Et au fur et à mesure que les jours passaient et qu'elle ne trouvait pas d'emploi, que son petit stock d'argent diminuait et qu'aucun mot ne venait d'Eddy, New York se mit au travail et changea merveilleusement sa vision des choses. Ce qui semblait romantique est devenu simplement effrayant. Ce qui avait été excitant lui donnait un sentiment d'impuissance étourdie.

Mais ce n'est que lorsque la lettre d'Eddy arriva qu'elle réalisa l'intégralité du changement. Le 1er mai, elle aurait remercié poliment Eddy pour sa peine, ajoutant cependant qu'elle préférerait vraiment ne plus revoir le pauvre Joe. Le 16 mai, elle l'a accueilli comme un envoyé du ciel. Le fait qu'elle devait être employée l'emportait mille fois sur le fait que son employeur devait être Joe.

Ce n'était pas qu'elle n'aimait pas Joe. Elle était désolée pour lui.

Elle se souvenait de Joe, un jeune homme silencieux et d'un pas traînant, tout en mains, en pieds et tout en timidité, qui avait passé la plupart de son temps libre à se tordre les doigts et à la regarder de loin avec adoration. L'opinion des gens du tourbillon social de Dunsterville était que c'était sa passion désespérée pour elle qui l'avait poussé à s'envoler pour New York. Ce serait gênant de le revoir. Il faudrait du tact pour décourager son culte silencieux sans le blesser plus profondément. Elle détestait blesser les gens.

Mais même à ce prix, elle doit accepter ce poste. Refuser signifiait une retraite ignominieuse à Dunsterville , et son orgueil se révoltait contre cela. Elle doit revenir à Dunsterville en triomphe ou pas du tout.

Joe Rendal se trouvait au cœur du quartier financier, à mi-hauteur d'un immeuble qui, pour Mary, élevée au milieu de l'architecture moins impressionnante de sa ville natale, semblait atteindre presque le ciel. Un employé de bureau à l'air fier, apparemment déconcerté et mortifié par l'information selon laquelle elle avait un rendez-vous, prit son nom et s'assit, rempli d'un bel assortiment d'émotions mélangées, pour attendre.

Pour la première fois depuis son arrivée à New York, elle se sentait presque tranquille dans son esprit. New York, avec ses foules bousculées, bousculées, pressées ; un enclos à poules géant, plein de poules humaines qui couraient de long en large ; les gloussements, toujours à la recherche d'un morceau désiré, et toujours prêts à fondre et à l'arracher à son possesseur temporaire, l'avaient engourdie. Mais maintenant, elle sentait un relâchement de la tension. New York était peut-être trop pour elle, mais elle pouvait s'en sortir avec Joe.

Le garçon hautain revint. M Rendal était désengagé. Elle se leva et entra dans une pièce intérieure, où un grand homme était assis à un bureau.

C'était Joe. Cela ne faisait aucun doute. Mais ce n'était pas le Joe dont elle se souvenait, celui aux sonneurs tordus et au regard silencieux. Dans son cas, New York avait réussi à conjurer. Il était plus beau, mieux habillé, amélioré à tous égards. Autrefois, on remarquait les mains et les pieds et on déduisait la présence de Joe quelque part à l'arrière-plan. Désormais, ils n'étaient que des compléments. C'est avec un élan d'indignation que Mary se trouva bucolique et maladroite. Gênant avec Joe ! C'était un scandale.

Son attitude augmentait le sentiment. S'il avait montré le moindre signe d' embarras , elle aurait pu s'adoucir à son égard. Il ne montra aucune gêne. Il était très à son aise. Il était joyeux. Il était même désinvolte.

«Bienvenue dans notre belle petite ville», dit-il.

Mary était remplie d'une colère impuissante. De quel droit avait-il ainsi ignoré le passé, de se comporter comme si sa présence ne l'avait jamais réduit en bouillie ?

« Tu ne veux pas t'asseoir ? » il continua. « C'est magnifique de vous revoir, Mary. Vous avez l'air très bien. Depuis combien de temps es-tu à New York ? Eddy me dit que tu souhaites être engagé comme secrétaire. Il se trouve qu'il y a un poste vacant pour cela dans ce bureau. Un grand et vaste poste laissé vacant par une dame partie hier sous une pluie de paroles brûlantes et d'épingles à cheveux. Elle a dit qu'elle ne reviendrait jamais, et entre nous, c'était la bonne hypothèse. Pourriez-vous me laisser voir ce que vous pouvez faire ? Voulez-vous noter cette lettre ?

certainement quelque chose de convaincant chez ce nouveau Joe. Mary prit le crayon et le bloc-notes qu'il lui offrait – et elle les prit docilement. Jusqu'à ce moment, elle avait toujours été étonnée par les nouvelles qui filtraient jusqu'à Dunsterville sur ses succès dans la grande ville. Bien entendu, personne n'avait jamais douté de sa persévérance ; mais il faut plus que de la persévérance pour combattre New York de manière juste et directe et gagner. Et Joe avait ce quelque chose. Il avait de la force. Il était sûr de lui.

« Lisez-le s'il vous plaît », dit-il après avoir fini de dicter. «Oui, ça va. Tu le feras.'

Un instant, Mary fut sur le point de refuser. Un désir fou la saisit de s'affirmer, de manifester son ressentiment face à cette révolte du serf. Puis elle pensa à ces foules qui se précipitaient et gloussaient, et son cœur lui manqua.

«Merci», dit-elle d'une petite voix.

Tandis qu'elle parlait, la porte s'ouvrit.

'Bien bien bien!' dit Joe. « Nous y sommes tous ! Entrez, Eddy. Mary vient de me montrer ce dont elle est capable.

Si le temps avait fait beaucoup pour Joe, il en avait fait davantage pour son compatriote Eddy Moore. Il avait toujours été beau et – selon les normes locales – présentable. Grand, mince, avec des yeux sombres qui vous faisaient reprendre votre souffle lorsqu'ils regardaient les vôtres, et un discours fluide, il avait été l'exposition primée de Dunsterville . Et le voilà avec toute son excellence rehaussée et accentuée par le poli de la ville. Il avait rempli. Ses vêtements étaient magnifiques. Et sa voix, lorsqu'il parlait, avait exactement la même qualité musicale.

« Alors toi et Joe avez réglé le problème ? Capital! Allons-nous tous déjeuner quelque part ?

«J'ai un rendez-vous», dit Joe. «Je suis déjà en retard. Soyez ici à deux heures pile, Mary. Il prit son chapeau et sortit.

La suavité d'Eddy avait eu pour effet de faire oublier à Mary la position dans laquelle elle se trouvait désormais face à Joe. Eddy avait créé pour le moment une atmosphère de bonne camaraderie assez ancienne. Elle détestait Joe pour avoir brisé cela et lui avoir rappelé qu'elle était son employée. Sa chasse d'eau rapide n'a pas échappé à Eddy.

« Ce cher vieux Joe est parfois un peu brusque, dit-il. 'Mais-'

"C'est un cochon!" » dit Mary d'un ton de défi.

« Mais cela ne doit pas vous déranger. New York fait des hommes comme ça.

« Cela ne vous a pas fait – pas pour moi, en tout cas. Oh, Eddy, s'écria-t-elle impulsivement, j'ai peur. J'aurais aimé ne jamais être venu ici. Tu es la seule chose dans toute cette ville qui n'est pas haineuse.

'Pauvre petite fille!' il a dit. 'Pas grave. Laisse-moi t'emmener et te donner un déjeuner. Venez.

Eddy était apaisant. Cela ne faisait aucun doute. Il la resta avec du poulet haché et la réconforta avec du crabe à carapace molle. Sa voix était une berceuse, apaisant ses nerfs harcelés par Joe.

Ils discutèrent du bon vieux temps. Un charpentier aurait pu dire qu'Eddy était un peu vague au sujet du bon vieux temps. Un charpentier aurait pu faire remarquer que la discussion sur le bon vieux temps, lorsqu'on en venait à l'analyser , était pratiquement un monologue de la part de Mary, ponctué de « Oui, oui » musicaux de son compagnon. Mais peu importe ce que pensent les charpentiers ? Mary elle-même n'avait aucune faute à trouver. Dans le rugissement de New York, Dunsterville lui était soudain devenu très cher, et elle trouva en Eddy une âme sympathique à qui elle pouvait ouvrir son cœur.

« Te souviens-tu de la vieille école, Eddy, et comment toi et moi nous y promenions ensemble, toi portant mon panier de dîner et m'aidant à franchir les clôtures ?

'Oui oui.'

« Et nous cueillirions des noix de caryer et des kakis ?

« Des kakis, oui, murmura Eddy.

« Vous souvenez-vous des prix que le professeur remettait à celui qui obtenait les meilleures notes au cours d'orthographe ? Et les friandises de Noël, quand nous avons tous reçu douze bâtons de bonbons rayés à la menthe ? Et puiser l'eau du puits dans ce vieux seau en bois en hiver, et la verser dans la cour de récréation et patiner dessus quand elle gelait ? Et il ne faisait pas froid en hiver aussi ! Vous souvenez-vous du poêle dans la salle de classe ? Comme nous nous rassemblions autour !

— Le poêle, oui, dit Eddy rêveur. « Ah oui, le poêle. Oui oui. C'était le bon vieux temps ! Mary appuya ses coudes sur la table et son menton sur ses mains, et le regarda avec des yeux pétillants.

« Oh, Eddy, dit-elle, tu ne sais pas à quel point c'est agréable de rencontrer quelqu'un qui se souvient de tout ce bon vieux temps ! Je me suis senti à cent millions de kilomètres de Dunsterville avant de vous voir, et j'avais le mal du pays. Mais maintenant, tout est différent.

« Pauvre petite Mary !

'Vous souvenez-vous-?'

Il jeta un coup d'œil à sa montre avec une certaine hâte.

« Il est deux heures, dit-il. «Je pense que nous devrions y aller.»

Le visage de Mary tomba.

« Retour à ce cochon, Joe ! Je le déteste. Et je vais lui montrer que oui !

Eddy avait l'air presque alarmé.

«Je… je ne devrais pas faire ça», dit-il. «Je ne pense pas que je devrais faire ça. Ce n'est que sa manière au début. Vous l'aimerez mieux. C'est vraiment un très bon gars, Joe. Et si vous… euh… vous disputiez avec lui, vous pourriez avoir du mal… ce que je veux dire, c'est que ce n'est pas si facile de trouver du travail à New York, je n'aimerais pas penser à vous, Mary, ajouta-t-il tendrement. 'à la recherche d'un travail - fatigué - peut-être affamé -'

Les yeux de Mary se remplirent de larmes.

« Comme tu es bon, Eddy ! dit-elle. « Et je suis horrible, je grogne alors que je devrais vous remercier de m'avoir trouvé cet endroit. Je serai gentil avec lui, si je peux, aussi gentil que possible.

'C'est exact. Essayez. Et nous nous reverrons beaucoup. Nous devons souvent déjeuner ensemble.

Mary rentra dans le bureau non sans une certaine appréhension. Il y a deux heures , il aurait semblé absurde d'avoir peur de Joe, mais Eddy lui avait encore une fois fait comprendre à quel point elle dépendait de la bonne volonté de son ancien serf. Et il lui avait dit de revenir à deux heures pile, et il était maintenant près d'une heure et quart.

Le bureau extérieur était vide. Elle entra dans la pièce intérieure.

Elle avait spéculé en avançant sur l'attitude probable de Joe. Elle l'avait imaginé comme agacé, voire impoli. Ce à quoi elle n'était pas préparée, c'était de le trouver à quatre pattes, grognant et fouillant dans une pile de papiers. Elle s'arrêta net.

'Que fais - tu?' Elle haleta.

«Je ne comprends pas ce que tu voulais dire», dit-il. 'Il doit y avoir une erreur. Je ne suis même pas un cochon passable. Je ne pourrais pas tromper un novice.

Il se leva et épousseta ses genoux.

« Pourtant, tu avais l'air absolument certain au restaurant tout à l'heure. Avez-vous remarqué que vous étiez assis à côté d'une sorte de jungle de palmiers en pot ? Je déjeunais immédiatement de l'autre côté de la forêt.

Mary se redressa et le fixa d'un œil qui brillait de rage et de mépris.

'Oreille indiscrète!' elle a pleuré.

« Non coupable », dit-il joyeusement. "Je n'avais aucune idée que tu étais là jusqu'à ce que tu cries : "Ce cochon Joe, je le déteste !" et presque aussitôt je suis parti.

«Je n'ai pas crié.»

« Ma chère fille, tu as cassé un verre de vin à ma table. L'homme avec qui je déjeunais a bondi de son siège et a avalé son cigare. Tu devrais être plus prudent !

Mary se mordit la lèvre.

« Et maintenant, je suppose, vous allez me renvoyer ?

« Vous renvoyer ? Pas beaucoup. Cela a simplement confirmé ma haute opinion de vos qualifications. La secrétaire idéale doit avoir deux qualités : elle doit être capable de voir. et elle doit penser que son employeur est un porc. Vous remplissez la facture. Pourriez-vous noter cette lettre ?

La vie était très rapide et stimulante pour Mary au début de sa carrière professionnelle. Le fonctionnement interne d'un bureau de courtier occupé est toujours intéressant pour l'étranger. Elle n'avait jamais compris comment les hommes d'affaires gagnaient leur argent, et elle ne le comprenait pas maintenant ; mais il ne lui fallut pas longtemps pour comprendre que s'ils étaient tous comme Joe Rendal , ils le méritaient. Il y a eu des jours de calme relatif. Il y avait des journées qui étaient chargées. Et il y avait des jours qui concentraient en l'espace de quelques heures l'essence concentrée d'un sketch de music-hall, d'un tremblement de terre, d'une mêlée de football et de l' heure de pointe dans le métro ; quand le bureau était plein d'hommes qui criaient, quand d'étranges personnages entraient et sortaient et frappaient les portes comme des personnages de vieille farce, et Harold, le fier garçon de bureau, perdait son air d'être sur le point de déjeuner avec un duc au bureau. club et transpirait comme un prolétaire. Dans ces occasions, on ne pouvait s'empêcher d'admirer Joe, même si on le détestait. Lorsqu'un homme fait bien son travail, il est impossible de ne pas l'admirer. Et Joe a bien fait son travail, extrêmement bien. Il était partout. Là où d'autres trottinaient, il sautait. Là où d'autres élevaient la voix, il a crié. Là où d'autres se trouvaient à deux endroits à la fois, lui était à trois et se dirigeait vers un quatrième.

Ces bouleversements ont pour effet sur Mary de se sentir curieusement liée à l'entreprise. Dans les jours ordinaires , le travail était un travail, mais dans ces occasions de tempête et de stress, c'était un combat, et elle considérait chaque membre de la petite bande groupée sous la bannière de J. Rendal comme un frère d'armes. Pour Joe, pendant que la bataille faisait rage, elle aurait fait n'importe quoi. Son ressentiment d'être sous ses ordres disparut complètement. Il était son capitaine et elle n'était qu'une simple unité dans la ligne de mire. Ce fut un privilège de faire ce qu'on lui disait. Et si l'ordre venait brusquement et brusquement, cela signifiait seulement que les combats étaient acharnés et qu'elle avait d'autant plus de chance d'être en mesure de rendre service.

La réaction viendrait avec la fin du combat. Ses hostilités privées commencèrent lorsque celles de l'entreprise cessèrent. Elle est redevenue une personne ordinaire, tout comme Joe. Et elle s'est opposée à Joe, en tant qu'individu ordinaire. Il y avait quelque chose d'indéfinissable dans ses manières qui la choquait. Elle en arriva à la conclusion que c'était principalement sa bonne humeur insupportable . Si seulement il pouvait se mettre en colère contre elle de temps en temps, elle pensait qu'il serait supportable. Il l'a perdu avec les autres. Pourquoi pas avec elle ? Parce que, se disait-elle amèrement, il voulait lui montrer qu'elle comptait si peu pour lui que ce n'était pas la peine de se disputer avec elle ; parce qu'il voulait lui donner tort, être supérieur. Elle avait parfaitement le droit de détester un homme qui la traitait de cette façon.

Elle le comparait, à son désavantage, à Eddy. Eddy, ces jours-là, continuait à être de plus en plus réconfortant. Cela la surprenait plutôt qu'il trouve autant de temps à lui consacrer. Lorsqu'elle lui avait rendu visite pour la première fois, à son arrivée dans la ville, il lui avait donné l'impression – plus, avouait-elle, par ses manières que par ses paroles – qu'elle n'était pas recherchée. Il n'avait montré aucune disposition à rechercher sa compagnie. Mais maintenant, il semblait toujours disponible. L'emmener déjeuner semblait être son principal passe-temps.

Un après-midi, Joe en fit la remarque, avec cet air de sourire réprimé et indulgent que Mary trouvait si pénible.

« Je vous ai vu tout à l'heure, toi et Eddy, chez Stephano, dit-il entre les phrases d'une lettre qu'il était en train de dicter. « Vous voyez beaucoup Eddy, n'est-ce pas ?

«Oui», dit Mary. « Il est très gentil. Il sait que je suis seul. Elle fit une pause. « *Il* n'a pas oublié le bon vieux temps, dit-elle d'un ton de défi.

Joe hocha la tête.

« Bon vieux Eddy ! il a dit.

Il n'y avait rien dans les mots pour exciter Mary, mais beaucoup dans la façon dont ils étaient prononcés, et elle s'enflamma en conséquence.

'Que veux-tu dire?' elle a pleuré.

'Signifier?' demanda Joe.

« Vous faites allusion à quelque chose. Si vous avez quelque chose à dire contre Eddy, pourquoi ne le dites-vous pas franchement ?

« C'est une bonne règle de travail dans la vie de ne jamais rien dire franchement. Parlant en paraboles, je ferai remarquer que si l'Amérique était une monarchie au lieu d'une république et que les gens d'ici avaient des titres, Eddy serait une certitude pour le premier comte de Pearl Street.

La dignité s'est battue avec la curiosité chez Mary pendant un moment. Ce dernier a gagné.

'Je ne sais pas ce que tu veux dire ! Pourquoi Pearl Street ?

« Allez y jeter un oeil.

La dignité a retrouvé son terrain. Mary secoua la tête.

« Nous perdons beaucoup de temps », dit-elle froidement. « Dois-je noter le reste de cette lettre ?

'Bonne idée!' dit Joe avec indulgence. 'Faire.'

Un policier, méditant sur la vie dans le quartier de City Hall Park et de Broadway ce soir-là, s'est réveillé en sursaut de ses méditations pour se retrouver interpellé par une jeune femme. La jeune femme avait de grands yeux gris et une silhouette élancée. Elle faisait appel au goût esthétique du policier.

« Tenez-moi bien, madame », dit-il avec un empressement galant. «Je vous verrai de l'autre côté.»

"Merci, je ne veux pas traverser", dit-elle. 'Officier!'

Le policier aimait plutôt qu'on l'appelle « Officier ».

« Madame ? » il rayonnait.

« Officier, connaissez-vous une rue appelée Pearl Street ?

«Je fais ça, madame.»

Elle hésita. « De quel genre de rue s'agit-il ?

Le policier cherchait dans son esprit une définition précise.

«C'est vraiment tordu, mademoiselle», dit-il.

Il a ensuite indiqué le chemin, mais la dame était partie.

C'était une bombe dans une robe bleue que Joe a trouvée qui l'attendait au bureau le lendemain matin. Il l'examina en silence, puis leva les mains au-dessus de sa tête.

«Ne tirez pas», dit-il. 'Quel est le problème?'

« De quel droit disais-tu cela à propos d'Eddy ? Vous voyez ce que je veux dire : à propos de Pearl Street.

Joe a ri.

« Avez-vous jeté un œil à Pearl Street ?

La colère de Mary éclata.

«Je ne pensais pas que tu pouvais être aussi méchant et lâche», cria-t-elle. « Vous devriez avoir honte de parler des gens dans leur dos, quand… quand… d'ailleurs, s'il est ce que vous dites, comment se fait-il que vous m'ayez engagé sur sa recommandation ?

Il la regarda un instant sans répondre. « Je vous aurais engagé, dit-il, sur la recommandation d'un syndicat de faussaires et d'hommes à trois cartes.

Il se tenait debout, tripotant une pile de papiers sur le bureau.

"Eddy n'est pas la seule personne à se souvenir du bon vieux temps, Mary," dit-il lentement.

Elle le regarda, surprise. Il y avait une note dans sa voix qu'elle n'avait jamais entendue auparavant. Elle était consciente d'un curieux embarras et d'un sentiment plus subtil qu'elle ne parvenait pas à analyser . Mais avant qu'elle ait pu parler, Harold, le garçon de bureau, entra dans la pièce avec une carte, et la conversation fut emportée par un raz-de-marée de travail.

Joe n'a fait aucune tentative pour le reprendre. Ce matin-là se trouvait être un matin de tremblement de terre, de matinées de croquis, et la conversation, ce qu'il y en avait, consistait en remarques brèves et intenses de nature purement commerciale.

Mais à certains moments de la journée, Mary se retrouvait à revenir à ses paroles. Leur effet sur son esprit la rendait perplexe. Il lui semblait que, d'une manière ou d'une autre ils ont amené les choses à modifier leur perspective. D'une certaine manière, Joe était devenu plus humain. Elle refusait toujours de croire qu'Eddy n'était pas tout ce qu'il y avait de chevaleresque et de noble, mais sa colère contre Joe pour ses insinuations avait cédé la place à un sentiment de regret qu'il ait dû les faire. Elle a cessé de le considérer comme quelque chose de malveillant, un Thersite calomniant imprudemment ses supérieurs. Elle sentait qu'il devait y avoir un malentendu quelque part et elle en était désolée.

En y réfléchissant, elle décida que c'était à elle de dissiper ce malentendu. Les jours qui suivirent confortèrent la décision ; car l'amélioration de Joe s'est maintenue régulièrement. Le quelque chose d'indéfinissable dans ses manières qui l'avait tant irritée avait disparu. Elle était, lorsqu'elle existait, si nébuleuse qu'il n'était pas nécessaire de parler pour l'éliminer. En fait, même maintenant, elle ne pouvait pas dire exactement en quoi cela consistait. Elle savait seulement que l'atmosphère avait changé. Sans un mot prononcé de part et d'autre, il semblait que la paix s'était établie entre eux, et elle était étonnée de la différence que cela faisait. Elle était apaisée et heureuse, et bienveillante envers tous les hommes, et ressentait chaque jour plus fortement la nécessité de convaincre Joe et Eddy des mérites de chacun, ou, plutôt, de convaincre Joe, car Eddy, avouait-elle, parlait toujours avec le plus de générosité. L'autre.

Pendant une semaine, Eddy ne s'est pas présenté au bureau. Le huitième jour, cependant, il l'appela au téléphone et l'invita à déjeuner.

Plus tard dans la matinée, Joe l'a invitée à déjeuner.

«Je suis vraiment désolée», dit Mary; « Je viens de le promettre à Eddy. Il veut que je le retrouve chez Stephano, mais… » Elle hésita. « Pourquoi ne devrions-nous pas déjeuner tous ensemble ? continua-t-elle impulsivement.

Elle se dépêcha. C'était son ouverture, mais elle se sentait nerveuse. Le sujet d'Eddy n'avait pas été abordé entre eux depuis cette conversation mémorable d'une semaine auparavant, et elle n'était pas sûre de son terrain.

«J'aurais aimé que tu aimes Eddy, Joe», dit-elle. « Il t'aime beaucoup, et ça semble vraiment dommage que… je veux dire… nous soyons tous de la même vieille ville, et… oh, je sais que je l'ai mal dit, mais… »

«Je pense que vous l'avez très bien dit», dit Joe; et si je pouvais désirer qu'un homme commande, je le ferais pour vous obliger. Mais bon, je ne vais pas continuer à insister là-dessus. Peut-être que tu découvriras Eddy toi-même un de ces jours.

Le sentiment du désespoir de sa tâche opprimait Mary. Elle mit son chapeau sans répondre et se tourna pour partir.

À la porte, une impulsion lui fit jeter un regard en arrière, et ce faisant, elle rencontra son regard et resta à le regarder. Il la regardait comme elle l'avait si souvent vu trois ans auparavant à Dunsterville : humblement, avec avidité, avec avidité.

Il a fait un pas en avant. Une sorte de panique la saisit. Ses doigts étaient sur la poignée de la porte. Elle l'a retourné, et l'instant suivant était dehors.

Elle marchait lentement dans la rue. Elle se sentait secouée. Elle y avait tellement cru que son amour pour elle avait disparu avec sa timidité et sa maladresse dans la lutte pour le succès à New York. Ses paroles, ses manières, tout l'indiquait. Et maintenant, c'était comme si ces trois années n'avaient pas eu lieu. Rien n'avait changé, sauf… elle-même.

Avait-elle changé ? Son esprit était en ébullition. Cette chose l'avait affectée comme un choc physique. Les foules et les bruits de la rue la déconcertaient. Si seulement elle pouvait s'éloigner d'eux et réfléchir tranquillement...

Et puis elle entendit prononcer son nom et se retourna pour voir Eddy.

"Je suis content que tu puisses venir", dit-il. « J'ai quelque chose dont je veux te parler. Ce sera calme chez Stephano.

Elle remarqua, presque inconsciemment, qu'il semblait nerveux. Il était inhabituellement silencieux. Elle en était contente. Cela l'a aidée à réfléchir.

Il donna un ordre au garçon et redevint silencieux, tambourinant avec ses doigts sur le torchon. Il ne parlait presque pas jusqu'à ce que le repas soit terminé et que le café soit sur la table. Puis il se pencha en avant.

« Mary, dit-il, nous avons toujours été de très bons amis, n'est-ce pas ? »

Ses yeux sombres regardaient les siens. Il y avait en eux une expression qui lui était étrange. Il sourit, mais il sembla à Mary qu'il y avait un effort derrière ce sourire.

« Bien sûr que nous l'avons fait, Eddy », dit-elle. Il lui toucha la main.

« Chère petite Marie ! dit-il doucement.

Il fit une pause pour un moment.

« Mary, reprit-il, tu voudrais me rendre un bon service ? Vous le feriez, n'est-ce pas, Mary ?

« Eh bien, Eddy, bien sûr ! »

Il lui toucha à nouveau la main. Cette fois, d'une manière ou d'une autre, l'action l'a irritée. Avant, cela semblait impulsif, une simple preuve spontanée d'amitié . Il y avait là une suggestion d' artificialité, de calcul. Elle recula un peu sur sa chaise. Au fond d'elle, un instinct de vigilance avait tiré l'alarme. Elle était de garde.

Il inspira rapidement.

« Ce n'est pas grand-chose. Rien du tout. C'est seulement ça. Je—je— Joe écrira une lettre à un homme appelé Weston jeudi—jeudi, souviens-toi . Il n'y aura rien dedans – rien d'important – rien de privé – mais… je… je veux que vous m'en envoyiez une copie par courrier, Mary. A… une copie de… »

Elle le regardait les yeux ouverts. Son visage était blanc et choqué.

« Pour l'amour de Dieu, » dit-il avec irritation, « ne ressemble pas à ça. Je ne vous demande pas de commettre un meurtre. Quel est ton problème? Regardez ici, Mary ; tu admettras que tu me dois quelque chose, je suppose ? Je suis le seul homme à New York à avoir fait quelque chose pour toi. Je ne t'ai pas trouvé ton travail ? Eh bien, ce n'est pas comme si je vous demandais de faire quelque chose de dangereux, ou de difficile, ou… »

Elle essaya de parler, mais n'y parvint pas. Il continua rapidement. Il ne la regardait pas. Ses yeux passèrent devant elle, bougeant sans cesse.

« Regardez ici, dit-il ; « Je serai honnête avec toi. Vous êtes à New York pour gagner de l'argent. Eh bien, vous n'y arriverez pas en martelant une machine à écrire. Je te donne ta chance. Je vais être honnête avec toi. Montre-moi cette lettre, et…

Sa voix s'éteignit brusquement. L'expression de son visage a changé. Il sourit, et cette fois l'effort fut évident.

« Salut , Joe ! » il a dit.

Marie se tourna. Joe se tenait à ses côtés. Il avait l'air très grand, en bonne santé et reposant.

«Je ne veux pas m'immiscer», dit-il; mais je voulais te voir, Eddy, et j'ai pensé que je devrais t'attraper ici. J'ai écrit une lettre à Jack Weston hier – après mon retour du bureau – et une à vous ; et d'une manière ou d'une autre , j'ai réussi à les poster dans les mauvaises enveloppes. Cela n'a pas beaucoup d'importance, car ils ont tous deux dit la même chose.

'La même chose?'

'Oui; Je vous ai dit que je devrais vous écrire de nouveau jeudi, pour vous donner un bon tuyau que j'attendais du vieux Longwood. Jack Weston vient de m'appeler au téléphone pour me dire qu'il a reçu une lettre qui ne lui appartient pas. Je lui ai expliqué et j'ai pensé passer ici et t'expliquer. Pourquoi, qu'est-ce qui te presse, Eddy ?

Eddy s'était levé de son siège.

«Je dois retourner au bureau», dit-il d'une voix rauque.

'Homme occupé! J'ai une journée creuse. Bien, au revoir. Je reverrai Mary.

Joe s'assit sur la chaise libre.

«Vous avez l'air fatigué», dit-il. « Est-ce qu'Eddy a trop parlé ?

"Oui, il l'a fait… Joe, tu avais raison."

« Ah… Marie ! Joe rit. « Je vais te dire quelque chose que je n'ai pas dit à Eddy. Ce n'est pas entièrement par négligence que j'ai posté ces lettres dans les mauvaises enveloppes. En fait, pour être tout à fait franc, ce n'était pas du tout par négligence. Il y a un vieux monsieur à Pittsburgh du nom de John Longwood, qui a parfois la gentillesse de m'informer de certaines de ses intentions sur le marché un jour ou deux avant que le reste du monde ne les connaisse, et Eddy a toujours fait preuve d'une forte détermination. Je souhaite également obtenir des informations précoces. Vous souvenez-vous que je vous ai dit que votre prédécesseur au bureau était parti un peu brusquement ? Il y avait une raison. Je l'ai engagée comme secrétaire de confiance, et elle en a fait trop. Elle s'est confiée à Eddy. A votre expression à mon arrivée, j'ai compris qu'il venait de vous proposer de faire un acte semblable de charité chrétienne. Vraiment ?

Mary serra les mains.

« C'est cet horrible New York ! » elle a pleuré. "Eddy n'a jamais été comme ça à Dunsterville ."

« Dunsterville n'offre pas tout à fait la même portée », a déclaré Joe.

«New York change tout», répondit Mary. « Ça a changé Eddy, ça t'a changé. »

Il se pencha vers elle et baissa la voix.

« Pas tout à fait, dit-il. « Je suis pareil dans un certain sens. J'ai essayé de faire semblant d'avoir changé, mais ça ne sert à rien. J'y renonce. Je suis toujours le même pauvre imbécile qui vous regardait à Dunsterville .

Un serveur s'approchait de la table avec l'air, que cultivent les serveurs, d'aller dans cette direction par hasard. Joe se pencha un peu plus en avant et parla rapidement.

« Et pour qui, dit-il, vous ne vous souciiez pas d'un seul claquement de doigts, Mary.

Elle leva les yeux vers lui. Le serveur planait, se préparant à son coup. Soudain, elle sourit.

«New York m'a changé aussi, Joe», dit-elle.

'Marie!' il pleure.

«Ze pilule, sare », observa le serveur.

Joe se tourna.

« Ze quoi ! » il s'est excalmé. « Eh bien, je suis pendu ! Eddy est parti et m'a laissé payer son déjeuner ! Cet homme est une merveille ! En ce qui concerne le travail cérébral, il est dans une classe à part. Il fit une pause. "Mais j'ai de la chance", dit-il.

LE MILLIONNAIRE DE TUPPENNY

DANS la foule qui déambulait sur la Promenade des Etrangers , profitant du soleil matinal, il y en avait qui étaient venus à Roville pour leur santé, d'autres qui souhaitaient éviter les rigueurs du printemps anglais, et bien d'autres encore qui aimaient l'endroit parce qu'il était pas cher et proche de Monte Carlo.

Aucun de ces motifs n'avait amené George Albert Balmer. Il était là parce que, trois semaines auparavant, Harold Flower l'avait traité de légume.

Qu'est-ce qui pousse les hommes à commettre des actes périlleux ? Pourquoi un homme traverse-t-il les chutes du Niagara dans un tonneau ? Pas pour sa santé. Une demi-heure avec une corde à sauter serait également bénéfique pour son foie. Non; dans neuf cas sur dix, il le fait pour prouver à ses amis et à ses relations qu'il n'est pas la personne douce et stable qu'ils ont toujours cru. Observez l'acrobate du music-hall alors qu'il s'apprête à se balancer du toit par les paupières. Son regard balaie la maison. « Ce n'est pas vrai », semble-t-il dire. "Je ne suis pas une méduse."

Il en était ainsi de George Balmer.

Il existe actuellement à Londres quelques milliers de jeunes hommes respectables, bien habillés, mécaniques et sans entreprenants, employés pour de modestes salaires par diverses banques, sociétés, magasins, magasins et entreprises. Ils sont mis au travail lorsqu'ils sont jeunes et ils y restent. Ce sont des moules. Chacun a sa place particulière sur le rocher, et y reste collé toute sa vie.

George Albert Balmer faisait partie de ces milliers de personnes. Il ne différait en rien du reste de la grande armée. Il était aussi respectable, aussi bien habillé, aussi mécanique et aussi peu entreprenant. Sa vie était limitée, à l'est, à l'ouest, au nord et au sud, par la Planet Insurance Company, qui l'employait ; et qu'il y avait d'autres moyens par lesquels un homme pouvait se réaliser qu'en imitant quotidiennement derrière un comptoir une figure mécanique marchant dans son sommeil ne lui avait jamais sérieusement effleuré l'esprit.

Sur George, à l'âge de vingt-quatre ans, descendit d'un ciel cher un héritage de mille livres sterling.

Physiquement, il est resté inchangé sous le choc. Aucune trace de hauteur ne se glissait dans son attitude. Lorsque le chef de son service, attirant son attention sur un défaut technique dans son travail de la veille après-midi, lui dit : « Tiens, toi, jeune, quel est ton foutu nom ! il ne fit pas remarquer que ce n'était pas une manière de parler à un gentleman possédant des biens. On aurait dit que le sourire soudain de la Fortune n'avait pas réussi à le déstabiliser.

Mais pendant tout ce temps, son esprit, bouleversé, restait inerte, se demandant ce qui l'avait frappé.

À lui, dans son état de stupeur, vint Harold Flower. Harold, messager de la Planet Insurance Company et l'un des emprunteurs les plus assidus de Londres, avait écouté les ragots du bureau sur l'héritage comme s'ils étaient au son d'un grand et doux hymne. C'était un individu buvieux, d'un âge incertain, qui, dans les intervalles de ses fonctions, gardait l'œil ouvert pour d'éventuels ajouts à son équipe de créanciers. La plupart des employés du Planet avaient été mis à contribution par lui à leur époque, car Harold avait avec lui un travail qui valait trois pence chaque jour de paie, et il lui semblait que les choses étaient arrivées à une triste issue s'il ne pouvait pas extraire quelque chose de spécial du plutocrate Balmer en son heure de réjouissance.

Tout au long de la journée, il suivit George et, peu avant l'heure de fermeture, le plaça dans un coin, lui frappa la poitrine et demanda le prêt temporaire d'un souverain.

Dans le même souffle, il lui dit qu'il était un gentleman, que la vie d'un messager était pratiquement celle d'un esclave vierge, et qu'un jeune homme d'esprit qui souhaitait ajouter à sa fortune déjà importante aurait un peu de groseille géante pour le prix. Ville et banlieue. Il fit ensuite une pause pour répondre.

Or, tout au long de la journée, George avait été assailli par un flot constant d'agresseurs déterminés. À maintes reprises, il avait été jalonné comme une concession minière par des hommes qu'il aurait été impoli de repousser. Il en avait assez de prêter et était d'humeur à en vouloir aux demandes non autorisées. Celui d'Harold Flower lui paraissait particulièrement non autorisé. Il l'a dit.

Il fallut un certain temps pour convaincre M. Flower qu'il le pensait vraiment, mais, réalisant enfin la sombre vérité, il inspira longuement et parla.

« Ho ! » il a dit. « Vous avez peur de ne pas pouvoir l'épargner, n'est-ce pas ? Un monsieur vient vous demander avec politesse et courtoisie un prêt temporaire d'à peu près rien , et vous ne faites que le maudire et l'insulter. Savez-vous comment je vous appelle : vous et vos mille livres ? Un millionnaire tuppenny , c'est comme ça que je t'appelle. Gardez votre argent florissant. C'est tout ce que je demande. *Garde* le. Vous en retirerez beaucoup de bien. Je connais ton genre. Vous n'en aurez jamais aucun plaisir. Pas toi. Vous êtes du genre prudent. Vous le mettrez dans Consols , *vous* le ferez, et vous retirerez vos trois pence par an. L'argent n'était pas fait pour votre espèce. Ce n'est pas le cas ne veut rien *dire* pour toi. Vous n'avez pas le courage de l'apprécier. Un légume, c'est tout ce que vous êtes. Un petit légume vierge. Un petit légume gor -blimey vierge. J'ai vu des navets avec plus d'esprit que les vôtres . Et des choux de Bruxelles. Oui, *et* des panais.

Il est difficile de repartir avec dignité lorsqu'un homme à la voix rauque et aux yeux larmoyants vous compare à votre désavantage avec un panais, et George n'a pas réussi l'exploit. Mais il s'en sortit d'une manière ou d'une autre et rentra chez lui en ruminant.

M. Flower ont été particulièrement irritantes car il s'est avéré que Consols était le même investissement que celui sur lequel il avait décidé. Son oncle Robert, chez qui il vivait en hôte payant, les avait fortement préconisés. Ils s'étaient également suggérés à lui de manière indépendante.

Mais les paroles d'Harold Flower l'ont fait réfléchir. Ils l'ont fait réfléchir. Pendant deux semaines et quelques jours, il réfléchit, rougissant inconfortablement chaque fois qu'il rencontrait cet œil larmoyant mais méprisant. Et puis vint le jour de ses vacances annuelles, et avec lui l'inspiration. Il chercha le messager qu'il avait jusqu'ici soigneusement évité.

«Euh… Fleur», dit-il.

« Moi, seigneur ?

« Je prends mes vacances demain. Voulez-vous transmettre mes lettres ? Je vous transmettrai l'adresse. Je n'ai pas encore choisi mon hôtel. Je fais un saut (il fit une pause) Je passe, reprit-il négligemment, à Monte.

'À qui?' » demanda M. Flower.

« À Monté. Monte-Carlo, tu sais.

M. Flower cligna des yeux deux fois rapidement, puis se ressaisit.

« Ouais , je *ne* pense pas ! il a dit.

Et cela a réglé le problème.

Le George qui se promenait en cette agréable matinée sur la Promenade des Étrangers différait tant extérieurement qu'intérieurement du George qui s'était brouillé avec Harold Flower dans les bureaux de la Planet Insurance Company. Pendant un jour après son arrivée, il s'était accroché aux vêtements de la classe moyenne anglaise. Lors de la seconde, il avait découvert que c'était désagréablement chaud et, pire encore, visible. Ce soir-là , au Casino Municipal , il avait aperçu, sans attirer l'attention, un homme portant un ensemble de velours jaune vif. Ce spectacle l'avait impressionné. Le lendemain matin , il était sorti de son hôtel dans un costume de flanelle si léger que cela avait été unanimement condamné comme impossible par son oncle Robert, sa tante Louisa, ses cousins Percy, Eva et Geraldine, et la mère de sa tante Louisa, et dans un magasin. rue Lasalle, il avait dépensé vingt francs pour un chapeau Homburg. Et Roville l'avait pris sans sourciller.

Intérieurement, son altération avait été encore plus considérable. Roville n'était pas Monte-Carlo (où il était resté juste le temps d'envoyer une carte postale avec photo à Harold Flower avant de se retirer sur la côte pour trouver quelque chose de moins cher), mais cela avait été pour lui une révélation. Pour la première fois de sa vie , il voyait de la couleur et cela l'enivrait. Le bleu soyeux de la mer était saisissant. Le blanc pur des grands hôtels de la promenade et du Casino Municipal le fascinait. Il était ébloui. Au Casino, les piliers étaient pourpres et crème, les tables bleu ciel et roses. Assis sur une chaise rayée verte et blanche, il regardait une *revue* dont, du début à la fin, il ne comprenait qu'un seul mot, « dehors », à savoir, absorbé dans les agissements d'un monsieur à moustache rouge et bleu qui se disputait en rapides mouvements. Français avec un monsieur moustachu noir en jaune, tandis qu'un *commere* blanc comme neige et un *compère* en costume de flanelle mauve regardaient la bagarre.

C'est au cours de cette soirée que lui vint à l'esprit le premier soupçon qu'il avait jamais eu que les perspectives mentales de son oncle Robert étaient un peu limitées.

Et maintenant, alors qu'il parcourait la promenade, observant l'agitation de la foule, il condamnait définitivement son parent absent comme un idiot borné.

Si les bottes brunes qu'il avait assidûment cirées ce matin-là dans sa chambre avec l'intérieur d'une peau de banane et qui brillaient maintenant pour la première fois à ses pieds avaient un défaut, c'était qu'elles étaient un peu serrées. Se promener longtemps avec la foule gaie n'était donc pas judicieux ; et Georges, averti par une sensation brûlante de tir que le moment était venu de se reposer, se laissa tomber gracieusement sur un siège, pour se relever aussitôt en découvrant qu'entre lui et lui il y avait quelque chose d'oblong avec des angles vifs.

C'était un livre, un gros nouveau roman. George l'a sorti et l'a inspecté. Il y avait un nom à l'intérieur : Julia Waveney .

George, depuis son enfance, avait été élevé dans cette école de pensée dont le mot d'ordre est « Les découvertes sont des trésors », et, s'étant assuré qu'aucune adresse n'était attachée à ce nom, il était sur le point, j'ai le regret de le dire, de mettre la main sur le volume, qu'il considérait déjà comme le sien, lorsqu'une silhouette se détacha de la foule et qu'il se retrouva à regarder dans une paire d'yeux gris et, à sa conscience surprise, accusateurs.

'Oh merci! J'avais peur qu'il soit perdu.

Elle respirait rapidement et son visage était légèrement rougeur. Elle prit le livre des mains irrésistibles de George et le récompensa avec un sourire.

«Je l'ai raté et je ne pouvais pas penser où j'aurais pu le laisser. Puis je me suis souvenu que j'étais assis ici. Merci beaucoup.'

Elle sourit encore, se retourna et s'éloigna, laissant George compter tous les solécismes sociaux qu'il avait réussi à commettre en l'espace d'un instant. Il était resté assis, se rappela-t-il, tout au long de l'entretien ; un. Il n'avait pas levé son chapeau, ce fascinant Homburg simplement fait pour être relevé avec un bruissement débonnaire dans de telles conditions ; deux. Appelez-le trois, car il aurait dû le relancer deux fois. Il était resté bouche bée comme un imbécile ; quatre. Et cinquièmement, il n'avait pas prononcé un seul mot de remerciement en réponse à ses remerciements.

Cinq vastes bloomers en moins d'une minute ! Qu'aurait-elle pu penser de lui ? Le soleil a cessé de briller. Quel genre d'étranger aurait-elle pu le considérer ? Un vent d'est s'est levé. Pour quel genre de limiteur et de cabot de Cockney aurait-elle pu le prendre ? La mer est devenue gris huileux ; et George, se levant, retourna à grands pas en direction de son hôtel avec une humeur qui lui fit oublier qu'il portait des bottes marron.

Son esprit était actif. Plusieurs fois, depuis son arrivée à Roville , il avait éprouvé une sensation qu'il ne comprenait pas, une sensation vague, une nostalgie, le sentiment que, si splendide que tout fût dans ce paradis de couleurs , il lui manquait néanmoins quelque chose. Maintenant, il comprenait. Il fallait être amoureux pour profiter pleinement de ces blancs et bleus éclatants. Il comprenait maintenant. Son humeur de découragement avait rapidement disparu, pour faire place à une exaltation telle qu'il n'en avait ressenti qu'une seule fois dans sa vie auparavant, à peu près au milieu d'un dîner offert au personnel de Planet à l'échelle princière par un directeur général à la retraite.

Il était exalté. Rien ne lui semblait impossible. Il retrouverait la jeune fille sur la promenade, se disait-il, renouvellerait sa connaissance avec frénésie, lui montrerait qu'il n'était pas l'idiot béant qu'il avait semblé. Son imagination enfilait ses bottes de sept lieues. Il se voyait proposer — avec éloquence — accepté, marié, vivant heureux pour toujours.

Il lui vint à l'esprit qu'une excellente première démarche serait de découvrir où elle séjournait. Il acheta un journal et se tourna vers la liste des visiteurs. Mlle Waveney . Où était-il. Il parcourut la colonne des yeux.

Et puis, avec un fracas, ses châteaux aériens s'effondrèrent en ruines hideuses.

'Hôtel Cercle de la Méditerranée . Lord Frederick Weston. La comtesse de Southborne et l'hon. Adélaïde Liss . Dame Julia Waveney ...

Il laissa tomber le journal et se dirigea vers son hôtel. Ses bottes avaient recommencé à lui faire mal, car il ne marchait plus dans les airs.

à Roville plusieurs institutions créées par la municipalité pour permettre aux visiteurs de tuer temporairement leur pensée. Le principal d'entre eux est le Casino Municipale , où, moyennant un certain prix, les malheureux peuvent obtenir l'oubli grâce à l'ingénieux jeu de *boule* . A Roville , les amoureux déçus vont à *la pétanque* comme ailleurs ils boivent. C'est un jeu fascinant. Un grand prêtre au visage de bois lance une balle en caoutchouc rouge dans un bol en chêne poli, au fond duquel se trouvent des trous, chacun portant un numéro allant jusqu'à neuf. La balle tourne et tourne comme une planète, ralentit, trébuche entre les trous, s'arrête un instant dans celui que vous avez soutenu, puis saute dans le suivant et vous perdez. S'il y a jamais eu un passe-temps calculé pour placer le jeune Adam Cupidon au second plan, c'est bien celui-là.

aux tables *de boules* avec sa passion désespérée. Dès l'instant où il avait lu les mots fatals dans le journal , il en avait reconnu le caractère désespéré. Tous les autres obstacles qu'il était prêt à surmonter, mais un titre – non. Il ne se faisait aucune illusion quant à sa place dans l'échelle sociale. Les Lady Julia de ce monde n'épousaient pas des commis d'assurance, même si le cousin de leur défunte mère leur avait laissé mille livres. Ce rêve éveillé était définitivement terminé. C'était une chose du passé, sauf le chagrin.

En guise de première gorgée des eaux du Léthé, avant de commencer la traite complète, il plaça un franc sur le numéro sept et perdit. Un autre franc sur six subit le même sort. Il lança imprudemment une roue de cinq francs sur les soirées. Il a gagné.

C'était assez. Enfonçant son chapeau derrière sa tête et se calant fermement contre la table, il s'installa pour passer une nuit.

Il n'y a rien de tel que *la boule* pour absorber l'esprit. Il fallut un certain temps avant que George ne se rende compte qu'une main le palpait dans les côtes. Il se retourna, irrité. Immédiatement derrière lui, remplissant le paysage, se trouvaient deux gros Français. Mais, tandis qu'il cherchait dans son cerveau les mots qui leur exprimeraient dans leur langue maternelle sa désapprobation de cette bousculade, il s'aperçut qu'ils, quoique robustes et d'une manière générale offensants, étaient sur ce point particulier innocents. La main qui les poussait appartenait à quelqu'un d'invisible derrière eux. Elle était petite et gantée, une main de femme. Il contenait une pièce de cinq francs.

Puis dans une brèche, provoquée par un mouvement de la foule, il aperçut le visage de Lady Julia Waveney .

Elle lui sourit.

« À huit heures, s'il vous plaît, cela vous dérangerait ? » » l'entendit-il dire, puis la foule se déplaça à nouveau et elle disparut, le laissant tenant la pièce, l'esprit en ébullition.

Le jeu de *boule* exige toute l'attention de ses adeptes. Jouer avec un esprit plein d'autres choses est une erreur. Cette erreur que George a commise. A peine conscient de ce qu'il faisait, il jeta la pièce sur le plateau. Elle lui avait demandé de le placer sur huit, et il pensait l'avoir placé sur huit. Qu'en réalité, aveuglé par l'émotion, il l'ait mis sur trois, c'était un fait qui ne lui est venu à l'esprit ni à ce moment-là ni plus tard.

En conséquence, lorsque la boule cessa de rouler et qu'une voix sépulcrale croassa la nouvelle que le huit était le numéro gagnant, il fixa sur le croupier un regard qui commença par être joyeux et impatient et finit, le croupier restant totalement insensible, par être courroucé.

Il se pencha vers lui.

« Monsieur, dit-il. *'Moi ! J'ai jeté cinq francs sur huit !'*

Le croupier était un homme avec une moustache pointue et l'air d'avoir vu toute la tristesse et la méchanceté qu'il y avait jamais eu dans le monde. Il tordit le premier et laissa un léger sourire accentuer la mélancolie du second, mais il ne parla pas.

George s'approcha de lui. Les deux gros Français s'étaient éloignés, laissant derrière eux de l'espace pour les coudées franches.

Il tapota l'épaule du croupier.

«Je dis», dit-il. 'Quel est le jeu ? *J'ai jete cinq francs sur huit* , je te le dis, *moi !'*

Un idiome oublié de l'enfance et des exercices de français lui est revenu.

« *Moi qui parle* », a-t-il ajouté.

« *Messieurs, faites vos jeux* , chantonna le croupier d'un ton détaché.

Pour George normal, comme pour la plupart des Anglais de son âge, la seule règle cardinale dans la vie était d'éviter à tout prix de se faire remarquer en public. Aucune violette qui ne s'était jamais cachée dans un talus moussu n'aurait pu avoir un plus grand dégoût pour les scènes que George normal. Mais ce soir, il n'était pas normal. Roville et sa couleur avaient provoqué une sorte de fièvre dans son cerveau. *Boule* l'avait augmenté. Et l'amour l'avait mis en colère. Si cela avait été entièrement son affaire, il est probable que le calme glacial du croupier l'aurait apaisé et il se serait retiré, fermentant mais déconcerté. Mais ce n'était pas son affaire. Il combattait la cause de la seule fille au monde. Elle lui avait fait confiance. Pourrait-il la laisser tomber ? Non, il était anéanti s'il le pouvait. Il lui montrerait de quoi il était fait. Son cœur se gonfla en lui. Un frisson imprégnait tout son être, commençant par sa tête et se répandant sur ses talons. Il se sentait formidablement bien – une sorte de mélange d'Oliver Cromwell, un guerrier Berserk, et de Sir Galahad.

« Monsieur, répéta-t-il. 'Salut! Et alors ?

Cette fois, le croupier a parlé.

' *C'est fini* , dit-il ; et les imprimés ne peuvent pas exprimer le mépris pensif de sa voix. Cela piqua George, dans son humeur exaltée, comme un coup. C'est fini, n'est-ce pas ? Très bien, maintenant il allait leur montrer. Ils l'avaient demandé, et maintenant ils devraient l'obtenir. A combien est-ce arrivé ? La mise était de cinq francs, et vous aviez sept fois votre mise. Et vous avez récupéré votre mise. Il était presque en train de l'oublier. Quarante francs en tout donc. Deux de ces trucs en or, comment les appelez -vous , en fait. Très bien alors.

Il se pencha vivement par-dessus le croupier, arracha le couvercle du plateau d'or et en retira deux louis.

C'est un fait remarquable dans la vie que les scènes que nous avons répétées dans notre esprit ne se produisent jamais comme nous les avons imaginées. Dans le cas présent, par exemple, George avait eu l'intention d'aborder les étapes ultérieures de cette petite dispute avec une dignité facile. Il avait proposé, l'argent obtenu, de le remettre à son propriétaire légitime, de lever son chapeau et de se retirer d'un air de vaillant champion des opprimés. C'est probablement environ un seizième de seconde après que sa main se fut refermée sur les pièces qu'il se rendit compte de la manière la plus vive que ce n'étaient pas les lignes sur lesquelles l'incident allait se développer, et, de tout son cœur, il se félicita. pour avoir abandonné ces bottes marron au profit d'une paire d'Oxfords pour hommes usés mais spacieux.

Pendant un instant, il y eut une pause et un silence d'étonnement total, tandis que l'esprit de ceux qui avaient été témoins de l'affaire s'adaptait à l'émerveillement, puis le monde devint plein d'yeux écarquillés, de gorges hurlantes et de mains serrées. De partout dans le casino, de nouvelles unités pullulaient comme des abeilles pour grossir la foule au centre de l'action. Les promeneurs cessèrent de se promener, les serveurs d'attendre. Des messieurs âgés se précipitèrent sur les tables.

Mais au cours de cette pause momentanée, George s'était trompé de cible. La table à laquelle il se tenait était celle la plus proche de la porte, et il se trouvait du côté de la porte. Alors que les premiers yeux commençaient à s'éveiller, les premières gorges à crier et les premières mains à se serrer, il passait devant le comptoir du changeur. Il chargea la porte battante à toute vitesse et, fidèle à sa mission, elle pivota. Il eut un vague aperçu du coin de l'œil du comptoir de chapeaux et de manteaux, puis il se retrouva sur la place avec la brise froide de la nuit soufflant sur son front et les étoiles scintillant dans le ciel bleu.

Un vendeur de papier sur le trottoir, toujours homme d'affaires, s'avança et lui proposa l'édition parisienne du *Daily Mail*, et, se trouvant dans la ligne directe du transit, se jeta rapidement sur la route et tomba en tas, tandis que George , secoué mais allant bien, tourna à gauche, où il semblait y avoir un peu plus d'obscurité qu'ailleurs.

Et puis le casino a dégorgé les poursuivants.

George, regardant précipitamment par-dessus son épaule, en vit un millier. La place résonnait de leurs cris. Il ne pouvait pas les comprendre, mais comprit qu'ils n'étaient pas complimentants. En tout cas, ils excitaient un petit homme en tenue de soirée qui se promenait vers lui sur le trottoir, à s'animer brusquement et à sauter d'un côté à l'autre les bras tendus.

La panique fait qu'Arlequin représente les trois quarts de nous tous. Pour quelqu'un qui n'avait jamais joué au rugby, George a bien géré la situation. Il attira la défense d'une feinte vers la gauche, puis, déviant vers la droite, il passa dans l'obscurité amicale. De derrière parvenaient des tintements de pieds et un vacarme toujours plus grand .

C'est l'une des rares compensations dont bénéficie un fugitif poursuivi par une foule que, s'il dispose d'un espace pour ses manœuvres , ceux qui le poursuivent sont gênés par leur nombre. Dans le petit régiment qui le suivait, il est probable qu'il y avait beaucoup de coureurs plus rapides que George. D'un autre côté, il y en avait beaucoup plus lents, et dans les premiers stades de la poursuite, ceux-ci gênaient leurs frères les plus rapides. À la fin de la première demi-minute, George, ne se ménageant pas, avait pris une avance considérable et trouvait pour la première fois le loisir de réfléchir de manière cohérente.

Son cerveau devint surnaturellement alerte, de sorte que lorsque, au détour d'un coin, il aperçut entrant sur la route principale depuis une rue secondaire devant lui un petit groupe de piétons, il ne vacilla pas, mais fut saisi d'un vif spasme de présence de esprit. Sans s'arrêter dans sa foulée, il désigna avec enthousiasme devant lui et cria au même moment les mots : « *La ! La! Venez vite ! Venez vite !* '

Son stock de français était petit, mais il allait jusqu'à cela, et il était suffisant pour ses besoins. Le tempérament français n'est pas froid. Quand le tempérament français voit un homme courir rapidement et pointer du doigt à mi-distance et l'entend crier : « *La ! La! Venez vite ! Venez vite !* ' il ne s'arrête pas pour faire des enquêtes formelles. Il sprinte comme un mustang. C'était ce qu'il faisait maintenant, avec pour résultat heureux qu'un instant plus tard, George courait sur la route, au centre et chef reconnu d'une bande enthousiaste de six personnes, qui, dans les vingt mètres suivants, atteignit onze.

Cinq minutes plus tard, dans un caviste près du port , il sirotait le premier verre d'une bouteille de *vin ordinaire bon marché mais réconfortant* tout en expliquant au propriétaire intéressé, au moyen d'un mélange d'anglais, de français approximatif et de gestes qui il avait aidé à poursuivre un voleur, mais la fatigue l'avait contraint à se retirer prématurément pour se rafraîchir. Le patron comprit cependant qu'il avait toute confiance dans le zèle de ses collègues encore actifs.

C'est une preuve convaincante de la mesure dans laquelle l'amour avait triomphé de la prudence dans l'âme de George que l'opportunité de se cacher dans son hôtel le lendemain ne lui vint même pas à l'esprit. Aussitôt après le petit-déjeuner, ou ce qui passait pour ça à Roville , il partit pour l'hôtel Cercle de la Méditerranée pour remettre les deux louis à leur propriétaire.

Lady Julia, lui fut-il informé à son arrivée, était absente. Le portier, poliment sympathique, conseilla à monsieur de la chercher sur la promenade des Etrangers .

Elle était là, sur le même siège où elle avait laissé le livre.

«Bonjour», dit-il.

Elle ne l'avait pas vu venir et elle sursauta à sa voix. La rougeur revint sur son visage alors qu'elle se tournait vers lui. Il y avait un air d'étonnement dans les yeux gris.

Il lui tendit les deux louis.

« Je n'ai pas pu vous les donner hier soir, dit-il.

Une horrible idée le saisit. Cela ne lui était pas venu à l'esprit auparavant.

« Je dis, balbutia-t-il, je dis, j'espère que vous ne pensez pas que je me suis enfui avec vos gains pour de bon ! Le croupier ne voulait pas les abandonner, vous savez, alors j'ai dû les attraper et m'enfuir. Ils revenaient exactement à deux louis. Vous misez cinq francs, vous savez, et vous recevez sept fois votre mise. JE-'

Une vieille dame assise sur le banc, qui surgissait de derrière un parasol au milieu de ces remarques, se mit brusquement à parler.

« Qui est ce jeune homme ?

George la regarda, surpris. Jusqu'à présent, il n'avait pratiquement pas remarqué sa présence. Rapidement, il la diagnostiqua comme étant une mère ou une tante. Elle ressemblait plus à une tante. Bien sûr, cela devait lui paraître étrange, qu'il entre ainsi, en parfait inconnu, et commence à discuter avec sa fille, ou sa nièce, ou quoi que ce soit. Il commença à se justifier.

« J'ai rencontré votre... cette jeune femme » – quelque chose lui disait que ce n'était pas la bonne façon de le dire, mais accrochez-vous, que pouvait-il dire d'autre ? – « au casino hier soir.

Il a arreté. L'effet de ses paroles sur la vieille dame fut remarquable. Son visage semblait se transformer en pierre et devenir tout en pointes acérées. Elle regarda la fille.

« Alors tu jouais au casino hier soir ? dit-elle.

Elle se leva du siège, statue figée de mécontentement.

« Je retournerai à l'hôtel. Lorsque vous aurez réglé vos transactions financières avec votre ami, j'aimerais vous parler. Vous me trouverez dans ma chambre.

George s'occupa d'elle bêtement.

La jeune fille parlait d'une voix curieusement tendue, comme si elle se parlait à elle-même.

«Je m'en fiche», dit-elle. 'Je suis heureux.'

Georges était inquiet.

« J'ai bien peur que votre mère soit offensée, Lady Julia.

Il y avait un regard perplexe dans ses yeux gris lorsqu'ils rencontrèrent les siens. Puis ils se sont allumés. Elle s'appuya en arrière sur le siège et commença à rire, doucement d'abord, puis avec une note qui choqua George. Quelle que soit l' humeur de la situation – et il ne l'avait pas détecté pour le moment – cette gaieté, à son avis, n'était pas naturelle et excessive.

Elle se retint longuement et une rougeur apparut sur son visage.

«Je ne sais pas pourquoi j'ai fait ça», dit-elle brusquement. 'Je suis désolé. Il n'y avait rien de drôle dans ce que tu disais. Mais je ne suis pas Lady Julia et je n'ai pas de mère. C'était Lady Julia qui venait de partir, et je ne suis rien de plus important que son compagnon.

« Son compagnon ! »

«Je ferais mieux de dire son défunt compagnon. Ce sera bientôt ça. J'avais reçu l'ordre strict, voyez-vous, de ne pas m'approcher du casino sans elle... et j'y suis allé.

« Alors… alors je t'ai perdu ton emploi… je veux dire, ton poste ! Sans moi , elle ne l'aurait pas su. JE-'

« Vous m'avez rendu un grand service, dit-elle. « Vous avez découpé le peintre pour moi alors que j'essayais depuis des mois de trouver le courage de le découper moi-même. Je ne suppose pas que vous sachiez ce que c'est que d'entrer dans une situation difficile et de vouloir en sortir sans avoir le courage. Mon frère m'écrit depuis longtemps pour le rejoindre au Canada. Et je n'avais ni le courage, ni l'énergie, ni quoi que ce soit qui fasse sortir les gens du groove. Je savais que je gâchais ma vie, mais j'étais plutôt heureux – du moins, pas malheureux ; alors… eh bien, ça y était. Je suppose que les femmes sont comme ça.

'Et maintenant-?'

« Et maintenant, vous m'avez sorti du groove. J'irai rejoindre Bob par le premier bateau.

Il gratta pensivement le béton avec son bâton.

«C'est une vie difficile là-bas», dit-il.

"Mais c'est *une* vie."

Il regarda les promeneurs sur la promenade. Ils semblaient très loin, dans un autre monde.

«Regardez ici», dit-il d'une voix rauque, et il s'arrêta. 'Puis-je m'assoir?' » demanda-t-il brusquement. « J'ai quelque chose à dire, et je ne peux pas le dire quand je te regarde.

Il s'assit et fixa son regard sur un yacht qui se balançait au mouillage sur le ciel sans nuages.

«Regardez ici», dit-il. 'Veux-tu m'épouser?'

Il l'entendit se retourner rapidement et sentit ses yeux se poser sur lui. » Il a continué avec obstination.

« Je sais, dit-il, nous ne nous sommes rencontrés qu'hier. Vous pensez probablement que je suis fou.

«Je ne pense pas que tu sois en colère», dit-elle doucement. «Je pense seulement que tu es trop chimérique. Vous êtes désolé pour moi et vous vous laissez emporter par un élan bienveillant, comme vous l'avez fait hier soir au casino. C'est comme toi.'

Pour la première fois, il se tourna vers elle.

« Je ne sais pas ce que vous pensez que je suis, dit-il, mais je vais vous le dire. Je suis commis dans un bureau d'assurance. J'ai cent jours de vacances par an et dix jours. M'as-tu pris pour un millionnaire ? Si c'est le cas, je ne suis qu'un tuppenny . Quelqu'un m'a laissé mille livres il y a quelques semaines. C'est comme ça que je suis arrivé ici. Maintenant tu sais tout sur moi. Je ne sais rien de toi, sauf que je n'aimerai jamais personne d'autre. Épouse-moi et nous irons au Canada ensemble. Vous dites que je vous ai aidé à sortir de votre rythme. Eh bien, je n'ai qu'une seule chance de m'en sortir, et c'est grâce à toi. Si vous ne m'aidez pas, je m'en fiche si je m'en sors ou non. Veux-tu me sortir ?

Elle n'a pas parlé. Elle était assise face à la mer, au-delà de la foule multicolore .

Il observait son visage, mais son chapeau lui cachait les yeux et il ne pouvait rien y lire.

Et puis, tout à coup, sans trop savoir comment elle était arrivée là, il s'aperçut que sa main était dans la sienne, et il la serrait comme un noyé serre une corde.

Il pouvait voir ses yeux maintenant, et il y avait un message dans ceux-ci qui faisait battre son cœur. Un grand contenu l'a rempli. Elle était si sociable, si amie. Cela lui paraissait incroyable que ce ne soit qu'hier qu'ils se soient rencontrés pour la première fois.

« Et maintenant, dit-elle, pourriez-vous me dire votre nom ?

Les petites vagues murmuraient en roulant paresseusement sur la plage. Quelque part derrière les arbres des jardins, un orchestre avait commencé à jouer. La brise qui soufflait du bleu de la Méditerranée était chargée de sel et de bonheur. Et depuis un siège sur la promenade, un jeune homme balayait la foule d'un regard de défi.

« Ce n'est pas vrai », semblait-il dire. "Je ne suis pas une méduse."

EN AVANCE SUR LE PROGRAMME

Ce fut à Wilson, son valet de chambre, avec qui il causait fréquemment de façon aérienne avant de se lever le matin, que Rollo Finch révéla pour la première fois sa grande idée. Wilson était un homme aux habitudes silencieuses, et les hommes aux habitudes silencieuses échappaient rarement aux confidences de Rollo.

« Wilson, dit-il un matin du fond de son lit, tandis que le valet de chambre entrait avec son eau de rasage, avez-vous déjà été amoureux ?

«Oui, monsieur», dit le valet de chambre imperturbable.

On aurait difficilement pu s'attendre à une réponse affirmative. Comme la plupart des valets de chambre et tous les chauffeurs, Wilson donnait l'impression d'être au-dessus des émotions les plus douces.

'Ce qui s'est passé?' demanda Rollo.

— Cela n'a abouti à rien, monsieur, dit Wilson en commençant à affûter le rasoir sans aucune apparence d'inquiétude.

«Ah!» » dit Rollo. « Et je parie que je sais pourquoi. Vous n'avez pas pris le bon chemin pour aller au travail.

'Non monsieur?'

« Pas un gars sur cent ne le fait. Je sais. J'y ai réfléchi. J'y ai beaucoup réfléchi ces derniers temps. C'est compliqué de faire l'amour. La plupart des gars ne savent pas comment le faire fonctionner. Aucun système. Pas de système, Wilson, vieil éclaireur.

'Non monsieur?'

« Maintenant, j'ai *un* système. Et je vais vous le dire. Cela pourrait vous faire un peu de bien la prochaine fois que vous ressentirez cette impulsion. Tu n'es pas encore mort. Maintenant, mon système consiste simplement à y aller progressivement, par degrés. Travaillez selon un horaire. Tu vois ce que je veux dire?'

« Pas entièrement, monsieur. »

« Eh bien, je vais vous donner les détails. Tout d'abord, tu veux retrouver la fille.

« Juste ainsi, monsieur. »

« Eh bien, une fois que vous l'avez trouvée, que faites-vous ? Regardez-la simplement. Tu vois ce que je veux dire?'

« Pas entièrement, monsieur. »

« Regarde-la, mon garçon. Ce n'est que le début : la fondation. Vous développez à partir de cela. Mais tu restes à l'écart. C'est le but. J'ai réfléchi à cette chose. Attention, je ne revendique pas moi-même tout le mérite de cette idée. C'est en se basant sur la Science Chrétienne. Absence de traitement, et tout ça. Mais la majeure partie m'appartient. Tout ce beau travail.

'Oui Monsieur?'

'Oui. Absolument tout le beau travail. Voici la chose en un mot. Vous trouvez la fille. Droite. Bien sûr, il faut la rencontrer une fois, juste pour établir la connexion . Ensuite, vous êtes occupé. Première semaine, on dirait. Regardez-la. Deuxième semaine, lettres. Écrivez-lui tous les jours. Troisième semaine, fleurs. Envoyez-lui -en chaque après-midi. Quatrième semaine, des présentations avec un peu plus de classe à leur sujet. Des bijoux de temps en temps. Tu vois ce que je veux dire? Cinquième semaine, déjeuners, dîners et tout. Sixième semaine, proposez, mais vous pouvez le faire la cinquième semaine si vous en voyez l'occasion. Vous devez laisser cela au jugement de l'individu. Eh bien, vous y êtes. Tu vois ce que je veux dire?'

Wilson gratta pensivement le rasoir de son maître.

« Un peu élaboré, monsieur, n'est-ce pas ? » il a dit.

Rollo frappa la couverture.

«Je savais que tu dirais ça. C'est ce que *diraient* neuf personnes sur dix . Ils voudraient se précipiter. Je te le dis, Wilson, vieil éclaireur, tu *ne peux pas* te précipiter.

Wilson réfléchit un moment, l'esprit retourné au passé passionné.

« À Market Bumpstead , monsieur... »

"Qu'est-ce que c'est que Market Bumpstead ?"

« Un village, monsieur, où j'ai vécu jusqu'à mon arrivée à Londres.

'Bien?'

« À Market Bumpstead , monsieur, la coutume dominante était d'escorter la jeune femme à la maison après l'église, de lui acheter un petit cadeau – des rubans, peut-être – le lendemain, de l'emmener se promener et de l'embrasser, monsieur.

La voix de Wilson, tandis qu'il déployait ces artifices de la fringante jeunesse de Market Bumpstead , avait pris une animation tout à fait inappropriée pour un valet de chambre consciencieux. Il donnait l'impression d'un homme qui ne s'appuie pas sur de vaines rumeurs pour étayer ses faits.

Son œil brillait de manière peu professionnelle pendant un moment avant de reprendre son expression habituelle d'introspection tranquille.

Rollo secoua la tête.

« Ce genre de chose pourrait fonctionner dans un village, dit-il, mais vous voulez quelque chose de mieux pour Londres. »

Rollo Finch – dans l'état actuel insatisfaisant de la loi, les parents peuvent encore baptiser un enfant Rollo – était un jeune à qui la nature avait donné un caractère joyeux, sans aucune superfluité cérébrale. Tout le monde aimait Rollo, la grande majorité dès qu'ils apprenaient qu'il deviendrait millionnaire à la mort de son oncle Andrew. Il y a quelque chose de subtil, une sorte de charme nébuleux, pour ainsi dire, chez les jeunes hommes qui deviendront millionnaires à la mort de leur oncle Andrew, qui adoucit le misanthrope le plus rude.

La mère de Rollo était une Miss Galloway, de Pittsburgh, Pennsylvanie, États-Unis ; et Andrew Galloway, le célèbre Braces King, l'inventeur et propriétaire de l'inimitable « Essayé et Prouvé », était son frère. Ses appareils orthodontiques avaient pénétré aux quatre coins de la terre. Partout où régnait la civilisation, vous trouverez des hommes portant le « Essayé et Prouvé » de Galloway.

Entre Rollo et ce bienfaiteur humain, il y avait toujours eu des relations amicales, et c'était un secret de polichinelle que, à moins que son oncle ne se marie et ne fournisse au monde des petits Galloways ainsi que des appareils dentaires, le jeune homme rentrerait dans son argent.

Alors Rollo a continué son chemin dans la vie, populaire et heureux. Toujours joyeux et lumineux. C'était Rollo.

Ou presque toujours. Car il y avait des moments – nous avons tous nos moments les plus gris – où il aurait pu souhaiter que M. Galloway soit un peu plus âgé ou un peu moins robuste. Le potentat de Braces traversait actuellement, en excellente santé, l'été indien de la vie. De plus, comme on l'a dit, il était, de naissance et de résidence, un homme de Pittsburgh. Et la tendance des millionnaires d'âge moyen de Pittsburgh à épouser des choristes ressemble notoirement à l'instinct de retour des pigeons. Quelque chose – peut-être la fumée – semble agir sur eux comme un charme.

Dans le cas d'Andrew Galloway, la nature avait été contrariée jusqu'à présent par le hasard d'un attachement malheureux au début de sa vie. Les faits n'étaient pas entièrement connus, mais il était généralement admis que sa fiancée avait exercé la prérogative de la femme et avait changé d'avis. De plus, elle avait fait cela le jour même du mariage, provoquant du mécontentement chez tous, et avait conclu l'affaire en s'enfuyant à Jersey City avec le propre cocher du futur marié. Quels que soient les faits, leur résultat ne faisait aucun doute. M. Galloway, ayant complètement abjuré la femme, s'était jeté avec une énergie maussade dans la fabrication et la propagation de son appareil dentaire « éprouvé et éprouvé », et y avait depuis trouvé une consolation. Il serait fort, se dit-il, comme son appareil dentaire. Les cœurs pourraient se briser sous une tension soudaine. Ce n'est pas le cas du modèle « Essayé et éprouvé ». L'amour peut tirer et tirer encore, mais jamais plus le pantalon de la passion ne devrait se détacher des bretelles robustes et magistrales de la maîtrise de soi.

Comme M. Galloway était dans cet état d'esprit depuis onze ans, il ne semblait pas déraisonnable à Rollo d'espérer qu'il puisse y continuer de façon permanente. Il avait la plus forte objection à ce que son oncle épouse une choriste ; et, à mesure que les années passaient et que le désastre n'arrivait pas, ses espoirs de jouer le rôle d'héritier jusqu'à la chute du rideau devenaient de plus en plus forts. Il faisait partie de ces jeunes hommes qui doivent être héritiers, sinon rien. C'est l'âge du spécialiste et Rollo avait décidé depuis des années de sa carrière. Même lorsqu'il était enfant, à peine capable de pensée cohérente, il était convaincu que sa spécialité , la seule chose qu'il savait vraiment bien faire, était d'hériter de l'argent. Tout ce qu'il voulait, c'était une chance. Ce serait amer si le destin le lui refusait.

Il ne s'opposait pas en principe à ce que les hommes épousent des choristes. Au contraire, il voulait en épouser une lui-même.

C'était ce fait qui avait donné cette tournure à ses pensées qui avaient finalement abouti au programme.

La première indication que Wilson eut que le programme allait effectivement être mis en pratique fut lorsque son employeur, un lundi soir, lui demanda d'acheter un bouquet de taille moyenne des meilleures roses rouges et de les livrer personnellement, avec une note, à Mlle Marguerite Parker à la porte de la scène du Théâtre du Duc de Cornouailles.

Wilson reçut l'ordre avec sa grave déférence habituelle et se tourna pour partir ; mais Rollo avait autre chose à ajouter.

« Des fleurs, Wilson, dit-il d'un ton significatif.

« Ainsi j'ai compris ce que vous avez dit, monsieur. J'y veillerai tout de suite.

'Tu vois ce que je veux dire? Troisième semaine, Wilson.

« En effet, monsieur ?

Rollon resta un moment dans ce qu'il eût appelé la pensée.

« Charmante fille, Wilson.

« En effet, monsieur ?

« Vous avez vu le spectacle ?

« Pas encore, monsieur. »

« Vous devriez, » dit Rollo avec sérieux. « Suivez mon conseil, vieil éclaireur, et voyez-le dès que vous en avez l'occasion. C'est top. Cela fait deux semaines que je suis assis au même siège, au milieu du premier rang des stands.

« En effet, monsieur ?

« Écoute, Wilson ! Le bon vieux programme.

« Avez-vous remarqué des résultats satisfaisants, monsieur ?

'Ça marche. Samedi soir, elle m'a regardé cinq fois. C'est une fille charmante, Wilson. Une fille gentille et calme – pas comme d'habitude. Je l'ai rencontrée pour la première fois lors d'un déjeuner chez Oddy . C'est la dernière fille du côté OP. Je suis sûr que tu l'aimerais, Wilson.

« J'ai toute confiance en votre goût, monsieur.

« Vous la verrez vous-même ce soir. Ne laissez pas le type à la porte de la scène vous rebuter. Glissez-lui une demi-couronne ou quelques livres ou quelque chose du genre, et dites-lui que vous devez la voir personnellement. Êtes-vous un observateur attentif, Wilson ?

«Je le pense, monsieur.»

« Parce que je veux que vous remarquiez particulièrement comment elle le prend. Assurez-vous qu'elle lit la note en votre présence. J'ai eu beaucoup de mal avec cette note, Wilson. C'est une bonne note. Bien exprimé. Regardez son visage pendant qu'elle le lit.

'Tres bien Monsieur. Excusez-moi monsieur.'

« Hein ? »

« J'avais presque oublié de le mentionner. M. Galloway a appelé au téléphone peu avant votre arrivée.

'Quoi! Est-il en Angleterre ?

M. Galloway avait l'habitude de se rendre occasionnellement en Grande-Bretagne pour s'entretenir avec le directeur général de sa succursale de Londres. Rollon s'était habitué à ne pas être averti de ces visites.

« Il est arrivé il y a deux jours sur la *Baltique* , monsieur. Il a laissé un message indiquant qu'il était à Londres pour une semaine et qu'il serait heureux que vous dîniez avec lui demain dans son club.

Rollo hocha la tête. Dans ces occasions, il avait pour habitude de se tenir sans réserve à la disposition de M. Galloway. Les invitations de ces derniers étaient des ordres royaux. Rollo était heureux que la visite ait eu lieu maintenant. Dans deux semaines, cela aurait pu être désastreux pour le calendrier.

Le club auquel appartenait le Braces King était un bâtiment richement mais sombrement meublé à Pall Mall, un lieu de tapis moelleux, de lumières tamisées et de chuchotements. Des hommes graves et âgés allaient et venaient sans bruit ou s'asseyaient dans un silence méditatif dans de profonds fauteuils. Tantôt le visiteur avait l'impression d'être dans une cathédrale, tantôt dans un bain turc ; tandis que de temps en temps on évoquait la salle d'attente d'un dentiste plus prospère que d'habitude. C'était magnifique, mais pas exaltant.

Rollo fut introduit dans le fumoir, où son oncle le reçut. Il y avait beaucoup de M. Andrew Galloway. Le chagrin, qui lui rongeait le cœur, n'avait pas affaissé son ample gilet, qui le précédait dans ses mouvements à peu près de la même manière que Birnam Woods précédait l'armée de Macduff. Une main bien nourrie se glissa au coin de l'édifice et enveloppa celle de Rollo dans une poigne puissante.

« Ah, mon garçon ! » beugla joyeusement M. Galloway. Sa voix était toujours forte. « Heureux que tu sois venu. »

Il serait absurde de dire que Rollo regardait son oncle avec attention. Il n'était pas capable de regarder quelqu'un avec attention. Mais certainement une expression perplexe apparut sur son visage. Que ce soit la cordialité de la poignée de main de l'autre ou la gaieté inhabituelle de sa voix, il ne pouvait le dire ; mais quelque chose lui donnait l'impression qu'un curieux changement s'était produit chez le roi des Braces. Lorsqu'ils s'étaient rencontrés auparavant au cours des dernières années, M. Galloway avait pratiquement seize pierre cinq de sang et de fer – un de ces hommes sévères et aigris. Son attitude avait été celle de quelqu'un pour qui la musique de la vie avait cessé. Avait-il alors inséré un autre disque ? Son attitude traduisait cette idée.

Une réflexion soutenue donnait toujours mal à la tête à Rollo. Il cessa de spéculer.

« Vous avez toujours le même *chef* ici, mon oncle ? il a dit. « Un sacré gars intelligent. J'aime toujours dîner ici.

'Ici!' M. Galloway observait les occupants somnolents de la pièce avec un profond mépris. « Nous n'allons pas dîner dans ce vieux mausolée abandonné. J'ai envoyé ma démission aujourd'hui. Si j'ai envie de ce genre de chose à un moment donné, j'irai à Paris et je chercherai la Morgue. Une bande de vieux va-et-vient ! Bah ! J'ai réservé une table chez Romano. C'est plus dans ma ligne. Prends ton manteau et partons.

Dans le taxi, Rollo risquait d'avoir mal à la tête. Il faut, à tout prix, réfléchir à cette question. Son oncle bavarda gaiement tout au long du voyage. Une fois, il poussa un cri – un cri d'université étrange et oublié, tiré des profondeurs brumeuses du passé. C'était plutôt étrange. Et de cette manière inhabituelle, ils roulèrent tous deux dans le Strand et s'arrêtèrent devant la porte de Romano.

M. Galloway était un bon trancheur. Très tôt, il s'est rendu compte qu'un homme qui souhaite fabriquer un appareil dentaire satisfaisant doit conserver ses forces. Il voulait une bonne affaire ici-bas, et il la voulait chaude et bien cuite. Ce n'est donc pas immédiatement que son dîner avec Rollo devint un festin de la raison et un flux d'âme. En effet, les deux fêtards avaient allumé leurs cigares avant que l'aîné ne fasse une remarque qui ne soit pas purement gastronomique.

Lorsqu'il a fait passer la conversation à un niveau supérieur, il l'a poussée violemment. Il l'a envoyé dans les royaumes des âmes avec un coup de fouet.

« Rollo, dit-il en soufflant un rond de fumée, tu crois aux affinités ?

Rollo, en train de siroter une eau-de-vie de liqueur, baissa son verre de surprise. Sa tête chantait légèrement à cause d'un Bollinger plutôt fougueux (sec supplémentaire), et il se demanda s'il avait bien entendu.

M. Galloway, sa voix s'élevant à mesure qu'il parlait.

« Mon garçon, dit-il, je me sens jeune ce soir pour la première fois depuis des années. Et puis, accrochez-vous, je ne suis pas si vieille ! Des hommes se sont mariés à deux fois mon âge.

À proprement parler, cela était incorrect, à moins de compter Mathusalem ; mais peut-être que M. Galloway a parlé au sens figuré.

"Trois fois mon âge", poursuivit-il en se penchant en arrière et en soufflant de la fumée, manquant ainsi le début agité de son neveu. «Quatre fois mon âge. Cinq fois mon âge. Six-'

Il se ressaisit dans une certaine confusion. Un vin généreux, ce Bollinger. Il doit être prudent.

Il toussa.

« Est-ce que vous… vous n'êtes pas… êtes-vous… » Rollo fit une pause. « Envisagez-vous de vous marier, mon oncle ?

M. Galloway était toujours au plafond.

« On raconte beaucoup de bêtises, cria-t-il sévèrement, sur les hommes qui s'abaissent en épousant des actrices. J'étais hier soir l'invité d'un souper auquel était présente une actrice. Et une fille plus charmante et plus sensée que je ne souhaite jamais rencontrer. Pas un de vos idiots et sans cervelle qui ne connaissent pas la différence entre le homard Newburg et le canard à dos de toile, et qui préfèrent le champagne doux pour sécher. Non monsieur! Pas un de vos types hachés et affectés qui prétendent ne jamais toucher à rien d'autre qu'une cuillerée de *consommé froid* . Non monsieur! Bon appétit sain. J'ai apprécié sa nourriture et je savais pourquoi elle l'appréciait. Je te donne ma parole, mon garçon, jusqu'à ce que je la rencontre, je ne savais pas qu'il existait une femme capable de parler avec autant de bon sens d'une *bavaroise au rhum* .

Il suspendit son saisissant hommage pour rallumer son cigare.

— Elle sait utiliser un réchaud, reprit-il d'une voix vibrante d'émotion. " Elle me l'a dit. Elle a dit qu'elle pouvait préparer du poulet pour qu'un homme quitte la maison pour le manger. Il fit une pause, momentanément dépassé. « *Et* des spécialités galloises rares », ajouta-t-il avec révérence.

Il tira fort sur son cigare.

«Oui», dit-il. « Des raretés galloises aussi. Et parce que, s'écria-t-il avec colère, parce qu'elle gagne honnêtement sa vie en chantant dans les chœurs d'un opéra-comique, toute une bande d' idiots pleurnicheurs diront que je me suis ridiculisé. Laisse les!' » cria-t-il en s'asseyant et en regardant Rollo. «Je dis, laissez-les! Je vais leur montrer qu'Andrew Galloway n'est pas l'homme à... n'est pas l'homme... » Il s'arrêta. "Eh bien, de toute façon, je vais leur montrer", conclut-il un peu boiteusement.

Rollo le regarda avec une mâchoire baissée. Sa liqueur s'était transformée en absinthe. Il le craignait depuis des années. Vous pouvez chasser la Nature avec une fourche, mais elle reviendra. Le sang nous le dira. Un jour millionnaire à Pittsburgh, toujours un millionnaire à Pittsburgh. Depuis onze ans, son oncle luttait contre ses penchants naturels, avec un succès apparent ; mais la nature avait finalement gagné. Ses paroles ne pouvaient avoir d'autre sens. Andrew Galloway allait épouser une choriste.

M. Galloway frappa sur la table et commanda un autre kummel.

« Marguerite Parker ! » rugit-il rêveusement, en roulant les mots autour de sa langue, comme du porto.

« Marguerite Parker ! » s'exclama Rollo en bondissant sur sa chaise.

Son oncle croisa son regard sévèrement.

«C'est le nom que j'ai dit. Vous semblez le savoir. Peut-être avez-vous quelque chose à dire contre cette dame. Hein ? Avez-vous? Avez-vous? Je vous préviens d'être prudent. Que savez-vous de Mlle Parker ? Parler!'

«Euh… non, non. Oh non! Je connais juste le nom, c'est tout. Je… je pense plutôt que je l'ai rencontrée une fois au déjeuner. Ou c'était peut-être quelqu'un d'autre. Je sais que c'était quelqu'un.

Il plongea dans son verre. Le regard de son oncle relâcha son austérité.

« J'espère que tu la rencontreras encore plusieurs fois au déjeuner, mon garçon. J'espère que vous en viendrez à la considérer comme une seconde mère.

C'est là que Rollo lui a demandé s'il pouvait avoir un peu plus de cognac.

Quand le réparateur arriva, il le but d'un trait ; puis il regarda son oncle. Le grand homme réfléchissait encore.

«Euh… quand est-ce que ça sera?» demanda Rollo. « Le mariage et tout ça ?

« A peine avant la Chute, je pense. Non, pas avant la Chute. Je serai occupé d'ici là. Je n'ai encore pris aucune mesure en la matière.

'Pas de marches ? Tu veux dire-? N'avez-vous pas… n'avez-vous pas proposé ?

«Je n'ai pas eu le temps. Soyez raisonnable, mon garçon ; être raisonnable.'

'Oh!' » dit Rollo.

Il inspira longuement. Un soupçon de lueur d'espoir était devenu visible à travers les nuages.

« Je doute, » dit M. Galloway d'un ton méditatif, « si je serai capable de trouver du temps jusqu'à la fin de la semaine. Je suis très occupé. Laissez-moi voir. Demain? N° Assemblée des actionnaires. Jeudi? Vendredi? Non, non, cela devra être reporté à samedi. Après la matinée de samedi. Cela fera parfaitement l'affaire.

Il y a un spectacle dramatique à observer chaque jour dans notre pays, qui, bien que méritant d'être reconnu, aucun artiste n'a encore représenté sur toile. Nous faisons allusion à la soudaine fulgurance du détenteur d'un abonnement de banlieue. Tout le monde a dû voir à un moment ou à un autre un abonné joyeux et au visage joyeux se promener placidement vers la gare, fredonnant peut-être, dans sa légèreté, un air gai. Il se sent en sécurité. Le destin ne peut l'atteindre, car il s'est laissé pour une fois tout le temps d'attraper ce 8h50 pour lequel il a si souvent sprinté comme la gazelle des prairies. Alors qu'il se promène, son regard tombe soudain sur l'horloge de l'église. L'instant d'après, avec un cri passionné, il s'efforce d'abaisser son record du sprint de cinquante mètres. Pendant tout ce temps, sa montre était au ralenti de quinze minutes.

Dans un tel cas se trouvait Rollo Finch. Il avait cru disposer de tout son temps. Et maintenant, en un instant, il comprit qu'il devait se dépêcher.

Pendant la plus grande partie de la nuit du dîner de son oncle, il resta sans sommeil, essayant en vain de trouver une issue à cette difficulté. Ce n'est que tôt le matin qu'il fit face à l'inévitable. Il détestait abandonner le programme. Pour ce faire, il fallait transformer une avancée bien ordonnée en un espoir désespéré. Mais les circonstances l'y ont obligé. Il y a des moments où la vitesse seule peut sauver le détenteur d'un abonnement amoureux.

L'après-midi suivant, il a agi. Ce n'était pas l'occasion de s'arrêter. Il devait condenser en une seule journée les mouvements soigneusement étudiés de deux semaines, et il le faisait du mieux qu'il pouvait. Il acheta trois bouquets, un bracelet et un Billiken en or aux yeux de rubis, et les envoya au théâtre par messager. Avec eux était accompagnée une invitation à dîner.

Puis, avec le sentiment d'avoir fait tout ce qui était possible, il retourna à son appartement et attendit l'heure.

Il s'habilla avec plus de soin que d'habitude ce soir-là. Votre sage général ne rate jamais un mouvement. Il était particulièrement attentif à sa cravate. En règle générale, Wilson en choisissait un pour lui. Mais il y a eu des moments où Wilson a commis des erreurs. On ne pouvait pas se fier absolument au goût de Wilson en matière de cravates. Il ne lui a pas reproché. Des hommes meilleurs que Wilson s'étaient trompés lors d'un match nul en soirée. Mais ce soir, il ne faut pas prendre de risques.

« Où gardons-nous nos liens, Wilson ? Il a demandé.

« Le placard à droite de la porte, monsieur. Les douze premières étagères peu profondes, en partant du haut, monsieur. Ils contiennent une sélection équitable de nos différentes cravates. Les répliques en vrac se trouvent dans le troisième nid de tiroirs de votre dressing, monsieur.

« Je n'en veux qu'un, mon brave homme. Je ne suis pas un régiment. Ah ! Je mise tout sur celui-là. Pas un mot, Wilson. Aucune discussion. C'est la cravate que je porte. Quelle heure est-il?'

« Onze heures moins huit, monsieur.

«Je dois partir. Je serai en retard. Je ne veux plus de toi ce soir. Ne m'attendez pas.

'Tres bien Monsieur.'

Rollo quitta la pièce, pâle mais déterminé, et héla un taxi.

C'est un endroit agréable, le vestibule de l'hôtel Carlton. Éblouissements, paillettes, musique lointaine, femmes blondes, hommes courageux. Mais on peut en avoir trop, et à mesure que les instants passent et qu'elle n'arrive pas, un frisson semble s'insinuer dans l'atmosphère. Nous attendons, espérant contre tout espoir, et enfin, alors que les serveurs et les commissionnaires commencent à nous regarder avec méfiance, nous faisons face à la vérité. Elle ne vient pas. Ensuite, nous rampons dans le froid et insensible Pall Mall, et donc à la maison. Vous l'avez vécu, cher lecteur, et moi aussi.

Et ainsi, à onze heures quarante-cinq ce soir-là, Rollo aussi. Pendant trois quarts d'heure, il attendit, scrutant le visage de chaque nouvel arrivant avec l'attention anxieuse d'un chien égaré cherchant son maître ; mais à midi moins quatorze minutes, la dernière lueur d'espoir s'était éteinte. Une fille peut être en retard d'un quart d'heure pour le dîner. Elle est peut-être en retard d'une demi-heure. Mais il y a une limite, et dans l'esprit de Rollo, quarante-cinq minutes l'ont dépassée. À midi moins dix, un fonctionnaire en uniforme devant le Carlton fit signe à un taxi et y entra un jeune homme dont la foi en la Femme était morte.

Rollo méditait amèrement pendant qu'il rentrait chez lui. Ce n'était pas tant le fait qu'elle ne soit pas venue qui l'émouvait. Beaucoup de choses peuvent empêcher une fille de dîner. C'était la manière calme avec laquelle elle avait ignoré l'invitation. Lorsque vous envoyez à une fille trois bouquets, un bracelet et un Billiken en or aux yeux rubis, vous ne vous attendez pas à une absence totale de reconnaissance. Même une machine à sous vous traite mieux que cela. Il peut vous donner des épingles à cheveux lorsque vous voulez des matchs, mais au moins il vous prête attention.

Il était encore plongé dans de sombres pensées lorsqu'il inséra sa clé et ouvrit la porte de son appartement.

Il fut tiré de ses réflexions par un rire venu du salon. Il a commencé. C'était un rire agréable et musical, mais il envoya Rollo plonger, indigné, vers la poignée de la porte. Que faisait une femme dans son salon à cette heure-là ? Son appartement était- il un hôtel ?

L'arrivée d'un invité inopiné échoue rarement à produire un certain *gène* . L'apparition soudaine de Rollo provoqua un silence de mort.

Il fut brisé par la chute d'une chaise sur le tapis alors que Wilson se levait précipitamment.

Rollo se tenait sur le seuil, une statue impressionnante d'indignation contenue. Il pouvait voir les parties éloignées d'une fille en bleu à l'autre bout de la table, mais Wilson obscurcit sa vision.

«Je ne m'attendais pas à votre retour, monsieur», dit Wilson.

Pour la première fois dans l'histoire de leur connaissance, son calme habituel semblait quelque peu ébranlé.

— Alors je devrais y réfléchir, dit Rollo. "Je te crois, par George!"

"Tu ferais mieux de t'expliquer, Jim", dit une voix impartiale au bout de la table.

Wilson s'écarta.

«Ma femme, monsieur», dit-il avec excuse, mais avec fierté.

'Votre femme!'

« Nous nous sommes mariés ce matin, monsieur. »

La dame fit un signe de tête joyeux à Rollo. Elle était petite et mince, avec un nez effronté et une masse de cheveux bruns.

« Très heureuse de vous rencontrer », dit-elle en cassant une noix.

Rollo resta bouche bée.

Elle le regarda à nouveau.

« Nous nous sommes rencontrés, n'est-ce pas ? Ah oui, je m'en souviens. Nous nous sommes rencontrés une fois au déjeuner. Et tu m'as envoyé des fleurs. C'était vraiment très gentil de ta part, dit-elle, rayonnante.

Elle a cassé une autre noix. Elle semblait considérer que les présentations étaient terminées et que les formalités pouvaient désormais être supprimées. Elle semblait en paix avec tous les hommes.

La situation échappait à l'emprise de Rollo. Il continuait à rester bouche bée.

Puis il se souvint de son grief.

« Je pense que tu aurais pu me faire savoir que tu ne venais pas dîner.

'Souper?'

« J'ai envoyé un mot au théâtre cet après-midi.

«Je ne suis pas allé au théâtre aujourd'hui. Ils m'ont laissé partir parce que j'allais me marier. Je suis vraiment désolé. J'espère que vous n'avez pas attendu longtemps.

Le ressentiment de Rollo fondit devant la gentillesse de son sourire.

« Presque jamais », dit-il faussement.

«Si je peux vous expliquer, monsieur», dit Wilson.

« Par Georges ! Si vous le pouvez, vous m'éviterez un brainstorming. Lâchez-vous et n'ayez pas peur de m'ennuyer. Vous ne le ferez pas.

« Mme Wilson et moi sommes de vieux amis, monsieur. Nous venons de la même ville. En fait-'

Le visage de Rollo s'éclaira.

« Par Georges ! Marché quel est son nom ! Pourquoi, bien sûr. Puis elle-'

« C'est vrai, monsieur. Si vous vous en souvenez, vous m'avez demandé une fois si j'avais déjà été amoureux, et j'ai répondu par l'affirmative.

'Et c'était-'

" Mme Wilson et moi étions fiancés avant que nous arrivions à Londres. Il y a eu un malentendu, qui était entièrement de ma faute… »

'Jim ! C'était à moi.'

"Non, c'est parce que j'étais un imbécile."

'Ce n'était pas. Vous savez que ce n'était pas le cas !

Rollo est intervenu.

'Bien?'

« Et quand vous m'avez envoyé avec les fleurs, monsieur… eh bien, nous en avons reparlé, et… c'est comme ça que ça s'est passé, monsieur.

La mariée leva les yeux de ses noix.

« Vous n'êtes pas en colère ? elle sourit à Rollo.

'En colère?' Il réfléchit. Bien sûr, il était tout à fait raisonnable qu'il soit un peu… enfin, pas vraiment en colère, mais… Et puis, pour la première fois, il lui vint à l'esprit que la situation n'était pas entièrement sans compensation. Jusqu'à ce moment-là, il avait complètement oublié M. Galloway.

'En colère?' il a dit. « Génial Scott, non ! Je suis très content d'être revenu à temps pour profiter un peu du petit-déjeuner de mariage. Je le veux, je peux te le dire. J'ai faim. Nous y sommes tous, hein ? Amusons-nous. Wilson, vieux scout, bouge-toi et donne-nous ton imitation de marié mêlant un "B. et un S". pour le meilleur homme. Mme Wilson, si vous allez au théâtre demain , vous trouverez un ou deux petits cadeaux de mariage qui vous attendent. Trois bouquets – ils seront un peu flétris, j'en ai peur –, un bracelet et un Billiken en or aux yeux rubis. J'espère qu'il vous portera chance. Oh, Wilson !

'Monsieur?'

— A propos de cette petite affaire – ne répondez pas si c'est une question délicate, mais *j'aimerais* savoir – je suppose que vous n'avez pas essayé l'horaire. Quoi? Plutôt la méthode Market Thingummy, hein ? Celui que vous m'avez décrit ?

« Market Bumpstead , monsieur ? » dit Wilson. « Sur ces lignes. »

Rollo hocha la tête pensivement.

« Il me semble, dit-il, qu'ils savent une chose ou deux à Market Bumpstead .

« Un petit endroit très prometteur, monsieur, » acquiesça Wilson.

SIR AGRAVAINE

UN CONTE DE LA TABLE RONDE DU ROI ARTHUR

Il y a quelque temps, alors que je passais un délicieux week-end au château ancestral de mon cher vieil ami, le duc de Weatherstonhope (prononcer Wop), je suis tombé sur un vieux MS en lettres noires. C'est sur cela que repose l'histoire qui suit.

J'ai cru nécessaire de retoucher un peu la chose ici et là, car les écrivains de cette époque étaient faibles en construction. Leur idée de raconter une histoire était de prendre une longue respiration et de commencer à bourdonner sans aucun arrêt ni dialogue jusqu'à ce que l'affaire soit terminée.

J'ai également condensé le titre. Dans l'original, il disait : « Comment se fait-il que vous, bon chevalier Sir Agravaine, vous les Doloreux de la Table ronde, soyez sortis pour secourir une demoiselle en détresse et qu'après divers voyages et périls par les inondations et par les champs, vous l'ayez gagnée pour son épouse. et ils vécurent très heureux tous les deux depuis, "par Ambroise, moine."

C'était un titre plutôt accrocheur à l'époque, mais nous avons un tel niveau de qualité en matière de titres aujourd'hui que je me suis senti obligé d'en omettre quelques mètres.

Nous pouvons maintenant passer à l'histoire.

Le grand tournoi battait son plein. Tout au long de l'après-midi, des chevaliers blindés et des coursiers courageux s'étaient jetés les uns sur les lances des autres, au grand contentement de tous. Des yeux brillants brillaient ; les mouchoirs flottaient ; des voix musicales exhortaient les champions choisis à mettre à plat leurs adversaires musclés. Les sièges bon marché étaient depuis longtemps enroués d'émotion. Tout autour de l'arène s'élevaient les cris des marchands ambulants : « Malvoisie glacée », « Cartes de pointage ; vous ne pouvez pas le dire aux jouteurs sans carte de score. Tout n'était que réjouissance et excitation.

Le silence tomba sur la foule. De part et d'autre de l'arène était entré un chevalier à cheval en armure .

Le héraut leva la main.

' Ladeez'n gemmen ! Combattre Galahad et Agravaine le Doloreux. Galahad à ma droite, Agravaine à ma gauche. Squires hors du ring. Temps!'

Un spéculateur parmi la foule a proposé une offre à six contre un sur Galahad, mais n'a pas trouvé preneur. La prudence du public n'était pas non plus sans raison.

Un instant plus tard, ils s'étaient rencontrés dans un nuage de poussière, et Agravaine, tirant par-dessus la croupe de son cheval, était tombé avec un bruit métallique.

Il se releva et sortit lentement de l'arène en boitant. Il n'était pas étranger à ce genre de choses. En effet, rien d'autre ne lui était arrivé au cours de toute sa carrière de jouteur.

La vérité était que Sir Agravaine le Doloreux n'était pas dans son élément à la cour du roi Arthur, et il le savait. C'était cette connaissance qui lui avait donné cet air posé de mélancolie d'où il tirait son titre.

Jusqu'à ce que je tombe sur ce MS aux lettres noires. J'avais eu l'impression, comme tout le monde, je présume, que chaque chevalier de la Table ronde était un modèle de force physique et de beauté. Malory ne dit rien qui suggère le contraire. Tennyson non plus. Mais apparemment il y avait des exceptions, dont Sir Agravaine le Doloreux devait être le chef.

Rien, semble-t-il, ne pouvait pallier aux déficiences physiques de ce malheureux. Il y a une place dans le monde pour l'homme fort et laid, et il y a une place pour l'homme faible et beau. Mais ne pas être à la hauteur à la fois en termes de caractéristiques et de muscles, c'est tout miser sur le cerveau. Et à l'époque du roi Arthur, la population ne se rendait pas hommage au cerveau. C'était un médicament sur le marché. Agravaine était bien mieux équipé que ses contemporains en matière grise, mais sa taille en chaussettes n'était que de cinq pieds quatre ; et ses muscles, bien qu'il ait suivi trois cours par correspondance d'éducation physique, restaient terriblement flasques. Ses yeux étaient pâles et doux, son nez retroussé et son menton s'éloignait brusquement de sa lèvre inférieure, comme si la nature, l'ayant conçu, avait dû s'arrêter précipitamment et finir le travail de toute façon. Les dents supérieures, saillantes, complétaient la ressemblance avec un lapin nerveux.

Ainsi handicapé, il n'est pas étonnant qu'il se sente triste et seul à la cour du roi Arthur. Au fond, il avait soif de romance ; mais la romance l'a laissé de côté. Les dames de la cour ignoraient son existence, tandis que, quant à ces demoiselles errantes qui venaient périodiquement à Camelot se plaindre du comportement des dragons, des géants, etc., et demander la permission au roi de ramener un chevalier avec elles pour combattre leur cause (tout comme aujourd'hui on sort et appelle un policier), il n'avait tout simplement aucune chance. Le choix s'est toujours porté sur Lancelot ou sur un autre favori populaire .

Le tournoi a été suivi d'un festin. En ces jours courageux, presque tout était suivi d'une fête. La scène était gaie et animée. Belles dames, braves chevaliers, gaillards, valets, écuyers, coquins scorbutiques, hommes d'armes, coquins malapert, tous étaient joyeux. Tous sauf Agravaine. Il resta silencieux et maussade. Aux plaisanteries de Dagonet, il fit la sourde oreille. Et lorsque son voisin , Sir Kay, discutant avec Sir Percivale sur sa forme actuelle, lui demanda d'étayer sa déclaration selon laquelle Sir Gauvain, bien qu'un ouvrier de poids moyen, manquait de punch, il ne répondit pas, même si le sujet était celui sur lequel il avait des opinions bien arrêtées. Il resta assis, méditant.

Alors qu'il était assis là, un homme d'armes entra dans la salle.

« Votre Majesté, s'écria-t-il, une demoiselle en détresse attend dehors.

Il y eut un murmure d'excitation et d'intérêt.

«Faites-lui entrer», dit le roi, rayonnant.

L'homme d'armes se retira. Autour de la table, les chevaliers luttaient pour se redresser sur leurs sièges et faisaient tournoyer leurs moustaches. Agravain, seul, ne bougeait pas. Il avait vécu ce genre de choses si souvent. Que représentaient pour lui les demoiselles en détresse ? Toute son attitude disait, aussi clairement que s'il avait prononcé ces mots : « À quoi ça sert ?

La foule à la porte s'écarta et, par l'ouverture, apparut une silhouette à la vue de laquelle les visages impatients des chevaliers pâlirent de consternation. Car la nouvelle venue était la jeune fille la plus simple que ces palais majestueux aient jamais vue. Peut-être la seule fille ordinaire qu'ils aient jamais vue, car aucun exemple n'est enregistré dans nos autorités de l'existence d'une telle fille à cette époque.

Les chevaliers la regardèrent d'un air vide. C'était l'époque grandiose de la chevalerie, où mille épées sortaient de leur fourreau pour protéger une femme sans défense , si elle était belle. La situation actuelle semble être un cas particulier et personne n'est vraiment certain de la procédure à suivre.

Un silence gênant fut rompu par le roi.

« Euh… oui ? il a dit.

La demoiselle s'arrêta.

« Votre Majesté, s'écria-t-elle, je suis en détresse. J'ai besoin d'aide !'

« Exactement », dit le roi avec inquiétude, jetant un regard inquiet aux rangées de visages perturbés devant lui. « Juste *comme ça* . Quelle est... euh... quelle est la nature exacte du... ah... problème ? Toute aide que ces vaillants chevaliers peuvent apporter sera, j'en suis sûr,... ah... rendue avec empressement.

Il regarda d'un air implorant les guerriers silencieux. En règle générale, ce discours était le signal d'un tonnerre d'applaudissements. Mais maintenant il n'y avait même plus un murmure.

"Je peux dire avec enthousiasme", a-t-il ajouté.

Pas un son.

— Précisément, dit le roi avec toujours de tact. « Et maintenant... tu disais ?

"Je suis Yvonne, la fille du comte Dorm of the Hills", dit la demoiselle, "et mon père m'a envoyé demander protection à un vaillant chevalier contre un dragon ardent qui ravage la campagne."

« Un dragon, messieurs », dit le roi à part. C'était généralement un tirage sûr. Rien ne plaisait plus au chevalier de cette époque qu'un combat rapide avec un dragon. Mais maintenant, la parole tentante était reçue en silence.

«Enflammé», dit le roi.

Encore un peu de silence.

Le roi eut recours à l'appel direct. « Sir Gauvain, cette Cour vous serait grandement redevable si... »

Sir Gauvain a déclaré qu'il s'était contracté un muscle lors du dernier tournoi.

«Monsieur Pelléas .»

La voix du roi s'aplatit de consternation. La situation était sans précédent.

Sir Pelleas a dit qu'il avait un ongle incarné.

Les yeux du roi roulèrent d'angoisse autour de la table. Soudain, ça s'est arrêté. Cela s'éclaira. Son air de consternation se changea en un air de soulagement.

Un chevalier s'était levé. C'était Agravaine.

«Ah!» dit le roi en prenant une profonde inspiration.

Sir Agravaine déglutit. Il se sentait plus nerveux qu'il ne l'avait jamais ressenti dans sa vie. Jamais auparavant il ne s'était levé pour offrir ses services dans une affaire de ce genre, et son état d'esprit était celui d'un petit garçon sur le point de réciter son premier morceau de poésie.

Ce n'était pas seulement la conscience que tous les yeux, à l'exception de celui de Sir Balin qui avait été fermé pendant le tournoi cet après-midi, étaient tournés vers lui. Ce qui l'a fait se sentir comme un gentleman doux dans un bureau de poste qui a demandé à l'assistante si elle aurait bientôt le temps de s'occuper de lui et qui a attiré son attention, c'est le fait qu'il pensait avoir observé la demoiselle Yvonne froncer les sourcils alors qu'il rose. Il gémit en esprit. Cette demoiselle, pensait-il, voulait les biens appropriés, voire pas du tout. Elle ne parviendrait peut-être pas à obtenir Sir Lancelot ou Sir Galahad ; mais elle n'allait pas se contenter d'une demi-portion.

Le fait est que Sir Agravaine était tombé amoureux au premier regard. Dès l'instant où il avait aperçu la demoiselle Yvonne, il l'aimait avec dévotion. Pour d'autres, elle semblait simple et peu attrayante. Pour lui, elle était une reine de beauté. Il était étonné de l'attitude inexplicable des chevaliers autour de lui. Il s'était attendu à ce qu'ils se lèvent en bloc pour réclamer à grands cris l'occasion d'assister cette vision radieuse. Il avait du mal à croire, même maintenant, qu'il était définitivement le seul partant.

«C'est Sir Agravaine le Doloreux», dit le roi à la demoiselle. « Le prendrez-vous comme votre champion ?

Agravaine retint son souffle. Mais tout allait bien. La demoiselle s'inclina.

« Alors, sir Agravaine, dit le roi, vous feriez peut-être mieux de faire venir votre destrier immédiatement. J'imagine que l'affaire est urgente : le temps et… euh… les dragons n'attendent personne.

Dix minutes plus tard, Agravaine, toujours hébété, courait vers les collines, avec la demoiselle à ses côtés.

Il fallut un certain temps avant qu'aucun d'eux ne parle . La demoiselle semblait préoccupée, et l'esprit d'Agravaine était un fouillis de pensées confuses, dont la plus importante et celle à laquelle il revenait sans cesse était la réflexion surprenante que lui, qui avait si longtemps désiré la romance, l'avait maintenant dans toute sa mesure. .

Un dragon! Enflammé avec tout. Était-il absolument certain d'être capable de gérer une dispute avec un dragon de feu ? Il aurait donné beaucoup pour une petite expérience préalable de ce genre de choses. Il était trop tard maintenant, mais il aurait aimé avoir eu la prévoyance de demander à Merlin de lui préparer une prescription magique, le rendant immunisé contre les morsures de dragon. Mais les dragons ont-ils mordu ? Ou vous ont-ils frappé avec leur queue ? Ou simplement souffler du feu ?

Il y avait une douzaine de points qu'il aurait aimé régler avant de commencer. C'était idiot de se lancer dans une aventure de ce genre sans connaissances particulières. Il avait envie de plaider un engagement oublié et de repartir aussitôt.

Puis il regarda la demoiselle et sa décision était prise. Qu'importait la mort s'il pouvait la servir ?

Il toussa. Elle sortit de sa rêverie en sursaut.

« Ce dragon, maintenant ? » dit Agravaine.

Pendant un instant, la demoiselle ne répondit pas. « Un ver redoutable, Sir Knight, » dit-elle enfin. « Il vorace de jour comme de nuit. Il crache du feu par ses narines.

« Est-ce que c'est vrai ! » dit Agravaine. ' *Est-ce que* c'est vrai ! Vous ne pouvez pas donner une idée de ce à quoi il ressemble, de quelle *taille* il fait ?

« Son corps est aussi épais que dix gros arbres et sa tête touche les nuages.

« Est-ce que c'est vrai ! » » dit Agravaine pensivement. « *Est-ce que* c'est vrai ! »

« Oh, Sir Knight, je prie pour que vous soyez prudent. »

«Je le ferai», dit Agravaine. Et il avait rarement dit quelque chose avec plus de ferveur. L'avenir s'annonçait aussi mauvais qu'il aurait pu l'être. Tous les espoirs qu'il avait pu nourrir que ce dragon puisse se révéler relativement petit et inoffensif furent dissipés. Il ne s'agissait clairement pas d'une épave de dragon affaibli, sa croissance étant retardée par une respiration excessive du feu. Un corps aussi épais que dix gros arbres ! Il n'aurait même pas la mélancolique satisfaction de donner une indigestion à la créature. Malgré toute l'impression qu'il était susceptible de produire sur ce vaste intérieur, il pouvait tout aussi bien être une amande salée.

Pendant qu'ils parlaient, une masse obscure sur l'horizon commença à prendre forme.

'Voir!' dit la demoiselle. «Le château de mon père.» Et bientôt ils traversèrent le pont-levis et franchirent la grande porte qui se referma derrière eux avec un bruit sourd.

Tandis qu'ils descendaient de cheval, un homme sortit par une porte située à l'extrémité de la cour.

« Père, » dit Yvonne, « voici le vaillant chevalier Sir Agravaine, qui est venu à… » Agravaine sembla hésiter un instant.

« Pour affronter notre dragon ? dit le père. 'Excellent. Entrez tout de suite.

Earl Dorm of the Hills était un homme petit et âgé, avec ce qu'Agravaine considérait comme un air distinctement furtif. Ses yeux étaient trop rapprochés et il arborait un sourire faible et rusé. Même Agravaine, qui était d'humeur à aimer toute la famille, si possible, pour le bien d'Yvonne, ne pouvait s'empêcher de penser que les apparences allaient à l'encontre de cette exposition en particulier. Il avait peut-être un cœur en or sous l'apparence extérieure d'un expert en astuces de confiance dont le passe-temps était le vol de chiens, mais il ne faisait aucun doute que son extérieur n'inspirait pas une lueur de confiance géniale.

« C'est très gentil de votre part d'être venu », dit le comte.

«C'est un plaisir», dit Agravaine. « J'ai tout entendu parler du dragon.

« Un grand fléau », reconnut son hôte. « Il faudra que nous en parlions longuement après le dîner.

C'était la coutume à cette époque dans les demeures seigneuriales d'Angleterre que toute la troupe prenait ses repas ensemble. Les invités s'asseyaient à la table haute, les dames dans une galerie au-dessus d'eux, tandis que la troupe habituelle d'hommes d'armes, d'archers, de coquins malapert, de valets, de valets scorbutés, de marmitons et de truands attachés à toutes les maisons médiévales, écrasés. près de la porte, partout où ils pouvaient trouver de la place.

La suite d'Earl Dorm n'était pas numériquement nombreuse – la maison étant, à en juger par les apparences, une maison qui avait connu des jours meilleurs ; mais il frappa Agravaine que ce qui lui manquait en nombre était compensé par sa robustesse. Parmi tous ceux qui se trouvaient au fond de la salle, il n'y en avait pas un qu'il eût été agréable de rencontrer seul dans une ruelle sombre. De tous ces fronts, aucun n'atteignait une hauteur supérieure à un point et quatre pouces. Une collection sinistre, en effet, et qui, estimait Agravaine, aurait dû être capable de manipuler sans son aide n'importe quel dragon venu au monde pour stimuler l'industrie de l'amiante.

Il fut tiré de ses réflexions par la voix de son hôte.

« J'espère que vous n'êtes pas fatigué après votre voyage, Sir Agravaine ? Ma petite fille ne t'a pas ennuyé, j'espère ? Nous sommes des gens très calmes ici. Souris de campagne. Mais nous devons essayer de rendre votre visite intéressante.

Agravain pensait qu'on pouvait compter sur le dragon pour le faire. Il l'a dit.

"Ah, oui, le dragon", dit Earl Dorm, "j'oubliais le dragon. Je veux avoir une longue conversation avec toi à propos de ce dragon. Pas maintenant. Plus tard.'

Son regard croisa celui d'Agravaine, et il sourit de son sourire faible et rusé. Et pour la première fois, le chevalier éprouva un curieux sentiment que tout n'était pas carré et honnête dans ce château. La conviction commençait à l'envahir que, d'une manière ou d'une autre, on jouait avec lui, qu'il se préparait un jeu qu'il ne comprenait pas, que, en un mot, il y avait du sale boulot à la croisée des chemins.

Il y avait dans l'atmosphère une touche de mystère qui le mettait vaguement mal à l'aise. Lorsqu'un dragon enflammé ravage la campagne au point qu'un appel SOS a été envoyé à la Table Ronde, un chevalier est en droit de s'attendre à ce que le monstre soit le thème principal de la conversation. La tendance de son hôte était apparemment d'éviter d'aborder le sujet. Il était vague et insaisissable ; et le seul sujet sur lequel un honnête homme ne reste pas vague et insaisissable est celui des dragons de feu. Ce n'était pas bien. C'était comme s'il fallait téléphoner à la police et engager, dès son arrivée, une discussion sur les résultats de football de la journée.

Une vague de méfiance déferle sur Agravaine. Il avait entendu des histoires de chefs voleurs qui attiraient des étrangers dans leurs forteresses et les retenaient prisonniers tandis que le public esquivait nerveusement leurs amis anxieux qui avaient dressé des listes d'abonnement pour constituer la rançon. Est-ce que cela pourrait être un tel cas ? L'homme avait certainement des manières évasives et un sourire qui auraient justifié n'importe quel jury à rendre un verdict sans sortir de la tribune. D'un autre côté, il y avait Yvonne. Sa raison se révoltait contre l'idée que cette charmante fille soit partie prenante à une telle conspiration.

Non, c'était probablement seulement l'attitude malheureuse du comte. Peut-être souffrait-il d'une faiblesse musculaire du visage qui le faisait sourire ainsi.

Néanmoins, il aurait certainement souhaité ne pas se laisser priver de son épée et de son armure . À l'époque, il lui avait semblé que la remarque du comte selon laquelle le second avait besoin d'être poli et le premier d'être poli, trahissait seulement une bienveillante considération pour le bien-être de son invité. Maintenant, cela avait l'air de faire partie d'une intrigue soigneusement construite.

D'un autre côté – ici la philosophie est venue à son secours – si quelqu'un avait l'intention de commencer quelque chose, son épée et son armure pourraient tout aussi bien ne pas être là. N'importe lequel de ces mammouths à sourcils bas à la porte pourrait le manger, son armure et tout.

Il reprit son repas, inquiet mais résigné.

Le dîner au Earl Dorm's n'était pas une bagarre au comptoir du déjeuner. Cela a commencé tôt et s'est terminé tard. Ce ne fut qu'à une heure avancée qu'Agravain fut conduit dans sa chambre.

La chambre qui lui avait été attribuée se trouvait en hauteur dans la tour orientale. C'était une belle pièce, mais pour quelqu'un dans l'état de suspicion réprimée d'Agravaine, un peu trop solidement rembourrée. La porte était en chêne le plus épais, cloutée de fer. Des barres de fer formaient un motif net sur l'unique fenêtre.

A peine Agravaine avait-il remarqué ces choses que la porte s'ouvrit, et devant lui se tenait la demoiselle Yvonne, pâle et haletante.

Elle s'appuya contre le montant de la porte et déglutit.

'Voler!' elle a chuchoté.

Lecteur, si tu étais venu passer la nuit dans le château solitaire d'un parfait inconnu à l'œil fuyant et au sourire de galerie de coquins, et qu'en te retirant dans ta chambre, tu avais trouvé la porte à l'épreuve des coups de pied et la fenêtre barrée, et si, immédiatement après votre découverte de ces phénomènes, une jeune femme au visage blanc s'était précipitée sur vous et vous avait poussé à fuir immédiatement, cela ne vous choquerait-il pas ?

Cela a secoué Agravaine.

« Hein ? » il pleure.

'Voler! Envolez-vous, Sir Knight.

Un autre pas retentit dans le couloir. La demoiselle jeta un regard surpris par-dessus son épaule.

« Et qu'est-ce que c'est que tout ça ?

Earl Dorm apparut dans le couloir faiblement éclairé. Sa voix avait un tintement désagréable.

« Votre… votre fille, dit Agravaine précipitamment, me disait justement que le petit-déjeuner… »

La phrase est restée inachevée. Un mouvement soudain de la main du comte, et la grande porte lui claqua au nez. Il y eut le bruit d'un boulon tiré dans sa douille. Une clé tourna dans la serrure. Il était piégé.

Dehors, le comte avait saisi sa fille par le poignet et lui faisait subir un contre-interrogatoire paternel.

« Que lui disais-tu ?

Yvonne ne broncha pas.

«Je lui ai demandé de voler.»

"S'il veut quitter ce château", dit le comte d'un air sombre, "il devra le faire."

« Père, dit Yvonne, je ne peux pas. »

« Tu ne peux pas quoi ? »

'Je ne peux pas.'

Sa prise sur son poignet se resserra. De l'autre côté de la porte parvenait le bruit sourd de coups portés sur le chêne massif. 'Oh?' dit Earl Dorm. « Tu ne peux pas, hein ? Eh bien, écoute-moi. Vous avez à. Est-ce que tu comprends? J'admets qu'il est peut-être plus beau, mais...'

"Père, je l'aime."

Il relâcha son poignet et la regarda dans la lumière incertaine.

'Tu l'aimes!'

'Oui.'

« Alors quoi… ? Pourquoi? Eh bien, je n'ai jamais compris les femmes, dit-il enfin, et il s'éloigna dans le couloir.

Pendant que cette conversation énigmatique se déroulait, Agravaine, conscient de ses pires appréhensions, essayait d'enfoncer la porte. Après quelques instants, cependant, il réalisa la futilité de ses efforts et s'assit sur le lit pour réfléchir.

Au risque de perdre le respect du lecteur, il faut admettre que sa première émotion fut celle d'un profond soulagement. S'il avait été enfermé ainsi, cela devait signifier que cette histoire de dragon était fictive, et que tout danger était éliminé du fait de devoir opposer son inexpérience à un monstre vorace qui avait passé sa vie à dévorer des chevaliers. Cette perspective ne lui avait jamais plu, même s'il était prêt à aller jusqu'au bout, et le sentiment qu'elle était définitivement annulée compensait pour beaucoup.

Son esprit se tourna ensuite vers son avenir immédiat. Qu'allaient-ils faire de lui ? Sur ce point, il se sentait assez à l'aise. Cet emprisonnement ne pouvait signifier rien d'autre que le fait qu'il serait obligé de restituer une rançon. Cela ne le dérangeait pas. Il était riche et, maintenant que la situation était devenue purement commerciale, il sentait qu'il pouvait y faire face.

De toute façon, il n'y avait rien à gagner à s'asseoir, alors il se coucha, en bon philosophe.

Le soleil entrait à flots à travers la fenêtre grillagée lorsqu'il fut réveillé par l'entrée d'une silhouette gigantesque portant de la nourriture et des boissons.

Il reconnut en lui un de ces fripons qui avaient dîné la veille au fond de la salle, un grand gaillard aux sourcils de scarabée, au regard louche, à la tignasse rousse et au génie du silence. Aux tentatives d'Agravaine pour engager la conversation, il ne répondit que par des grognements et quitta la pièce peu de temps après, fermant et verrouillant la porte derrière lui.

Il fut remplacé au crépuscule par un autre à peu près de même taille et de même laideur, et avec encore moins *d'élan conversationnel*. Celui-ci ne grogna même pas.

Il semblait que les bavardages n'étaient pas un art cultivé dans une large mesure par les classes inférieures au service d'Earl Dorm.

Le lendemain se passa sans incident. Le matin, le laid strabique aux cheveux roux lui apportait à manger et à boire, tandis que le soir, le non-grogneur lui faisait les honneurs . C'était une vie paisible, mais tendant vers la monotonie, et Agravaine fut bientôt dans un état d'esprit qui accueille favorablement toute interruption dans la vie quotidienne.

Il a eu la chance de l'obtenir.

Il s'était préparé à dormir cette nuit-là et était sur le point de s'endormir confortablement, quand de l'autre côté de la porte il entendit le bruit de voix en colère.

C'était suffisant pour l'exciter. La nuit précédente, le silence avait régné. De toute évidence, il se passait quelque chose d'extraordinaire.

Il écoutait attentivement et distinguait les mots.

« Avec qui est-ce que je t'ai vu venir sur la route ? »

« Avec qui m'as-tu vu venir sur la route ?

« Oui, avec qui est-ce que je t'ai vu venir sur la route ? »

"Pour qui penses-tu que tu es?"

« Pour qui est-ce que je pense que je suis ? »

« Oui, pour qui penses-tu que tu es ? »

Agravaine n'y pouvait rien. En fait, il entendait la première véritable conversation contradictoire qui ait jamais eu lieu en ces sombres jours d'avant le music-hall. Dans les années à venir, le dialogue sur ces lignes devait être populaire dans toute la Grande-Bretagne. Mais jusque-là, on l'ignorait.

Les voix devenaient de plus en plus en colère. Pour un auditeur initié, il aurait été clair que dans peu de temps les mots seraient jugés inadéquats et que le poignard, ce précurseur médiéval du bâton, serait mis en jeu. Mais pour Agravaine, tout inexpérimenté, ce fut une surprise lorsque soudain, avec un bruit sourd, deux corps tombèrent contre la porte. Il y eut un bruit de bagarre, quelques gémissements, puis le silence.

Et puis, avec étonnement, il entendit le verrou revenir et une clé grincer dans le trou de la serrure.

La porte s'ouvrit. Il faisait sombre dehors, mais Agravaine distinguait une forme féminine et, au-delà, une masse informe qu'il prenait à juste titre pour les restes des deux plug-uglies.

«C'est moi, Yvonne», dit une voix.

'Qu'est-ce que c'est? Que s'est-il passé ?

« C'était moi. Je les ai opposés l'un à l'autre. Ils aimaient tous les deux une des servantes de cuisine. Je les ai rendus jaloux. J'ai dit à Walt en secret qu'elle avait favorisé Dickon, et à Dickon en secret qu'elle aimait Walt. Et maintenant-'

Elle jeta un coup d'œil au tas informe et frissonna. Agravaine hocha la tête.

« Pas de cloches de mariage pour elle », dit-il avec révérence.

«Et je m'en fiche. Je l'ai fait pour te sauver. Mais viens ! Nous perdons du temps. Viens! Je vais vous aider à vous échapper.

Un homme qui a été enfermé pendant deux jours dans une petite pièce est rarement lent à réagir lorsque l'occasion se présente de faire de l'exercice. Agravaine le suivit sans un mot, et ensemble ils descendirent l'escalier sombre jusqu'à atteindre le hall principal. De quelque part au loin venaient les ronflements rythmés des coquins du scorbut qui prenaient leurs huit heures.

Doucement, Yvonne déverrouilla une petite porte et, en la franchissant, Agravain se retrouva à regarder les étoiles, tandis que les grands murs du château le dominaient.

«Au revoir», dit Yvonne.

Il y eut une pause. Agravaine se retrouva pour la première fois à examiner la situation exacte. Après son séjour dans la salle gardée, la liberté lui parut très bonne. Mais la liberté signifiait se séparer d'Yvonne.

Il regarda le ciel et les murs du château, et il recula d'un pas vers la porte.

«Je ne suis pas sûr de vouloir y aller», a-t-il déclaré.

'Oh, vole ! Volez, Sir Knight ! » elle a pleuré.

— Vous ne comprenez pas, dit Agravaine. « Je ne veux pas avoir l'air de dire quoi que ce soit qui puisse être interprété comme le moins du monde désobligeant à l'égard de votre père, mais sans préjugés, il n'est sûrement qu'un simple et ordinaire brigand ? Je veux dire, c'est seulement une question de rançon ? Et je ne m'y oppose pas du tout… »

'Non non Non.' Sa voix tremblait. "Il ne demanderait aucune rançon."

« Ne me dites pas qu'il kidnappe des gens juste comme passe-temps !

« Vous ne comprenez pas. Il… Non, je ne peux pas vous le dire. Voler!'

« Qu'est-ce que je ne comprends pas ?

Elle était silencieuse. Puis elle commença à parler rapidement. 'Très bien. Je vais vous dire. Écouter. Mon père a eu six enfants, toutes des filles. Nous étions pauvres. Nous avons dû rester enterrés dans cet endroit isolé. Nous n'avons vu personne. Il semblait impossible qu'aucun de nous se marie un jour. Mon père était désespéré. Puis il a dit : « Si nous ne pouvons pas atteindre la ville, la ville doit venir à nous. » Il envoya donc ma sœur Yseult à Camelot pour demander au roi de nous laisser un chevalier pour nous protéger contre un géant à trois têtes. Il n'y avait pas de géant, mais elle a eu le chevalier. C'était Sir Sagramore . Peut-être que vous le connaissiez ?

Agravaine hocha la tête. Il commença à voir la lumière du jour.

« Ma sœur Yseult était très belle. Dès le premier jour, Sir Sagramore oublia complètement le géant et ne semblait vouloir rien faire d'autre que demander à Yseult de lui montrer comment jouer au berceau du chat. Ils se sont mariés deux mois plus tard et mon père a envoyé ma sœur Elaine à Camelot pour demander un chevalier pour nous protéger contre une licorne sauvage.

« Et qui a mordu ? demanda Agravain, profondément intéressé.

« Sir Malibran du Devon. Ils se sont mariés en trois semaines, et mon père… je n'en peux plus. Tu comprends maintenant.'

«Je comprends l'idée principale», a déclaré Agravaine. "Mais dans mon cas..."

«Tu devais m'épouser», dit Yvonne. Sa voix était calme et froide, mais elle tremblait.

Agravaine avait conscience d'un poids sourd et lourd qui pesait sur son cœur. Il savait que son amour était sans espoir, mais même le désespoir est d'autant meilleur qu'il est indéfini. Il comprenait maintenant.

« Et vous voulez naturellement vous débarrasser de moi avant que cela n'arrive », dit-il. «Je ne me demande pas. Je ne suis pas vaniteux... Eh bien, j'y vais. Je savais que je n'avais aucune chance. Au revoir.'

Il a tourné. Elle l'arrêta avec un cri aigu.

'Que veux-tu dire? Vous ne pouvez pas souhaiter rester maintenant ? Je te sauve.

'Sauve-moi! Je t'aime depuis le moment où tu es entré dans la salle de Camelot," dit Agravaine.

Elle inspira.

« Tu… tu m'aimes ! »

Ils se regardèrent à la lumière des étoiles. Elle tendit les mains.

« Agravaine ! »

Elle se pencha vers lui et il la prit dans ses bras. Pour un novice, il l'a fait exceptionnellement bien.

C'est environ six mois plus tard qu'Agravaine, après avoir chevauché dans la forêt, rendit visite à un sage dans sa cellule.

À cette époque, presque tous ceux qui n'étaient pas un parfait idiot pouvaient s'ériger en sage et s'en tirer sans problème. Il suffisait de vivre dans une forêt et de se laisser pousser la barbe blanche. Ce sage en particulier, étonnamment, avait une certaine dose de sagacité grossière. Il écouta attentivement ce que le chevalier avait à dire.

« Cela m'a tellement intrigué, dit Agravaine, que j'ai senti qu'il fallait que je consulte un spécialiste. Vous me voyez. Regardez-moi bien. Que pensez-vous de mon apparence personnelle ? Il ne faut pas hésiter. C'est pire que ça. Je suis l'homme le plus laid d'Angleterre.

« Iriez-vous jusque-là ? » dit poliment le Sage.

'Plus loin. Et tout le monde le pense. Tout le monde sauf ma femme. Elle me dit que je suis un modèle de beauté virile. Vous connaissez Lancelot ? Eh bien, elle dit que j'ai fait fouetter Lancelot en crème anglaise. Qu'en pensez-vous ? Et voici autre chose. Il est parfaitement évident pour moi que ma femme est l'une des plus belles créatures qui existent. Je les ai tous vus et je vous dis qu'elle est seule. Elle est littéralement abandonnée en classe A, toute seule. Pourtant, elle insiste sur le fait qu'elle est claire. Qu'est-ce que vous en faites?'

Le Sage lui caressa la barbe.

« Mon fils, dit-il, la question est simple. Le véritable amour ne tient pas compte de l'apparence.

'Non?' dit Agravaine.

« Vous êtes tous les deux des affinités. Par conséquent, pour vous, l'aspect extérieur n'est rien. Dis-le comme ça. L'amour est un truc de bob qui, comme tu l' appelles .

«Je commence à voir», dit Agravaine.

« Ce que je voulais dire, c'est ceci. L'amour est un sorcier plus grand que Merlin. Il joue de drôles de tours avec la vue.

«Oui», dit Agravaine.

« Ou, pour le dire autrement. L'amour est un sculpteur plus grand que Praxitèle. Il prend un morceau d'argile inesthétique et le façonne en une chose divine.

«Je te comprends», dit Agravaine.

Le Sage commença à s'intéresser à son travail.

«Ou devrions-nous dire…»

«Je pense que je dois y aller», dit Agravaine. «J'ai promis à ma femme que je reviendrais plus tôt.»

« On pourrait le dire... » commença le Sage avec persévérance.

— Je comprends, dit précipitamment Agravaine. «Je vois bien maintenant. Au revoir.'

Le Sage soupira avec résignation.

« Au revoir, Sir Knight, dit-il. 'Au revoir. Payez à votre bureau.

Et Agravaine continuait son chemin, émerveillé .

LE GARDIEN DE BUT ET LE PLUTOCRATE

LA principale difficulté dans l'écriture d'une histoire est de transmettre au lecteur de manière claire mais concise la nature et les dispositions de ses personnages principaux. Brièveté, brièveté, tel est le cri. Peut-être qu'après tout, le style de l'affiche est le meilleur. Dans ce drame de l'amour, du football (Code de l'association) et de la politique, les protagonistes sont donc les suivants, dans leur ordre d'entrée :

ISABEL RACKSTRAW (un ange).

LE DÉPUTÉ. CLARENCE TRESILLIAN (un dieu grec).

LADY RUNNYMEDE (une vieille aristocrate fière).

M. RACKSTRAW (un citadin multimillionnaire et homme politique radical).

Nous en saurons plus sur Clarence plus tard. Pour le moment, laissez-le partir comme un dieu grec. Il y avait aussi d'autres facettes dans le personnage de M. Rackstraw, mais pour le moment, laissez-le partir en tant qu'homme multimillionnaire de la ville et homme politique radical. Non pas que ce soit satisfaisant ; il fait trop doux. La politique radicale des autres politiciens radicaux n'était qu'un lait écrémé à la politique radicale du politicien radical Rackstraw. Là où M. Lloyd George a qualifié la Chambre des Lords de vagabonds et d'anachronismes stupides, M. Rackstraw a dédaigné d'être aussi prudent dans son discours. Il n'a pas mâché ses mots. Son attitude envers un membre de la pairie était celle du terrier envers le chat ambulant.

C'est lors d'un bazar caritatif qu'Isabel et Clarence se sont rencontrés pour la première fois. Isabel présidait le stand Billiken, Teddy-bear et Fancy Goods. Elle se tenait là, cette jeune fille mince et rayonnante, faisant rebondir la Jeunesse Ardente hors de la brèche de son père – gagnée avec un sourire qui à lui seul valait presque l'argent, lorsqu'elle observait, s'approchant, le plus bel homme qu'elle ait jamais vu. C'était – ce n'est pas une de ces histoires mystérieuses – c'était Clarence Tresillian . Au-dessus de la foule de jeunes gens dorés rassemblés autour de l'étal, leurs regards se rencontrèrent. Un frisson parcourut Isabel. Elle baissa les yeux. L'instant d'après, Clarence avait fait son saut ; les jeunes gens dorés s'étaient déchiquetés comme une brume, et il se penchait vers elle, ouvrant les négociations pour l'achat d'un ours en peluche jaune à seize fois sa valeur nominale.

Il revenait à intervalles réguliers dans l'après-midi. Au cours du deuxième ours en peluche, ils sont devenus amis, au cours du troisième, ils sont devenus intimes. » Il a proposé alors qu'elle emballait le quatrième golliwog, et elle lui a donné son cœur et le colis simultanément. A six heures, portant quatre ours en peluche, sept cadres photo, cinq golliwogs et un billiken , Clarence rentra chez lui pour annoncer la nouvelle à ses parents.

Clarence, lorsqu'il n'était pas à l'université, vivait avec son père et sa mère à Belgrave Square. Sa mère avait été Miss Trotter, de Chicago, et c'était grâce à sa dot que les Runnymedes parvenaient à joindre les deux bouts. Pour une famille noble, ils se trouvaient dans une situation financière quelque peu difficile. Ils vivaient, simplement et sans envie de leurs riches concitoyens, de leurs cent mille livres sterling par an. Ils n'en demandèrent pas davantage. Cela leur permettait de se divertir à une échelle modeste. Clarence avait pu aller à Oxford ; son frère aîné, Lord Staines, dans les Gardes. Les filles pouvaient occasionnellement acheter une nouvelle robe. Dans l'ensemble, ils formaient une famille anglaise très heureuse et satisfaite, de la meilleure espèce. M. Trotter, il est vrai, était quelque peu un handicap. C'était un vieux millionnaire robuste et corrompu de la vieille école, avec un penchant pour les manches de chemise et une tendance à donner une publicité indue aux cure-dents. Mais on lui avait fait comprendre très tôt que l'échéance pour lui était la rive la plus éloignée de l'océan Atlantique, et il ne lui causa désormais guère de problèmes.

Après s'être habillé pour le dîner, Clarence se rendit à la bibliothèque, où il trouva sa mère hystérique et son père effondré sur le canapé. Clarence était trop bien élevé pour faire un quelconque commentaire. Véritable Runnymède, il fit semblant de ne rien remarquer et, prenant le journal du soir, il se mit à lire. L'annonce de ses fiançailles pourrait être reportée à un moment plus opportun.

« Clarence ! » murmura une voix depuis le canapé.

'Oui père?'

Le vieil homme aux cheveux argentés haletait pour pouvoir parler.

«J'ai perdu mon petit veto», dit-il enfin d'une voix brisée.

« Où l'avez-vous vu pour la dernière fois ? » demanda Clarence, toujours pratique.

"C'est ce camarade Rackstraw!" s'écria le vieillard avec une faible rage. « Ce limiteur Rackstraw ! C'est l'homme derrière tout ça. Le voleur!'

« Clarence ! »

C'est sa mère qui a parlé. Sa voix semblait déchirer l'air en un million de lambeaux et les piétiner. Il y a peu de choses plus terribles qu'une voix de Chicago élevée dans l'excitation ou l'angoisse.

'Mère?'

« Peu importe ton père et son ancien veto. Il ne savait pas qu'il en avait un jusqu'à ce que le journal annonce qu'il l'avait perdu. Tu m'écoutes. Clarence, nous sommes ruinés.

Clarence la regarda d'un air interrogateur.

« Beaucoup de choses en ruine ? Il a demandé.

« Un lit de pierre », dit sa mère. « Si nous avons soixante mille dollars par an après cela, c'est tout ce que nous aurons. »

Un hurlement sourd s'échappa du vieil homme frappé sur le canapé.

Clarence ne trahissait aucune émotion.

« Ah, » dit-il calmement. 'Comment est-ce arrivé?'

« Je viens de recevoir un télégramme de Chicago, de votre grand-père. Il essaie d'accaparer le blé. Il a toujours été un vieux gazook impulsif .

« Mais sûrement, » dit Clarence, un vague souvenir de quelque chose qu'il avait entendu ou lu quelque part lui revenir, « l'accaparement du blé n'est-il pas un processus plutôt rentable ?

«Bien sûr», dit sa mère. ' Bien sûr que ça l'est. Je suppose que la tentative de papa d'accaparer le blé a été la chose la plus rentable qui soit jamais arrivée aux autres gars. On dirait qu'ils se sont occupés et ont matraqué cinquante-sept variétés d'Hadès à partir de votre vieux grand-pop. Il doit abandonner beaucoup de ses habitudes coûteuses, et l'une d'entre elles est de nous envoyer de l'argent. C'est comme ça.'

« Et en plus de ça, remarquez, » gémit Lord Runnymede, « je perds mon petit veto. C'est amer… amer.

Clarence alluma une cigarette et la tira pensivement. "Je ne vois pas comment nous allons nous débrouiller avec douze mille livres par an", a-t-il déclaré.

Sa mère révisa brusquement ses pronoms.

«Nous ne le sommes pas», dit-elle. "Vous devez sortir et vous dépêcher."

Clarence la regarda d'un air vide.

'Moi?'

'Toi.'

'Travail?'

'Travail.'

Clarence inspira profondément.

'Travail? Eh bien, bien sûr, remarquez, les gars *travaillent* , poursuivit-il pensivement. « Hier encore, je déjeunais au baccalauréat avec un homme qui jurait connaître un type qui avait rencontré un homme dont le cousin travaillait. Mais je ne vois pas ce que je pourrais faire, tu ne sais pas.

Son père se releva sur le canapé.

« Ne vous ai-je pas donné l'éducation d'un gentleman anglais ?

«C'est là toute la difficulté», dit Clarence.

'Tu ne peux *rien faire* ?' demanda sa mère.

« Eh bien, je peux jouer au pied de page. Par Jupiter, je vais m'inscrire en tant que pro. Je vais prendre un nouveau nom. Je m'appellerai Jones. Je peux m'inscrire dans une minute. N'importe quel club me sautera dessus.

Ce n'était pas une vaine vantardise. Depuis sa petite enfance, Clarence avait concentré ses énergies sur le football et était désormais un excellent gardien de but. C'était un spectacle agréable de le voir, posé sur un pied dans l'attitude d'un danseur de Salomé, avec un œil sur l'homme au ballon, l'autre regardant froidement le reste de la ligne avant adverse, se dérouler brusquement comme le joueur principal. ressort d'une montre et arrêter une montre chaude. Clarence dans le but était ce qui se rapprochait le plus d'un acrobate indien et d'un contorsionniste de la société à voir en dehors de la scène du music-hall. En bref, c'était quelqu'un de chaud. Il avait la marchandise.

A peine avait-il prononcé ces paroles capitales que le majordome entra pour annoncer qu'il était recherché par une dame au téléphone.

C'était Isabel, perturbée et craintive.

« Oh, Clarence, s'écria-t-elle, mon précieux ange prodige, je ne sais pas par où commencer.

« Commencez comme ça », dit Clarence avec approbation. 'C'est top. Vous ne pouvez pas le battre.

« Clarence, une chose terrible est arrivée. J'ai parlé à papa de nos fiançailles et il n'a pas voulu en entendre parler. Il t'a traité de ppp ...'

'Un quoi?'

'Un pr-pr-pr—'

« Il a tort. Je ne suis rien de tout cela. Il doit penser à quelqu'un d'autre.

« Une excroissance absurde sur le cosmos social. Il n'aime pas que ton père soit comte.

« Un homme peut être comte et rester gentleman », dit Clarence, non sans une pointe de froideur dans la voix.

« J'ai oublié de lui dire ça. Mais je ne pense pas que cela ferait une différence. Il dit que je n'épouserai qu'un homme qui travaille.

«Je vais travailler, ma chérie», dit Clarence. «Je vais travailler comme un cheval. Quelque chose, je ne sais quoi, me dit que je serai plutôt bon au travail. Et un jour, quand je...

« Au revoir, dit Isabelle précipitamment. «J'entends papa arriver.»

Clarence, comme il l'avait prédit, n'eut aucune difficulté à trouver un emploi. Il fut immédiatement engagé, sous le nom de Jones, par Houndsditch Wednesday, le premier club métropolitain, et se lança aussitôt dans sa nouvelle carrière.

La saison au cours de laquelle Clarence Tresillian a gardé les buts de Houndsditch mercredi est destinée à vivre longtemps dans la mémoire des adeptes du football professionnel. Jamais probablement dans l'histoire du jeu une mortalité aussi persistante et aussi répandue parmi les parents les plus éloignés des employés de bureau et des jeunes employés. Les statisticiens ont estimé que si toutes les grands-mères qui ont péri entre les mois de septembre et d'avril de cette saison avaient pu être mises bout à bout, elles seraient arrivées de Hyde Park Corner jusqu'à la périphérie de Manchester. Et c'est Clarence qui était responsable de cet holocauste. Avant l'ouverture de la saison, les sceptiques avaient secoué la tête quant aux chances de mercredi en Première Ligue. D'autres clubs avaient acheté les meilleurs hommes du marché, ne laissant qu'un assortiment mixte d'Écossais, d'Irlandais et de compatriotes du Nord inférieurs pour défendre l' honneur du club londonien.

Et puis, tel un météore, Clarence Tresillian avait déferlé sur le monde du football. Dans le premier match, il s'était comporté dans le but comme un cracker chinois et avait montré une défense absolument infranchissable ; et à partir de ce moment-là, à l'exception d'un contrôle occasionnel, Houndsditch Wednesday n'avait plus jamais regardé en arrière.

Parmi les spectateurs qui se pressaient sur le terrain de Houndsditch pour voir Clarence jouer, apparaissait semaine après semaine un petit homme gris, desséché, insignifiant hormis un certain choix heureux de langage dans les moments d'émotion et un enthousiasme dépassant de loin celui de l'ordinaire. spectateur. Pour l'œil averti, il existe des distinctions subtiles entre les passionnés de football. Cet homme appartenait à la classe relativement restreinte de ceux qui ont le football au cerveau.

Le destin avait fait de Daniel Rackstraw un millionnaire et un radical, mais au fond, il était un spectateur de football. Il n'a jamais raté un match. Sa bibliothèque de littérature sur le football était la plus belle du pays. Son musée du football n'avait qu'un égal, celui de M. Jacob Dodson, de Manchester. À eux deux, ils s'étaient accaparés, à grands frais, le marché des bibelots du jeu. C'était Rackstraw qui s'était procuré l'authentique paire de bottes dans laquelle Bloomer avait joué pour l'Angleterre pour la première fois ; mais c'était Dodson qui possédait la balle en caoutchouc peinte de l'Inde utilisée par Meredith lorsqu'elle était enfant – probablement la première chose, sauf une infirmière, à avoir reçu un coup de pied de ce pied talentueux. Les deux hommes étaient amis, autant que peuvent être amis des connaisseurs rivaux ; et M. Dodson, lorsqu'il avait son temps libre, rendait fréquemment visite à la maison de campagne de M. Rackstraw, où il passait des heures à contempler avec nostalgie les bottes Bloomer, soutenu uniquement par les pensées du bal Meredith à la maison.

Isabel voyait peu Clarence pendant les mois d'hiver, sauf de loin. Elle s'est contentée de prendre des photos de lui dans les journaux sportifs. Chacun lui ressemblait un peu plus que le précédent, ce qui donnait de la variété à la collection. Son père a marqué avec approbation son enthousiasme nouveau-né pour le jeu. Cela avait été secrètement un grand chagrin pour le vieux gentleman que son unique enfant ne connaisse pas la différence entre un juge de touche et un intérieur droit, et, plus encore, ne semblait pas se soucier de savoir. Il se sentit attiré plus près d'elle. Une entente aussi agréable que nouvelle et étrange commença à naître entre le parent et l'enfant.

Quant à Clarence, comme il serait facile de remonter son pantalon de manière pratiquement illimitée au sujet de ses émotions à ce moment-là. On peut l'imaginer, une fois le jeu terminé et la foule gay dispersée, rampante d'humeur maussade, mais à quoi ça sert ? La brièveté, tel est le cri. Brièveté. Allons-y.

Les mois passèrent ; les matchs de Coupe commencèrent et il devint bientôt évident que la finale devait se disputer entre Houndsditch mercredi et l'équipe préférée de M. Jacob Dodson, Manchester United. A chaque match, le mercredi semblait s'améliorer. Clarence était un Gibraltar parmi les gardiens de but.

Ce furent des jours délirants pour Daniel Rackstraw. Bien avant le quatrième round, sa voix s'était réduite à un murmure rauque. Des rides profondes apparurent sur son front ; car c'est une chose horrible pour un passionné de football d'être obligé d'applaudir, en plein milieu d'une rencontre de Coupe, uniquement au moyen de l'expression du visage. En cette période d' affliction , il trouvait en Isabelle un réconfort toujours croissant pour lui. Ils s'asseyaient côte à côte, et le visage du vieil homme perdait son air tiré et s'éclairait, tandis que sa jeune soprano claire criait au-dessus du vacarme, incitant ce joueur à tirer, à donner un coup de pied au visage de quelque adversaire ; ou décrivant l'arbitre en termes non équivoques comme une réincarnation de feu M. Dick Turpin.

Et maintenant, le jour de la finale au Crystal Palace approchait, et toute l'Angleterre était en alerte, confiante dans une compétition record. Mais hélas! Avec quelle justesse Épictète observe-t-il : « Nous ne savons pas ce qui nous attend au coin de la rue, et la main qui compte les poulets avant qu'ils n'éclosent ne fait souvent que marcher sur la peau de banane. » Les prophètes qui prévoyaient une lutte plus acharnée que n'importe quelle autre dans l'histoire du football étaient voués à se révéler faux.

Ce n'est pas que leur jugement sur la forme soit erroné. Sur le déroulement de la pièce de la saison Houndsditch mercredi *contre* . Manchester United aurait dû être les deux équipes les plus égales de l'histoire du match. En avant, ce dernier détenait une légère supériorité ; mais cela a été contrebalancé par le gardien inspiré de Clarence Tresillian . Même les partisans les plus fervents des deux camps n'étaient pas confiants. Ils discutèrent longuement, calculant les probabilités à l'aide de bouts de crayons et de dos d'enveloppes, mais ils n'étaient pas confiants. Parmi tous ces millions de gens en délire, deux hommes seuls n'avaient aucun doute. M. Daniel Rackstraw a déclaré qu'il ne souhaitait pas être injuste envers Manchester United. Il souhaite qu'il soit clairement compris que, dans sa propre classe, Manchester United pourrait très probablement prendre un avantage considérable. Dans quelque ligue rurale, par exemple, il ne niait pas qu'ils puissent tout balayer devant eux. Mais lorsqu'il s'agissait de rivaliser avec Houndsditch mercredi, les mots manquaient à M. Rackstraw.

M. Jacob Dodson, interviewé par le *Manchester Weekly Football Boot* , a déclaré que sa décision, prise après une étude attentive et minutieuse du travail des deux équipes, était que Houndsditch mercredi avait plutôt moins de chances lors du prochain tournoi qu'un rat en peluche lors du prochain tournoi. Maison des chiens de Battersea. C'était son opinion mûrement réfléchie que dans un combat avec les onze seconds de la Church Lads' Brigade d'un village, Houndsditch Wednesday pourrait, avec un effort (en leur concédant cette part de chance qui renverse si souvent le cours d'un match), rentrer chez lui. . Mais lorsqu'il s'agissait de rencontrer une équipe comme Manchester United, ici M. Dodson, haussant les épaules désespérément, se laissa tomber dans son fauteuil, et des secrétaires vigilants le ramenèrent avec de l'oxygène.

Dans tout le pays, on ne parlait que du prochain match. Partout où régnait la civilisation, et dans certaines parties de Liverpool, une seule question était sur toutes les lèvres : qui gagnerait ? Les octogénaires l'ont marmonné. Les nourrissons le bégayaient. Des citadins fatigués, piétinés dans la course vers leur tramway, l'ont demandé aux ambulanciers qui les ont transportés à l'hôpital.

Et puis, par un matin clair et lumineux, alors que les oiseaux chantaient et que toute la nature semblait belle et gaie, Clarence Tresillian a développé les oreillons.

Londres était en effervescence. J'aurais voulu entrer dans les détails, décrire en phrases vives et brûlantes la panique qui a balayé comme une tornade un million de foyers. Un peu d'encouragement, le moindre assouplissement de l'austérité éditoriale et le tour était joué. Mais non. Brièveté. C'était le cri. Brièveté. Allons-y.

Houndsditch a rencontré Manchester United mercredi au Crystal Palace, et pendant près de deux heures, la sueur de l'agonie a coulé sans cesse sur le front ondulé des patriotes dans les tribunes. Les hommes de Manchester, libérés de la peur de Clarence, affichèrent des sourires sinistres et commencèrent à accumuler des points. Ce fut en vain que les arrières et les demi-arrières de Houndsditch parcouraient le terrain comme des hirondelles. Ils n'ont pas réussi à maintenir le score à un niveau bas. Du début à la fin, Houndsditch était une équipe battue.

Londres, pendant cette période noire, était un désert. La tristesse s'est emparée de la ville . Dans la lointaine Brixton, les épouses aux yeux rouges faisaient face à des maris renfrognés en silence lors du repas du soir, et les enfants étaient envoyés se coucher tôt. Les vendeurs de journaux appelaient les figurants à voix basse.

Rares sont ceux qui ont pris la tragédie plus à cœur que Daniel Rackstraw. Quittant le sol avec l'air d'un père pleurant un fils prodigue, il rencontra M. Jacob Dodson, de Manchester.

Maintenant, M. Dodson était peut-être un peu timide quant aux sentiments les plus fins. Il aurait dû respecter le chagrin d'un ennemi tombé au combat. Il aurait dû s'abstenir d'exulter. Mais il était trop exalté pour se montrer magnanime. Apercevant M. Rackstraw, il se mit joyeusement à la tâche de frotter la chose. M. Rackstraw écoutait avec une angoisse silencieuse.

« Si nous avions eu Jones... » dit-il enfin.

«C'est ce qu'ils disent tous», a crié M. Dodson, «Jones! Qui est Jones ?

« Si nous avions eu Jones, nous aurions dû... » Il fit une pause. Une idée était venue dans son esprit surmené. « Dodson, dit-il, regarde ici. Attendez que Jones se rétablisse et rejouons ce truc pour tout ce que vous voulez dans mon parc privé.

M. Dodson réfléchit.

« C'est parti, » dit-il. « Quel pari secondaire ? Un million? Deux millions? Trois?'

M. Rackstraw secoua la tête avec mépris.

'Un million? Qui veut un million ? Je mettrai ma botte Bloomer contre ton ballon Meredith. Est-ce que ça va ?

"Je devrais dire que c'est le cas", a déclaré M. Dodson avec joie. «Je voulais cette botte depuis des années. C'est comme le trouver dans son bas de Noël.

«Très bien», dit M. Rackstraw. "Alors réparons-le."

Honnêtement, ce n'est qu'une vie de chien, celle du nouvelliste. Je souhaitais particulièrement à ce stade introduire une description de la maison de campagne et du domaine de M. Rackstraw, mettant en vedette le terrain de football privé avec sa frange d'arbres nobles. Cela aurait servi un double objectif, non seulement charmer les amoureux de la nature, mais aussi agir comme un excellent stimulant pour la jeunesse du pays, en lui montrant le genre de maison qu'ils pourraient un jour acheter s'ils travaillaient dur et économisaient leur argent. argent. Mais non. Vous aurez trois suppositions sur ce qu'était le cri. Vous y abandonnez ? C'était la brièveté – la brièveté ! Allons-y.

Les deux équipes sont arrivées chez M. Rackstraw à temps pour le déjeuner. Clarence, ses traits une fois de plus réduits à leurs proportions finement ciselées habituelles , descendit de l'automobile avec un cœur gonflé. Il trouva bientôt l'occasion de s'éclipser et de rencontrer Isabel. Je passerai à la légère sur la rencontre des deux amoureux. Je ne décrirai pas la douceur rosée de leurs yeux, leurs souffles repris, leurs tendresses murmurées. Je pourrais, remarquez. C'est précisément à de telles descriptions que je suis particulièrement heureux. Mais je me suis découragé. Mon esprit est brisé. Il suffit de dire que Clarence avait atteint un niveau d'éloquence émotionnelle rarement rencontré parmi les gardiens de but de la Première Ligue, lorsqu'Isabel s'éloigna de lui avec une exclamation surprise et disparut ; et, regardant par-dessus son épaule, Clarence observa M. Daniel Rackstraw se diriger vers lui.

Il ressortait de l'attitude du millionnaire qu'il n'avait rien vu. L'expression de son visage était anxieuse, mais pas courroucée. Il aperçut Clarence et se précipita vers lui.

« Jones, dit-il, je te cherchais. Je veux te parler.

« Mille, si vous le souhaitez, dit Clarence avec courtoisie.

«Maintenant, regardez ici», dit M. Rackstraw. «Je veux vous expliquer ce que ce jeu signifie pour moi. Ne vous enfuyez pas avec l'idée que je vous ai invités à jouer à un match hors-concours juste pour me garder joyeux et brillant. Si Houndsditch gagne aujourd'hui, cela signifie que je pourrai à nouveau relever la tête et regarder mon prochain en face, au lieu de ramper sur le ventre et de me sentir comme un scarabée noir sous un rouleau compresseur. Vous saisissez?'

«Oui», répondit Clarence.

— Et pas seulement, reprit le millionnaire. 'Il y a plus. J'ai mis ma botte Bloomer contre le ballon Meredith de M. Dodson comme pari secondaire. Vous comprenez ce que cela signifie ? Cela signifie que soit vous gagnez, soit ma vie est gâchée à jamais . Voir?'

«Je vous ai», dit Clarence.

'Bien. Alors ce que je voulais dire, c'était ceci. Aujourd'hui, c'est votre journée pour garder votre objectif comme vous ne l'avez jamais fait auparavant. Tout dépend de toi. Avec toi qui garde le but comme sa mère le faisait, Houndsditch est en sécurité. Sinon ils sont complètement dans le bouillon. C'est une chose ou une autre. Cela ne tient qu'à toi. Gagnez, et quatre mille livres vous attendent en plus de ce que vous partagez avec les autres.

Clarence agita la main avec dépréciation.

« Monsieur Rackstraw, dit-il, gardez vos scories. Je ne me soucie pas de l'argent. Tout ce que je vous demande, poursuivit Clarence, c'est votre consentement à mes fiançailles avec votre fille.

M. Rackstraw le regarda attentivement.

«Répétez ça», dit-il. "Je ne pense pas avoir tout à fait compris."

« Tout ce que je demande, c'est votre consentement à mes fiançailles avec votre fille.

« Jeune homme, dit M. Rackstraw non sans une pointe d'admiration, j'admire le culot. Mais il y a une limite. Cette limite, vous l'avez tellement dépassée qu'il faudrait la chercher avec un télescope.

« Vous refusez votre consentement ?

"Je n'ai jamais dit que tu n'étais pas un devineur intelligent."

'Pourquoi?'

M. Rackstraw éclata de rire. Un de ces rires méchants, aigus et métalliques qui vous frappent comme une balle.

« Comment soutiendriez-vous ma fille ?

«Je pensais que vous aideriez dans une certaine mesure.»

« Vous l'étiez, n'est-ce pas ? »

'J'étais.'

'Oh?'

M. Rackstraw émit un autre de ces rires.

« Eh bien, dit-il, c'est parti. Vous pouvez considérer cela comme provenant d'une source faisant autorité. Pas de cloches de mariage pour vous.

Clarence se redressa, des flammes jaillissant de ses yeux et un sourire amer courbant ses lèvres expressives.

« Et pas de bal Meredith pour toi ! il pleure.

M. Rackstraw sursauta comme si une main forte lui avait plongé une tarière.

'Quoï?' il cria.

Clarence haussa en silence ses épaules superbement modelées.

"Allez, allez," dit M. Rackstraw, "vous ne laisseriez pas une petite différence privée comme celle-là vous influencer dans une chose vraiment importante comme ce match de football, n'est-ce pas ?"

'Je voudrais.'

« Vous feriez pratiquement du chantage au père de la fille que vous aimez ?

'À chaque fois.'

« Son vieux père aux cheveux blancs ?

"La couleur de ses cheveux ne m'affecterait pas."

« Rien ne vous émeut ? »

'Rien.'

« Alors, par George, tu es juste le gendre que je veux. Tu épouseras Isabel ; et je vous prendrai en partenariat dans mon entreprise dès aujourd'hui. Cela fait des années que je recherche un bon bandit valide comme toi. Vous faites ressembler le capitaine Kidd à un combat préliminaire en trois rounds. Mon garçon, nous serons la plus grande combinaison, toi et moi, que la Ville ait jamais vue. Serrer la main.'

Clarence hésita un instant. Puis sa meilleure nature a pris le dessus et il a parlé.

« Monsieur Rackstraw, dit-il, je ne peux pas vous tromper.

« Cela n'a pas d'importance », dit le vieil homme enthousiaste. « Je parie que vous serez capable de tromper tout le monde. Je le vois dans tes yeux. Mon garçon, nous serons les meilleurs… »

«Je ne m'appelle pas Jones.»

« Le mien non plus. Qu'importe ?

«Je m'appelle Tresillian . Le député. Tresillien . Je suis le fils cadet du comte de Runnymede. À un homme de vos opinions politiques…

"C'est absurde, c'est absurde", dit M. Rackstraw. « Que sont les opinions politiques par rapport à la chance d'avoir un gardien de but comme vous dans la famille ? Je me souviens qu'Isabel m'a dit quelque chose à ton sujet, mais je ne savais pas qui tu étais à ce moment-là.

«Je suis une excroissance absurde dans le cosmos social», dit Clarence, le regardant d'un air dubitatif.

"Alors j'en serai un aussi", s'écria M. Rackstraw. « J'avoue que je m'y suis opposé jusqu'à présent, mais les circonstances changent les cas. J'appellerai le Premier ministre au téléphone demain et j'achèterai moi-même un titre.

Le dernier scrupule de Clarence fut levé. En silence, il saisit la main du vieil homme, tendue vers la sienne.

Il reste peu de choses à dire, mais je le dirai s'il neige. Je suis à mon meilleur dans ces tendres scènes de domesticité idyllique.

Quatre années se sont écoulées. Une fois de plus nous sommes dans la maison Rackstraw. Une dame descend les escaliers, tenant par la main son petit fils. C'est Isabelle. Les années l'ont traitée à la légère. Elle est toujours la même créature majestueuse et belle que j'aurais décrite en détail il y a longtemps si on m'en avait donné une demi-chance. Au pied de l'escalier, l'enfant s'arrête et montre du doigt un petit objet rond dans une vitrine.

« Wah ? » il dit.

'Que?' dit Isabelle. "C'est le ballon avec lequel M. Meredith jouait quand il était petit garçon."

Elle regarde une porte à gauche du couloir et met un doigt sur sa lèvre.

'Faire taire!' elle dit. « Nous devons nous taire. Papa et grand-père sont occupés là-bas à ramasser du blé.

Et doucement, la mère et l'enfant sortent dans le jardin ensoleillé.

À ALCALA

À ALCALA, comme dans la plupart des immeubles d'habitation de New York, la grille des prix ressemble à une cigarette mal roulée : épaisse au milieu et fine aux deux extrémités. Les chambres à mi-hauteur sont chères ; certains d'entre eux sont presque aussi chers que si la mode, au lieu de disparaître à jamais , persistait. Les chambres du haut sont bon marché, celles du rez-de-chaussée encore moins chères.

Le moins cher de tous était le hall-chambre. Son mobilier était des plus simples. Il se composait d'une chaise, d'une autre chaise, d'un tapis usé et d'un lit pliant. Le lit pliant avait un air de dépression et d'espoirs déçus. Pendant des années, on essayait de ressembler à une bibliothèque pendant la journée, et maintenant, plus que jamais, cela ressemble à un lit pliant. Il y avait aussi une table en bois brut, très tachée d'encre. À ce moment-là, nuit après nuit, parfois jusque tard dans la matinée, Rutherford Maxwell s'asseyait et écrivait des histoires. De temps en temps, il arrivait qu'on découvre une bonne histoire et qu'on trouve un marché.

Rutherford Maxwell était un Anglais et le plus jeune fils d'un Anglais ; et son sort fut celui des plus jeunes fils du monde entier. Il était de profession l'un des nombreux employés de la New Asiatic Bank, qui possède des succursales dans le monde entier. C'est une institution solide et digne de confiance, et des parents fidèles assureraient à Rutherford qu'il a eu de la chance d'y avoir une place. Rutherford n'était pas d'accord avec eux. Aussi solide et digne de confiance soit-il, ce n'était pas vraiment romantique. Il n'a pas non plus péché par excès de prodigalité envers ceux qui le servaient. Le salaire de Rutherford était faible. Ses perspectives l'étaient aussi – s'il restait à la banque. Très tôt, il avait fait le vœu de ne pas le faire. Et le chemin qui y menait pour lui était le chemin ascendant de la littérature.

Il était reconnaissant pour les petites grâces. Le destin n'avait pas été trop clément jusqu'à présent, mais au moins elle l'avait envoyé à New York, le centre des choses, où il aurait la chance d'essayer, au lieu de l'envoyer dans un endroit hors de la carte. Qu'il gagne ou qu'il perde, en tout cas il était sur le ring et pouvait se battre. Ainsi, chaque nuit, il s'asseyait à Alcala et écrivait. Parfois, il essayait seulement d'écrire, et c'était une torture.

Il n'y a jamais une heure du jour ou de la nuit où Alcala dort complètement. Le milieu de la maison est une sorte de ceinture de choriste, tandis que dans les chambres supérieures se trouvent les journalistes et autres oiseaux de nuit. Longtemps après s'être couché, Rutherford entendait des pas passer devant sa porte et des voix dans le couloir. Il a grandi pour les accueillir. Ils semblaient le relier au monde extérieur. Mais pour eux, il était seul après avoir quitté le bureau, tout à fait seul, comme on ne peut être qu'au cœur d'une grande ville. Certaines nuits, il entendait des bribes de conversations, à de rares intervalles un nom. Il avait l'habitude de construire dans son esprit des identités pour les propriétaires des noms. L'une d'elles en particulier, Peggy, lui a donné matière à réflexion. Il la voyait brillante et vive. C'était parce qu'elle chantait parfois en passant devant sa porte. Elle chantait quand il entendit son nom pour la première fois. « Oh, arrête ça, Peggy », avait dit une voix de fille. « Vous n'en avez pas assez de cette mélodie au théâtre ? Il sentait qu'il aimerait rencontrer Peggy.

Juin arrivait, et juillet, faisant un four de New York, rapprochant des jours et des nuits torrides où la plume semblait faite de plomb ; et Rutherford continuait à travailler, sirotant de l'eau glacée, en manches de chemise, et remplissant les feuilles de papier lentement, mais avec une obstination que le temps ne pouvait pas tuer. Malgré la chaleur, il était joyeux. Les choses commençaient un peu à évoluer dans son sens maintenant. Une nouvelle, une bagatelle aérienne, conçue à une époque où le thermomètre était plus bas et où il était possible de penser, et élaborée presque machinalement, avait été acceptée par une revue d'un rang plus élevé que celles qui lui avaient jusqu'alors fait preuve d'hospitalité. Il commença à rêver de vacances dans les bois. L'esprit des fêtes était à l'étranger. Alcala se vidait. Il ne faudrait pas longtemps avant que lui aussi puisse s'enfuir.

Il était si plongé dans ses pensées qu'au début il n'entendit pas frapper à la porte. Mais ce fut un coup sec et insistant qui s'imposa à son attention. Il se leva et tourna la poignée.

Dehors, dans le couloir, se tenait une jeune fille, grande et aux yeux endormis. Elle portait un chapeau illustré et un costume dont la note dominante était une certaine attirance agressive. Il n'y avait aucun doute quant à la marque particulière de parfum qu'elle préférait en ce moment.

Elle regarda Rutherford d'un air morne. Comme le fantôme de Banquo, elle n'avait aucune spéculation dans ses yeux. Rutherford la regarda d'un air interrogateur, quelque peu conscient de ses manches de chemise.

« Avez-vous frappé ? » » » dit-il en ouvrant, comme tout homme doit le faire, par l'inévitable question stupide.

L'apparition a parlé.

« Dis, dit-elle, tu as une cigarette ? »

«Je crains que ce ne soit pas le cas», s'excusa Rutherford. «Je fume la pipe. Je suis vraiment désolé.'

'Quoi?' » dit l'apparition.

«Je crains que ce ne soit pas le cas.»

'Oh!' Une pause. « Dis, tu as une cigarette ? »

La pression intellectuelle de la conversation commençait à être un peu trop forte pour Rutherford. Combiné avec la chaleur de la nuit, cela lui faisait tourner la tête.

Son visiteur s'avança dans la pièce. En arrivant à table, elle commença à tripoter son contenu. La plume semblait la fasciner. Elle le ramassa et l'inspecta de près.

« Dis, comment appelles-tu ça ? » dit-elle.

«C'est un stylo», dit Rutherford d'un ton apaisant. 'Un stylo.'

'Oh!' Une pause. « Dis, tu as une cigarette ? »

Rutherford tenait une chaise d'une main et son front de l'autre. Il était dans une situation très difficile.

C'est à ce moment-là que les secours sont arrivés, pas avant qu'on en ait besoin. Un bruit de pas vif dans le couloir, et une deuxième fille apparut dans l'embrasure de la porte.

« Que penses-tu faire, Gladys ? » demanda le nouveau venu. « Il ne faut pas entrer de cette façon dans les chambres des gens. Qui est ton ami?'

«Je m'appelle Maxwell», commença Rutherford avec empressement.

« Qu'en dis-tu, Peggy ? dit le chercheur de cigarettes en laissant tomber une feuille de manuscrit par terre.

Rutherford regarda la jeune fille dans l'embrasure de la porte avec intérêt. C'était donc Peggy. Elle était petite et mince. C'était ainsi qu'il l'avait toujours imaginée. Sa robe était plus simple que celle des autres. Le visage sous le chapeau illustré était petit et bien dessiné, le nez délicatement incliné, le menton déterminé, la bouche un peu large et suggérant la bonne humeur . Une paire d'yeux gris le regarda fixement avant de se transférer sur l'être sculptural à la table.

« Ne joue pas avec l'encrier de cet homme, Gladys. Venez vous coucher.

'Quoi? Dis, tu as une cigarette ?

« Il y en a plein à l'étage. Venez.

L'autre s'en alla avec une parfaite docilité. À la porte, elle s'arrêta et inspecta Rutherford avec un regard grave.

"Bonne nuit, mon garçon!" dit-elle avec une condescendance hautaine.

'Bonne nuit!' dit Rutherford.

« Ravi de vous avoir rencontré. Bonne nuit.'

'Bonne nuit!' dit Rutherford.

'Bonne nuit!'

« Viens, Gladys, dit fermement Peggy.

Gladys y est allée.

Rutherford s'assit et s'essuya le front avec son mouchoir, se sentant un peu faible. Il n'était pas habitué aux visiteurs.

2

Il avait allumé sa pipe et relisait son travail de la nuit avant de se coucher, quand on frappa de nouveau à la porte. Cette fois, il n'y avait pas d'attente. Il était dans l'état d'esprit où l'on entend le moindre bruit.

'Entrez!' il pleure.

C'était Peggy.

Rutherford sauta sur ses pieds.

« Ne voulez-vous pas... » commença-t-il en poussant la chaise vers l'avant.

Elle s'assit avec calme sur la table. Elle ne portait plus le chapeau illustré et Rutherford, en la regardant, arriva à la conclusion que ce changement constituait une amélioration.

«Ça fera l'affaire pour moi», dit-elle. «Je pensais que j'allais juste y jeter un coup d'œil. Je suis désolé pour Gladys. Elle n'est pas souvent comme ça. Il fait chaud.

«Il fait chaud», dit Rutherford.

« Vous l'avez remarqué ? Bully pour toi! Retour sur le banc pour Sherlock Holmes. Gladys a-t-elle essayé de se suicider ?

« Bon Dieu, non ! Pourquoi?'

«Elle l'a fait une fois. Mais j'ai volé son arme, et je suppose qu'elle n'a pas pensé à s'en procurer une autre. C'est vraiment une bonne fille, sauf qu'elle fait ça parfois quand il fait chaud. Elle regarda la pièce pendant un moment, puis regarda Rutherford sans ciller. « Comment avez-vous dit que vous vous appeliez ? elle a demandé.

'Rutherford Maxwell.'

'Eh bien ! Ça va un peu, n'est-ce pas ? Veut une amputation, un nom comme ça. J'appelle ça méchant de donner à un enfant pauvre et sans défense un gros mot du genre : qu'est-ce que c'est ? Rutherford ? Je l'ai eu – pour parcourir le monde avec. N'avez-vous pas quelque chose de plus court : Tom, ou Charles ou quelque chose comme ça ?

'J'ai bien peur que non.'

Les yeux ronds et gris le fixèrent à nouveau.

«Je t'appellerai George», décida-t-elle enfin.

«Merci, j'aimerais que vous le fassiez», dit Rutherford.

« George, c'est vrai, alors. Tu peux m'appeler Peggy. Je m'appelle Peggy Norton.

'Merci, je le ferai.'

« Dis, tu es anglais, n'est-ce pas ? » dit-elle.

'Oui. Comment le saviez-vous ?

« Tu es tellement fort en matière de gratitude. C'est "Merci, merci" tout le temps. Cela ne me dérange pas, George.

'Merci. Désolé. Je devrais dire : « Oh, toi Peggy ! »

Elle le regarda avec curiosité.

« Comment trouvez-vous New York, George ? »

« Bien… ce soir. »

« Vous êtes allé à Coney ?

'Pas encore.'

'Tu devrais. Dis, que fais-tu, George ?

'Que dois-je faire?'

« Arrête ça, Georges ! Ne répondez pas comme si nous étions une équipe de vaudeville faisant un numéro de diaphonie. Que fais-tu? Quand votre patron vous envoie votre enveloppe le samedi, à quoi ça sert ?

«Je suis dans une banque.»

'J'aime ça?'

'Le detesté!'

« Pourquoi n'arrêtes-tu pas, alors ? »

Je ne peux pas me le permettre. Il y a de l'argent à être dans une banque. Pas grand-chose, c'est vrai, mais ce qu'il y en a est bon.

« Que fais-tu hors du lit à cette heure de la nuit ? Ils ne vous font pas travailler toute la journée, n'est-ce pas ?

'Non; ils aimeraient le faire, mais ils ne le font pas. J'ai écrit.

« Écrire quoi ? Dites, ça ne vous dérange pas que je vous cite à la barre des témoins, n'est-ce pas ? Si vous le faites, dites-le, et je supprimerai la loi sur le procureur de district et parlerai de la météo.

« Pas du tout, vraiment, je vous l'assure. Veuillez poser autant de questions que vous le souhaitez.

« Je suppose qu'il n'y a aucun doute sur votre origine anglaise, George. Nous n'avons pas le temps ici de tirer dessus comme ça. Si vous aviez juste dit « Bien sûr ! » J'aurais une réponse à ce que tu veux dire. Cela ne vous dérange pas que je fasse l'école , George, n'est-ce pas ? Tout cela est pour votre bien.

«Bien sûr», dit Rutherford avec un sourire.

Elle sourit avec approbation.

'C'est mieux! Vous êtes le petit Willie, l'élève compétent, d'accord. De quoi parlions-nous avant de passer au rail pédagogique ? Je sais, à propos de vos écrits. Qu'est-ce que tu écrivais ?

'Une histoire.'

« Pour un journal ? »

"Pour un magazine."

'Quoi! Une des histoires de fiction sur le héros Gibson et la jeune fille dont il a sauvé la vie, comme vous l'avez lu ?

'C'est l'idée.'

Elle le regarda avec un nouvel intérêt.

« Eh bien, George, qui l'aurait cru ! Imaginez que vous faites partie des gens haut placés ! Tu devrais accrocher une pancarte. Tu as l'air tout simplement ordinaire.

'Merci!'

« Je veux dire en ce qui concerne la matière grise. Je ne voulais pas dire que tu étais mauvais. Vous n'êtes pas. Tu as de jolis yeux, George.

'Merci.'

"J'aime aussi la forme de ton nez."

« Je dis, merci ! »

« Et tes cheveux sont tout simplement ravissants !

«Je dis, vraiment. Merci énormément!'

Elle le regarda en silence pendant un moment. Puis elle éclata :

« Vous dites que vous n'aimez pas la banque ?

« Certainement pas.

« Et vous aimeriez créer un secteur d'activité payant ? »

'Bien sûr.'

« Alors pourquoi ne faites-vous pas fortune en vous engageant dans un musée pour incarner la plus grosse palourde humaine en captivité ? C'est ce que tu es. Vous restez assis là à dire « Merci » et « Bai Jawve , merci vraiment », pendant qu'une fille vous dit de belles choses sur vos yeux et vos cheveux, et vous ne faites rien !'

Rutherford rejeta la tête en arrière et éclata de rire.

'Je suis désolé!' il a dit. "La lenteur est notre échec national, vous savez."

'Je te crois.'

' Parle -moi de toi. Tu sais tout sur moi, maintenant. Que faites-vous à part égayer les soirées ennuyeuses des pauvres diables d'employés de banque ?

« Donnez-vous trois suppositions. »

'Scène?'

'Eh bien ! Vous êtes le détective humain, d'accord, d'accord ! C'est un coup de circuit à chaque fois que vous développez vos théories déductives. Oui, Georges ; la scène dont il s'agit. Je suis une actrice , l'une des poneys du ballet de *L'Île aux Filles* à la Mélodie. Vous avez vu notre spectacle ?

'Pas encore. J'irai demain.

'Super! Je leur ferai savoir, afin qu'ils puissent sortir l'auvent et descendre le tapis rouge. C'est un joli petit morceau.

' Donc j'ai entendu.'

« Eh bien, si je te vois devant demain, je te ferai un demi-sourire, pour que tu n'aies pas l'impression que tu n'en as pas pour ton argent. Bonne nuit, Georges ! »

"Bonne nuit, Peggy!"

Elle sauta de la table. Son regard fut attiré par les photographies sur la cheminée. Elle commença à les examiner.

« Qui sont ces Willies ? » dit-elle en attrapant un groupe.

«C'est l'équipe de football de mon ancienne école. Le voyou au sourire penaud qui tient le ballon, c'est moi-même tel que j'étais avant que les soucis du monde ne m'aigrent.

Son regard erra le long de la cheminée et elle tomba sur une photo de cabinet d'une jeune fille.

« Et qui est -ce , George ? » elle a pleuré.

Il lui prit la photo et la replaça, avec un curieux mélange de timidité et de défi, au centre même de la cheminée. Pendant un moment, il resta là à le regarder attentivement, les coudes appuyés sur le faux marbre.

'Qui est-ce?' demanda Peggy. « Réveille-toi, Georges. Qui est-ce?'

Rutherford commença.

«Désolé», dit-il. «Je pensais à quelque chose.»

'Je parie que tu l'étais. Tu en avais l'air. Eh bien, qui est-elle ?

'Eh! Oh, c'est une fille.

Peggy rit ironiquement.

« Merci vraiment , comme vous diriez. J'ai des yeux, George.

«Je l'ai remarqué», dit Rutherford en souriant. « Des charmantes aussi.

'Eh bien ! Que dirait-elle si elle t'entendait parler ainsi !

Elle s'approcha d'elle et le regarda. Leurs regards se croisèrent.

« Elle dirait, » dit lentement Rutherford : « « Je sais que vous m'aimez, et je sais que je peux vous faire confiance, et je n'ai pas la moindre objection à ce que vous disiez la vérité à Miss Norton sur ses yeux. Miss Norton est une ma chère, une bonne petite espèce, une des meilleures en fait, et j'espère que vous serez de bons amis !

Il y eut un silence.

« Elle dirait ça, n'est-ce pas ? dit enfin Peggy.

« Elle le ferait. »

Peggy regarda la photo, puis revint à Rutherford.

"Tu l'aimes beaucoup, George, je suppose, n'est-ce pas ?"

«Je le suis», dit doucement Rutherford.

'George.'

'Oui?'

"George, elle est assez loin, n'est-ce pas ?"

Elle le regarda avec une curieuse lumière dans ses yeux gris. Rutherford croisa son regard avec régularité.

«Pas pour moi», dit-il. "Elle est là maintenant et tout le temps."

Il s'éloigna et ramassa la liasse de papiers qu'il avait déposée devant l'entrée de Peggy. Peggy rit.

« Bonne nuit, mon garçon Georgie », dit-elle. « Je ne dois plus vous empêcher de dormir, sinon vous serez en retard le matin. Et que ferait alors la banque ? Smash ou quelque chose comme ça, je suppose. Bonne nuit, Georgie ! On se reverra un de ces vieux soirs.

"Bonne nuit, Peggy!"

La porte se referma derrière elle. Il entendit ses pas hésiter, s'arrêter, puis repartir rapidement.

3

Il la revit beaucoup après cette première visite. Peu à peu, il devint convenu entre eux qu'elle devait venir à son retour du théâtre. Il commença à l'attendre et à se sentir inquiet quand elle arrivait en retard. Une fois, elle a amené avec elle Gladys, une passionnée de cigarettes, mais l'expérience n'a pas été un succès. Gladys était languissante et extrêmement raffinée, et la conversation devenait forcée. Après cela, Peggy est venue seule.

En général, elle le trouvait en train de travailler. Son industrie l'a étonnée.

« Eh bien, George », dit-elle un soir, assise à sa place préférée sur la table d'où il avait retiré une petite pile de manuscrits pour lui faire de la place. « Tu ne lâches jamais une seconde ? Il me semble que tu écris tout le temps.

Rutherford rit.

«Je me reposerai», dit-il, «quand il y aura un peu plus de demande pour mes affaires qu'il n'y en a actuellement. Quand je serai dans la classe à vingt cents le mot, j'écrirai une fois par mois et je passerai le reste de mon temps à voyager.

Peggy secoua la tête.

«Pas de voyage pour moi», dit-elle. "Il me semble que c'est juste l'insulte qui pousse les gens à quitter Broadway alors qu'ils ont assez de courage pour y rester et s'amuser."

« Aimez-vous Broadway, Peggy ? »

« Est-ce que j'aime Broadway ? Un enfant aime-t-il les bonbons ? Pourquoi, n'est-ce pas ?

« Tout va bien pour le moment. Ce n'est pas mon idéal.

« Oh, et de quel genre particulier de petit vieux paradis rêvez- *vous* ?

Il tira sur sa pipe et la regarda rêveusement à travers la fumée.

« Là-bas, en Angleterre, Peggy, il y a un comté appelé Worcestershire. Et quelque part près du bord, il y a une maison grise avec des pignons, et il y a une pelouse et un pré et un buisson, et un verger et une roseraie, et un grand cèdre sur la terrasse avant d'arriver à la roseraie. Et si vous grimpez au sommet de ce cèdre, vous pourrez voir la rivière à travers les pommiers du verger. Et au loin il y a des collines. Et-'

"De tous les joints rubis!" s'exclama Peggy, profondément dégoûtée. «Eh bien, une journée comme celle-là durerait environ vingt-trois heures et c'est un peu trop long pour moi. Broadway pour moi ! Mettez-moi là où je peux toucher la Quarante-Deuxième Rue sans trop équilibrer, et ensuite vous pourrez me quitter. Je n'aurais jamais pensé que tu étais un tel foin, George.

« Ne t'inquiète pas, Peggy. Il me faudra beaucoup de temps, je pense, avant d'y aller. Je dois d'abord faire fortune.

« Vous êtes déjà près de la classe de John D. ?

«J'ai encore du chemin à parcourir. Mais les choses bougent, je pense. Tu sais, Peggy, tu me fais penser au petit Billiken, assis sur cette table ?

« Merci , Georges. J'ai toujours su que ma bouche était plutôt large, mais je pensais avoir mal géré Billiken. Est-ce que tu fais ce genre de coup de Candid Friend avec *elle* ?' Elle montra la photo sur la cheminée. C'était la première fois depuis la nuit de leur rencontre qu'elle y faisait allusion. Par un accord tacite, le sujet avait été écarté entre eux. "Au fait, tu ne m'as jamais dit son nom."

«Halliday», dit brièvement Rutherford.

'Quoi d'autre?'

'Alice.'

« Ne me mords pas, George ! Je ne te fais pas de mal. Parle moi d'elle. Je suis intéressé. Est-ce qu'elle vit dans la maison grise avec les cochons, les poules et toutes ces roses, et le reste de la tenue rubis ?

'Non.'

« Sois copain, George. Quel est ton problème?'

«Je suis désolé, Peggy», dit-il. 'Je suis un imbécile. C'est seulement que tout cela semble tellement désespéré ! Me voilà, gagnant environ un demi-dollar par an, et... Pourtant, ça ne sert à rien de donner un coup de pied, n'est-ce pas ? En plus, je réussirai peut-être un de ces jours en écrivant. C'est ce que je voulais dire quand je disais que tu étais une Billiken, Peggy. Tu sais, tu m'as porté chance. Depuis que je t'ai rencontré, j'ai fait deux fois mieux. Tu es ma mascotte.

'Intimidateur pour moi ! Nous avons tous notre utilité dans le monde, n'est-ce pas ? Je me demande si cela aiderait quelqu'un si je t'embrassais, George ?

'Ne le fais pas. Il ne faut pas trop travailler avec une mascotte.

Elle sauta à terre et traversa la pièce jusqu'à l'endroit où il était assis, le regardant avec ses yeux ronds et gris qui lui rappelaient toujours ceux d'un chaton .

'George!'

'Oui?'

'Non, rien!'

Elle se tourna vers la cheminée et resta debout à regarder la photo, lui tournant le dos.

'George!'

'Tiens?'

« Dis, de quelle couleur a-t-elle les yeux ? »

'Gris.'

'Comme le mien?'

« Plus sombre que le vôtre. »

« Plus gentil que le mien ? »

« Tu ne penses pas que nous pourrions parler d'autre chose ?

Elle se retourna, les poings serrés, le visage flamboyant.

'Je te déteste!' elle a pleuré. 'Je fais! J'aurais aimé ne jamais t'avoir vu ! Je souhaite-'

Elle s'appuya contre la cheminée, enfouit son visage dans ses bras et éclata en sanglots fous. Rutherford sursauta, choqué et impuissant. Il se précipita vers elle et posa doucement une main sur son épaule.

« Peggy, vieille fille… »

Elle s'est séparée de lui.

« Ne me touche pas ! Ne le fais pas ! Bon sang, j'aurais aimé ne jamais te voir ! '

Elle courut vers la porte, se précipita et la frappa derrière elle.

Rutherford resta là où il se trouvait, immobile. Puis, presque machinalement, il fouilla dans sa poche à la recherche d'allumettes et ralluma sa pipe.

Une demi-heure s'est écoulée. Puis la porte s'ouvrit lentement. Peggy entra. Elle était pâle et ses yeux étaient rouges. Elle sourit – un petit sourire pathétique.

« Peggy ! »

Il fit un pas vers elle.

Elle lui tendit la main.

«Je suis désolé, Georges. Je me sens méchant.

« Chère vieille fille, quelle pourriture !

'Je fais. Tu ne sais pas à quel point je me sens méchant. Tu as été vraiment gentil avec moi, George. Je pensais que j'allais regarder et dire que j'étais désolé. Bonne nuit, Georges ! »

La nuit suivante, il attendit, mais elle ne vint pas. Les nuits passaient et elle ne venait toujours pas. Et un matin, en lisant son journal, il vit que *l'Île aux Filles* s'était dirigée vers l'ouest, jusqu'à Chicago.

4

Les choses n'allaient pas bien pour Rutherford. Il avait passé ses vacances, une quinzaine d'or d'air frais et de soleil dans les Catskills, et était de retour à Alcala, essayant, sans succès, de reprendre le fil de son travail. Mais bien que l'été indien ait commencé et qu'il y ait de l'énergie dans l'air, nuit après nuit, il restait inactif dans sa chambre ; nuit après nuit, je me couchais avec lassitude, opprimé par un sourd sentiment d'échec. Il ne pouvait pas travailler. Il était agité. Ses pensées ne se concentraient pas.

Quelque chose n'allait pas; et il savait ce que c'était, même s'il luttait pour ne pas se l'admettre. C'était l'absence de Peggy qui avait provoqué le changement. Ce n'est que maintenant qu'il avait pleinement compris à quel point ses visites l'avaient stimulé. Il l'avait appelée en riant sa mascotte ; mais ce n'était pas une plaisanterie. C'était vrai. Son absence lui ôtait le pouvoir d'écrire.

Il était seul. Pour la première fois depuis son arrivée à New York, il se sentait vraiment seul. La solitude ne lui avait pas fait de mal jusqu'à présent. Dans ses moments noirs, il lui avait suffi de regarder la photo sur la cheminée, et instantanément il n'était plus seul. Mais maintenant, la photographie avait perdu sa magie. Cela ne pouvait pas le retenir. Son esprit revenait toujours au petit fantôme aux cheveux noirs qui était assis sur la table, lui souriant et l'interrogeant avec ses yeux gris.

Et les jours passaient, toujours dans leur monotonie. Et toujours le fantôme était assis sur la table et lui souriait.

Avec l'automne vient la réouverture des théâtres. Un par un, les panneaux électriques se sont allumés le long de Broadway, diffusant le message que les jours ennuyeux étaient terminés et que New York était à nouveau elle-même. Au Melody, où autrefois *l'Île aux Filles* avait suivi son cours léger, une nouvelle pièce musicale était en répétition. Alcala était à nouveau pleine. Les bribes de conversation nocturnes devant sa porte avaient repris. Il a écouté sa voix, mais il ne l'a jamais entendue.

Il s'est assis, attendant jusqu'au petit matin, mais elle n'est pas venue. Un jour qu'il essayait d'écrire et qu'il s'était mis, comme d'habitude, à rêver, on frappa doucement à la porte. En un instant, il bondit de sa chaise et tourna la poignée. C'était l'un des journalistes d'en haut, qui n'avait plus de matches. Rutherford lui en a donné une poignée. Le journaliste est sorti, se demandant de quoi cet homme avait ri.

Il y a du baume à Broadway, surtout la nuit. La dépression disparaît devant la gaieté de la grande voie blanche lorsque les lumières sont allumées et que la marée humaine est en pleine marée. Rutherford avait récemment pris l'habitude de patrouiller dans le quartier de la Quarante-Deuxième Rue à l'heure du théâtre. Il trouvait que ça lui faisait du bien. Il y a une gaieté, une bonhomie, dans l'ambiance des rues new-yorkaises. Rutherford aimait se tenir sur le trottoir et regarder les passants tisser des histoires autour d'eux.

Une nuit, ses pérégrinations l'avaient amené à Herald Square. Les théâtres se vidaient tout seuls. C'était le moment qu'il préférait. Il s'écarta pour regarder, et alors qu'il bougeait, il aperçut Peggy.

Elle se tenait dans un coin, boutonnant un gant. Il fut à ses côtés en un instant.

« Peggy ! » il pleure.

Elle avait l'air pâle et fatiguée, mais la couleur revint à ses joues lorsqu'elle lui tendit la main. Il n'y avait aucune trace d'embarras dans ses manières ; seulement un franc plaisir de le revoir.

'Où étais-tu?' il a dit. «Je ne pouvais pas penser à ce que tu étais devenu.»

Elle le regarda avec curiosité.

« Je t'ai manqué, George ?

'Tu me manques? Bien sûr que je l'ai fait. Mon travail est en ruine depuis que tu es parti.

«Je ne suis revenu qu'hier soir. Je suis dans la nouvelle pièce au Madison. Eh bien, je suis fatigué, George ! Nous avons répété toute la journée.

Il la prit par le bras.

« Venez dîner. Vous avez l'air épuisé. Par Jupiter, Peggy, c'est bon de te revoir ! Pouvez-vous marcher jusqu'à chez le Recteur, ou dois-je vous porter ?

«Je suppose que je peux marcher aussi loin. Mais celui du recteur ? Votre riche oncle est-il mort et vous a-t-il laissé une fortune, George ?

« Ne t'inquiète pas, Peggy. C'est une occasion. Je pensais que je ne te reverrais plus jamais. Je t'achèterai tout l'hôtel, si tu veux.

« Un simple dîner suffira , je suppose. Tu deviens de plus en plus rond, George.

'Vous pariez que je le suis. Il y a toutes sortes de facettes dans mon personnage dont vous n'avez jamais rêvé.

Ils semblaient connaître Peggy chez Rector. Paul, le maître d'hôtel, lui rayonnait paternellement. Un ou deux hommes se retournèrent et s'occupèrent d'elle tandis qu'elle passait. Les serveurs souriaient légèrement mais amicalement. Rutherford, attentif à elle, ne remarqua aucune de ces choses.

Malgré ses protestations, il commanda un dîner élaboré et coûteux. Il était particulièrement attentif au vin. Le serveur, qui avait douté de lui, fut conquis et partit exécuter la commande, pensant qu'il n'était jamais prudent de juger un homme par ses vêtements, et que Rutherford était probablement un de ces jeunes millionnaires excentriques qui ne le faisaient pas. Je me fiche de la façon dont ils s'habillent.

'Bien?' » dit Peggy quand il eut fini.

'Bien?' dit Rutherford.

« Tu as l'air brun, George. »

«J'ai été dans les Catskills.»

« Toujours aussi fort sur la proposition rube que jamais ? »

'Oui. Mais Broadway a aussi ses atouts.

« Oh, tu commences à voir ça ? Bon sang, je suis content d'être de retour. J'en ai assez du Far West. Si jamais quelqu'un essaie de vous diriger vers l'ouest de la Onzième Avenue, George, n'y allez pas. Il n'y a rien à faire. Comment avez-vous réussi votre coup d'écriture ?

'Plutôt bien. Mais je te voulais. J'étais perdu sans ma mascotte. J'ai une histoire dans *le Wilson de ce mois-ci* . Une longue histoire, et payée en conséquence. C'est pour cela que je peux aller donner des dîners à de grandes actrices.

«Je l'ai lu dans le train», dit Peggy. 'C'est génial. Sais-tu ce que tu dois faire, George ? Vous devriez en faire une pièce de théâtre. Il y a beaucoup d'argent dans les pièces de théâtre.

'Je sais. Mais qui a envie d'une pièce d'un inconnu ?

«Je sais qui voudrait *de Willie in the Wilderness* , si vous en faisiez une pièce de théâtre, et c'est Winfield Knight. L'avez-vous déjà vu ?

«Je l'ai vu dans *The Outsider* . Il est intelligent.

« Il y est, s'il obtient un rôle qui lui convient. S'il ne le fait pas, cela ne représente pas une rangée de haricots. C'est juste un pari. Cette chose dans laquelle il se trouve maintenant ne sert à rien. Le rôle ne commence pas à lui convenir. Dans un mois, il criera pour une autre pièce, donc vous pourrez l'entendre dans le Connecticut.

«Il ne criera pas en vain», a déclaré Rutherford. « S'il veut mon travail, qui suis-je pour faire obstacle à ses plaisirs simples ? Je commencerai demain.

« Je peux aussi vous aider, je suppose. Je connaissais Winfield Knight. Je peux vous renseigner sur beaucoup de choses à son sujet qui vous aideront à définir le caractère de Willie, donc cela lui ira comme un gant.

Rutherford leva son verre.

« Peggy, dit-il, tu es plus qu'une mascotte. Vous devriez toucher une grosse commission sur tout ce que j'écris. Cela me dépasse de voir que l'un de ces autres gars puisse écrire quoi que ce soit sans que vous soyez là pour les aider. Je me demande quel est le cigare le plus cher qu'ils gardent ici ? Je dois l'avoir, quoi que ce soit. *Noblesse oblige*. Nous, les dramaturges populaires, ne devons pas être vus en public en train de fumer des trucs bon marché.

C'est le tempérament artistique de Rutherford qui, lorsqu'ils quittèrent le restaurant, le poussa à héler un taxi. Les taxis ne sont pas réservés aux jeunes hommes qui gagnent des salaires infinitésimaux dans les banques, même si ces salaires sont complétés à de rares intervalles par une nouvelle dans un magazine. Peggy était pour retourner à Alcala en voiture, mais Rutherford a refusé d'accepter un tel déception.

Peggy se blottit dans le coin du taxi, avec un soupir fatigué, et il y eut un silence alors qu'ils remontaient doucement Broadway.

Il la regarda dans la pénombre. Elle avait l'air très petite, mélancolique et fragile. Soudain, un désir intense l'envahit de la prendre dans ses bras et de l'écraser contre lui. Il s'est battu contre cela. Il essayait de fixer ses pensées sur la jeune fille de la maison, de se dire qu'il était un homme d' honneur . Ses doigts, agrippant le bord du siège, se resserrèrent jusqu'à ce que chaque muscle de son bras soit rigide.

Le taxi, traversant une route accidentée, fit sortir Peggy de son coin. Sa main tomba sur la sienne.

« Peggy ! » s'écria-t-il d'une voix rauque.

Ses yeux gris étaient mouillés. Il pouvait les voir briller. Et puis ses bras l'entourèrent et il couvrait de baisers son visage tourné vers le haut.

Le taxi s'arrêta à l'entrée d'Alcala. Ils descendirent en silence et, sans un mot, pénétrèrent dans le hall. Par habitude, Rutherford jeta un coup d'œil au porte-lettres accroché au mur, au pied de l'escalier. Il y avait une lettre dans son casier.

Machinalement, il le retira ; et, tandis que ses yeux tombaient sur l'écriture, quelque chose sembla se briser en lui.

Il regarda Peggy, debout dans l'escalier du bas, puis revint à l'enveloppe qu'il tenait à la main. Son humeur changeait avec une violence qui le laissait physiquement faible. Il se sentait abasourdi, comme s'il sortait d'une transe.

Avec un gros effort, il s'est maîtrisé. Peggy avait monté quelques marches et le regardait par-dessus son épaule. Il pouvait désormais lire le sens dans les yeux gris.

«Bonne nuit, Peggy», dit-il à voix basse. Elle se tourna vers lui et, pendant un instant, aucun des deux ne bougea.

'Bonne nuit!' répéta Rutherford.

Ses lèvres s'entrouvrirent, comme si elle allait parler, mais elle ne dit rien.

Puis elle se tourna de nouveau et commença à monter lentement les escaliers.

Il la regarda jusqu'à ce qu'elle atteigne le sommet du long vol. Elle n'a pas regardé en arrière.

5

Les visites nocturnes de Peggy recommencèrent après cela, et le fantôme sur la table ne troubla plus Rutherford. Son inquiétude l'a quitté. Il commença à écrire avec une vigueur et un succès nouveaux. Au cours des années suivantes , il écrivit de nombreuses pièces de théâtre, pour la plupart de bonnes œuvres claires, mais aucune ne venant de lui avec l'absence totale de travail qui faisait de l'écriture de *Willie in the Wilderness* une joie. Il écrivait facilement, sans effort. Et Peggy était toujours là, aidant, stimulant, encourageant.

Parfois, lorsqu'il rentrait après le dîner pour se mettre au travail, il trouvait sur sa table un morceau de papier recouvert de son gribouillage d'écolière. Cela fonctionnerait à peu près comme suit :

« Il est fier de ses bras. Ils sont maigres, mais il les considère comme la limite. Mieux vaut monter quelque part une scène en manches de chemise pour Willie.

«Il pense qu'il a un beau profil. Ne pourriez-vous pas faire dire à l'une des filles que Willie avait les marchandises dans cette file ?

«Il est fou de golf.»

« Il est fier de son accent français. Tu ne pourrais pas faire dire à Willie un petit morceau en français ?

« Il » étant Winfield Knight.

Et ainsi, petit à petit, le personnage de Willie a grandi, jusqu'à ce qu'il cesse d'être le Willie de l'histoire du magazine, et devienne Winfield Knight lui-même, avec des améliorations. La tâche commença à fasciner Rutherford. C'était comme planifier une agréable surprise pour un enfant. « Cela lui plaira », se disait-il, comme il l'écrivait dans un discours permettant à Willie d'afficher l'une des réalisations, réelles ou imaginaires, de l'acteur absent. Peggy l'a lu et a approuvé. C'est elle qui a suggéré le grand discours du deuxième acte, dans lequel Willie décrivait le déroulement de son histoire d'amour en termes de parcours de golf. D'elle aussi lui parvenaient des renseignements sur de petits traits du caractère de cet homme que l'étranger n'aurait pas soupçonnés.

Au fur et à mesure que la pièce avançait, Rutherford était étonné de l'intégralité du personnage qu'il avait construit. Cela a vécu. Willie dans l'histoire du magazine aurait pu être n'importe qui. Il s'intégrait dans l'histoire, mais on ne pouvait pas le voir. Il n'avait pas de véritable individualité. Mais Willie dans la pièce ! Il sentait qu'il le reconnaîtrait dans la rue. Il y avait entre les deux toute la différence qu'il y a entre un personnage anonyme dans un tableau bon marché et un portrait de Sargent. Il y avait des moments où l'histoire de la pièce lui paraissait mince et les autres personnages en bois, mais dans ses humeurs les plus noires, il était sûr de Willie. Toutes les contradictions du personnage sonnaient juste : l' humour , le pathétique, la vanité superficielle recouvrant une véritable méfiance, la force et la faiblesse qui s'affrontaient.

« Tu es vivant, mon fils », dit Rutherford avec admiration en lisant les draps. "Mais tu ne m'appartiens pas."

Enfin vint le jour où la pièce fut terminée, où le dernier vers fut écrit et la dernière modification possible apportée ; et plus tard, le jour où Rutherford, portant sous le bras le paquet recouvert de papier brun, est venu au Players' Club pour prendre rendez-vous avec Winfield Knight.

Presque dès le début, Rutherford eut le sentiment qu'il avait déjà rencontré cet homme, qu'il le connaissait. Au fur et à mesure que leur connaissance progressait – l'acteur était d'humeur expansive et parlait beaucoup avant de se lancer dans les affaires – le sentiment grandissait. Puis il a compris. C'était Willie, et personne d'autre. La ressemblance était extraordinaire. Petites réflexions, petites expressions, tout cela était dans la pièce.

L'acteur s'est arrêté pour décrire comment il avait presque battu un champion de golf et a regardé le colis.

« Est-ce que c'est la pièce ? » il a dit.

«Oui», dit Rutherford. « Dois-je le lire ?

« Je suppose que je vais le parcourir moi-même. Où est l'acte I ? Nous voilà! Tu prends un cigare en attendant ?

Rutherford s'installa sur sa chaise et observa le visage de l'autre. Pour les premières pages, qui contenaient des dialogues apprivoisés entre personnages mineurs, c'était vide.

« Entre Willie », dit-il. « Suis-je Willie ?

«Je l'espère», dit Rutherford avec un sourire. "C'est la partie star."

'Hmm.'

Il continua sa lecture. Rutherford le regardait avec une attention furtive. Il y avait une ligne au bas de la page qu'il lisait alors et qui aurait dû le frapper, une épigramme sur le golf, une pensée fantaisiste formulée presque exactement comme il l'avait lui-même formulé il y a cinq minutes en racontant son histoire de golf.

Le tir n'a pas manqué le tir. Le rire de l'acteur et le soupir de soulagement de Rutherford étaient presque simultanés. Winfield Knight se tourna vers lui.

"C'est une belle phrase sur le golf", dit-il.

Rutherford tira avec complaisance sur son cigare.

"Il y en a beaucoup plus dans la pièce", a-t-il déclaré.

"Bully pour toi", a déclaré l'acteur. Et j'ai continué à lire.

Trois quarts d'heure s'écoulèrent avant qu'il ne reprenne la parole. Puis il leva les yeux.

«C'est moi», dit-il; 'c'est moi tout le temps. J'aurais aimé voir ça avant de mettre le punk que je fais maintenant. C'est moi depuis le départ du tee. C'est bien! Dis, qu'est-ce que tu auras ?

Rutherford s'appuya contre le dossier de sa chaise, l'esprit en ébullition. Il était enfin arrivé. Ses luttes étaient terminées. Il n'admettait pas que la pièce puisse être un échec. C'était un homme fait . Il pouvait aller où il voulait et faire ce qu'il voulait .

Il fut quelque peu choqué de constater avec quelle persistance ses pensées refusaient de rester en Angleterre. Malgré tous ses efforts pour les garder là-bas, ils continuaient à retourner à Alcala.

6

Willie in the Wilderness n'a pas été un échec. C'était un triomphe. Surtout, il est vrai, un triomphe personnel pour Winfield Knight. Tout le monde était d'accord sur le fait qu'il n'avait jamais eu un rôle qui lui convenait aussi bien. Les critiques ont pardonné les erreurs de la pièce au nom de son personnage principal. La pièce était curieusement une pièce d'amateur. Ce n'est que plus tard que Rutherford apprit l'artisanat et la prudence. Lorsqu'il a écrit *Willie,* il était un poulain, errant sans contrôle dans le domaine de l'écriture dramatique, ignorant ses pièges. Mais, malgré tous ses défauts, *Willie in the Wilderness* fut une réussite. Comme l'a souligné un critique, il s'agissait peut-être davantage d'un monologue pour Winfield Knight que d'une pièce de théâtre, mais cela n'a pas affecté Rutherford.

Il était tard lors de la soirée d'ouverture lorsqu'il revint à Alcala. Il avait tenté de s'enfuir plus tôt. Il voulait voir Peggy. Mais Winfield Knight, rouge de succès, était dans son humeur la plus expansive. Il s'empara de Rutherford et ne voulut pas le lâcher. Il y eut un souper, un souper gai et bruyant, où tout le monde semblait féliciter tout le monde. Des hommes qu'il n'avait jamais rencontrés auparavant lui serraient chaleureusement la main. Quelqu'un a prononcé un discours, malgré les efforts du reste de l'entreprise pour l'en empêcher. Rutherford était assis là, hébété, déconnecté de l'ambiance de la fête. Il voulait Peggy. Il était fatigué de toute cette excitation et de tout ce bruit. Il en avait assez. Tout ce qu'il demandait, c'était de pouvoir s'éclipser tranquillement et rentrer chez lui. Il avait envie de réfléchir, d'essayer de comprendre ce que tout cela signifiait pour lui.

Enfin, la fête se divisa dans une dernière explosion de poignées de main et de félicitations ; et, échappant à Winfield Knight, qui lui proposait de l'emmener dans son club, il commença à remonter Broadway.

Il était tard lorsqu'il arriva à Alcala. Il y avait de la lumière dans sa chambre. Peggy avait attendu la nouvelle.

Elle sauta de la table quand il entra.

'Bien?' elle a pleuré.

Rutherford s'assit et étendit les jambes.

"C'est une réussite", a-t-il déclaré. « Un immense succès ! »

Peggy frappa dans ses mains.

« Bully pour toi, George ! Je savais que ce serait le cas. Dis-moi tout à propos de cela. Winfield était-il bon ?

«Il était la pièce entière. Il n'y avait rien d'autre que lui. Il se leva et posa ses mains sur ses épaules. « Peggy, vieille fille, je ne sais pas quoi dire. Vous savez comme moi que c'est grâce à vous que cette pièce a été un succès. Si je n'avais pas eu votre aide… »

Peggy rit.

"Oh, bats-le, George!" dit-elle. « Ne viens pas me plaisanter. J'ai l'air d'un dramaturge de haut niveau, n'est-ce pas ! Non; Je suis vraiment content que tu aies eu un succès, George, mais ne commence pas à raconter une histoire selon laquelle ce n'est pas la tienne. Je n'ai rien fait.

'Tu l'as fait. Vous avez tout fait.

«Je ne l'ai pas fait. Mais disons, ne commençons pas à nous disputer. Dis m'en plus sur le sujet. Combien d'appels avez-vous répondu.

Il lui raconta tout ce qui s'était passé. Quand il eut fini, il y eut un silence.

« Je suppose que tu vas bientôt arrêter, George ? dit enfin Peggy. « Maintenant que vous avez réussi un coup de circuit. Tu vas retourner à ce restaurant, avec les vaches et les poules, n'est-ce pas ?

Rutherford n'a pas répondu. Il regardait pensivement le sol. Il ne semblait pas avoir entendu.

"Je suppose que cette fille sera heureuse de te voir", a-t-elle poursuivi. « Tu peux télégraphier demain, George ? Et puis tu te marieras et tu iras vivre dans la maison des Rube, et tu deviendras une simple graine de foin et... » Elle s'interrompit brusquement, avec une voix rauque. "Eh bien," murmura-t-elle, s'arrêtant pour elle-même, "je serai désolée quand tu partiras, George."

Il s'est levé.

« Peggy ! »

Il la saisit par le bras. Il entendit sa respiration rapide.

"Peggy, écoute!" Il la serra jusqu'à ce qu'elle grimace de douleur. «Je n'y retourne pas. Je n'y retournerai jamais. Je suis un cad, je suis un chien ! Je sais que je le suis. Mais je n'y retourne pas. Je vais rester ici avec toi. Je te veux, Peggy. Entendez-vous? Je te veux!'

Elle essaya de s'éloigner, mais il la retint.

« Je t'aime, Peggy ! Peggy, veux-tu être ma femme ?

Il y avait un étonnement total dans ses yeux gris. Son visage était très blanc.

« Voulez-vous, Peggy ? »

Il lui laissa tomber le bras.

« Voulez-vous, Peggy ? »

'Non!' elle a pleuré.

Il recula.

'Non!' » cria-t-elle brusquement, comme si cela lui faisait mal de parler. « Je ne te jouerais pas un tour aussi méchant. Je t'aime trop, George. Il n'y a jamais eu quelqu'un comme toi. Tu as été très gentil avec moi. Je n'ai jamais rencontré un homme qui m'a traité comme toi. Tu es le seul véritable homme blanc qui me soit arrivé, et je suppose que je ne vais pas te jouer un tour bas comme gâcher ta vie. George, je pensais que tu le savais. Honnêtement, je pensais que tu le savais. Comment pensais-tu que je vivais dans un endroit aussi chouette que celui-ci, si tu ne le savais pas ? Comment pensais-tu que tout le monde me connaissait chez Rector ? Comment pensais-tu que j'avais réussi à en savoir autant sur Winfield Knight ? Tu ne peux pas deviner ?

Elle inspira longuement.

'JE-'

Il l'interrompit d'une voix rauque.

« Y a-t-il quelqu'un maintenant, Peggy ? »

« Oui, dit-elle, il y en a. »

« Tu ne l'aimes pas, Peggy, n'est-ce pas ? »

'Aime-le?' Elle rit amèrement. 'Non; Je ne l'aime pas.

« Alors viens me voir, chérie, » dit-il.

Elle secoua la tête en silence. Rutherford s'assit, le menton posé dans ses mains. Elle s'approcha de lui et lui lissa les cheveux.

«Ça ne marcherait pas, George», dit-elle. « Honnêtement, ça ne marcherait pas. Écouter. Quand nous nous sommes rencontrés pour la première fois, je... je t'aimais bien, George, et j'étais en colère contre toi parce que tu aimais tant l'autre fille et que tu ne faisais pas attention à moi - pas comme je le voulais, et j'ai essayé - Eh bien, j'ai l'impression que signifier. Tout était de ma faute. Je ne pensais pas que cela aurait de l'importance. Il ne semblait alors pas y avoir aucune chance que vous puissiez revenir en arrière et passer le genre de bon moment que vous souhaitiez ; et je pensais que tu resterais ici et que nous serions amis et... mais maintenant tu peux rentrer, tout est différent. Je ne pouvais pas te garder. Ce serait trop méchant. Vous voyez, vous ne voulez pas vraiment vous arrêter. Vous pensez que oui, mais ce n'est pas le cas !

«Je t'aime», marmonna-t-il.

'Tu m'oublieras. Ce n'est qu'un rêve à Broadway, George. Pensez-y comme ça. Broadway vous a maintenant, mais vous n'avez pas vraiment votre place. Tu n'es pas comme moi. Ce n'est pas dans ton sang, donc tu ne peux pas l'enlever. Ce sont les poulets et les roses que vous voulez vraiment. Juste un rêve à Broadway. C'est ce que c'est. George, quand j'étais enfant, je me souviens avoir pleuré et pleuré pour un bonbon dans la vitrine d'un magasin jusqu'à ce qu'un de mes frères me l'achète juste pour arrêter le vacarme. Eh bien ! Pendant environ une minute, j'ai été la chose la plus occupée qui soit jamais arrivée, à ronger. Et puis ça n'a plus eu l'air de m'intéresser. Broadway, c'est comme ça pour toi, George. Vous revenez à la fille et aux vaches et tout ça. Cela fera mal à certains, je suppose, mais je pense que vous serez heureux de l'avoir fait.

Elle se baissa vivement et l'embrassa sur le front.

«Tu vas me manquer, chérie», dit-elle doucement, et elle disparut.

Rutherford resta assis, immobile. Dehors, l'obscurité est devenue grise et le gris est devenu blanc. Il s'est levé. Il se sentait très raide et froid.

"Un rêve à Broadway !" il murmura.

Il se dirigea vers la cheminée et prit la photo. Il l'a porté jusqu'à la fenêtre où il pouvait mieux le voir.

Un rayon de soleil perça les rideaux et tomba dessus.